Savoir
économis

Cet ouvrage est publié dans la collection dirigée par le Dr Jean-Michel Cohen.

De la même auteure

Savoir acheter, Flammarion, 2007.

Le Guide des magasins d'usine, Le Seuil, 2004 (7e édition).

Au boulot les filles ! le livre utile aux femmes qui travaillent, Le Seuil, 2003.

Le Guide de la vente par correspondance, Le Seuil, 1999.

Vivre pendant un cancer, livre à l'usage des proches et des malades, Le Seuil, 1999.

Le Parrainage des entreprises françaises à l'étranger, Chroniques de l'AFAA, AFAA/CFCE, 1995.

ISBN : 978-2-0812-1654-9
N° d'édition : L.01EPMN000264.N001
Dépôt légal : octobre 2008
editions.flammarion.com

MARIE-PAULE DOUSSET

Savoir économiser

Flammarion

À ma Maman

Sommaire

Introduction

Économies, « simplicité volontaire », bons plans, décroissance, écologie, « néo-radinisme », recyclage, pouvoir d'achat… ces mots font désormais les gros titres des journaux, mêlant sans problème réflexion sur la société de consommation et nécessité financière. Pour ceux qui ne choisissent pas volontairement ou politiquement la frugalité, pour ceux dont l'anxiété provient non pas de trop consommer, mais de ne pas avoir assez d'argent à dépenser, la baisse du pouvoir d'achat, la hausse des prix avec le passage à l'euro, la stagnation des rémunérations, l'augmentation du prix des carburants, les emplois précaires… rappellent que les budgets des ménages ne sont pas extensibles.

Savoir économiser n'est peut-être pas l'ambition de tous – certains se débrouillent très bien avec des salaires mirobolants, merci pour eux – mais ceux qui s'y intéressent ne sont plus isolés. Peu présents dans les médias, et pour cause, ces alterconsommateurs indépendants sont de « redoutables décodeurs » du discours sur les produits. Leur club est peut-être sans voix car sans rafales de spots de pub 365 jours par an, mais il comporte de très nombreux membres, très éloignés de l'image d'illuminés solitaires. Bref, il regroupe tous ceux qui, par raisonnement ou par nécessité financière, « font attention ».

Mais « faire attention » n'est pas fatalement un terme restrictif, c'est aussi une jolie expression : être attentionné à soi-même, à sa vie, à la société dans laquelle on vit. Cela implique de définir ses priorités et de mettre en œuvre des stratégies pour s'en approcher, même si elles sont éloignées des diktats de la mode, de la publicité ou du regard des autres.

Le dépenser mieux !

Le journal anglais *Financial Times* publie un supplément mensuel intitulé *How to spend it* (« comment le dépenser ») et on ne parle pas de temps ici bien sûr, mais d'argent. Dans les pages suivantes, c'est de « *How to spare it* » (« comment l'économiser ») dont il va être question !

Être économe ne veut pas dire être radin, mais savoir ce que l'on veut. Même si le terme se modernise (on parle de néo-radin), un « vieux » radin est celui qui fait porter par la collectivité ou par les autres son avarice : il ne dira pas à la vendeuse qu'elle s'est trompé en sa défaveur, piquera le maximum de choses, y compris dans un établissement de service public, et trouvera toutes les excuses pour ne même pas vous offrir un plat de pâtes, le tout en douce ou sous de faux prétextes. Pas l'économe tel qu'il est décrit dans les pages suivantes…

Outre une réflexion sur son travail, ses activités, sa façon d'être dans le monde, les valeurs à transmettre à ses enfants, les réponses de l'économe ou du frugal s'appuient sur une créativité plus grande, le partage, l'apprentissage de nouvelles compétences ou de savoirs perdus. Rien à voir donc avec la rétention de l'avare…

Contrairement à ce que les hyperconsommateurs peuvent penser, faire des économies peut aussi simplifier le quotidien, en apprenant à ne pas s'inquiéter pour ce qui n'a fondamentalement aucun intérêt : un bocal dans la cuisine qui n'est pas assorti à la couleur des casseroles par exemple et qui va entraîner recherches effrénées, déplacements, temps perdu, essence et frais divers… Un vieux pot de confiture et l'affaire est classée en une seconde et demie. Un tee-shirt non repassé, un bain oublié, un plat roboratif, une voiture qui ne rouillera pas à cause du lavage… ? Et alors, il n'y a pas mort d'homme, et encore moins de femme… mais du temps gagné et de la tranquillité d'esprit ! Faire de la vie domestique un quotidien avec le minimum de contraintes inutiles est un énorme gain de temps. Le temps dégagé peut être utilisé de manière utile à mieux se nourrir, bricoler, sortir… Lorsqu'on choisit de vivre mieux avec moins, il faut toujours veiller à ne pas se laisser enfermer dans un discours qui parle de restriction, de frustration, de danger pour la société… parce que « combien est assez » ?

Certains pourraient penser qu'une partie des tuyaux proposés sont inapplicables et que ce n'est pas en faisant des économies de bout de chandelle à coups de 0,10 € par-ci par-là, que cela va changer leur vie. Qu'ils pensent aux grévistes qui se voient refuser une augmentation de 0,30 € sur leur ticket restaurant ! Ce n'est pourtant qu'une histoire de centimes mis bout à bout. Alors oui, dans tous les cas, quand on doit les sortir ou les récupérer, les centimes mis bout à bout changent la vie !

À la mode de… 1910

« Le retour à la campagne, la recherche des aliments non traités, des vêtements d'origine naturelle, des plantes qui guérissent sont les signes évidents que tout le monde souhaite maintenant faire "marche arrière". Finis le gaspillage et la qualité médiocre. On veut retrouver le "goût", on veut retrouver le "plaisir de faire", on veut retrouver "sa personnalité" à travers son travail. » (A)

« À la télévision, les ministres se succèdent pour nous exhorter : halte au gaspillage ! baissez le chauffage, éteignez la lumière en sortant, ne roulez pas trop vite ; soyez raisonnables ! […] Pour nous, la crise de l'énergie n'est qu'un symptôme d'une crise profonde des valeurs culturelles de l'Occident et de l'organisation de la société. Et le fait que ceux qui géraient l'abondance s'apprêtent à gérer la pénurie ne change rien au fond du problème. À l'origine de ce livre, une constatation de base : la consommation de biens et de services marchands ne fait pas le bonheur des hommes. Les Américains qui consomment cinq fois plus d'électricité que les Français sont-ils cinq fois plus heureux ?

Comme le montre Ivan Illich, la société technicienne soumet de façon croissante chacune des facettes de notre vie quotidienne à un "monopole radical". Ce monopole "s'établit quand les gens abandonnent leur capacité innée de faire ce qu'ils peuvent pour eux-mêmes et pour les autres, en échange de quelque chose de mieux que peut seulement produire pour eux un outil dominant", une institution centralisée. » (B)

« Pendant trois ou quatre décennies, nous avons consommé, surconsommé, acheté, dépensé sans compter. C'était l'abondance, l'époque des coups de cœur et du gaspillage. [...] Mais la crise est venue, et un nouveau consommateur est né. Remisant dans les greniers de ses souvenirs la frime et le bluff, il veut aujourd'hui de l'authentique, du solide, de l'efficace, de l'utile. » (C)

« Le consommateur est, trop souvent, un être aliéné, livré aux hasards de la publicité, qui se laisse empoisonner sans protester. Pourtant, lorsqu'il est averti, il refuse de payer cher des produits industrialisés, dont le coût de fabrication est faible, mais le pouvoir d'intoxication élevé. Aussi, pour réaliser des économies, et ne pas s'intoxiquer, voici une autre solution : fabriquer soi-même un grand nombre de produits courants, faisant appel à des méthodes populaires et anciennes qui ont fait leurs preuves. » (D)

De quand datent ces constats, d'aujourd'hui ou de 1998 ? S'agit-il de textes de science-fiction de 2015 ou de prises de position forcément définitives des années 1970 ?

Les deux premiers paragraphes sont du milieu des années 1970, le premier de *L'Encyclopédie. Faites tout vous-même. Mieux, meilleur, moins cher* [1] (A), le second, du

1. Michèle Brest, 1975.

Manuel de la vie pauvre [1] (B), le troisième (C) date de 1995, du guide *Consommez bien, dépensez mieux* [2] et le quatrième de 1978 et s'intitule *Le Guide de l'anti-consommateur* [3].

Ces textes pourraient porter le millésime 2008 sans rougir… car même isolé, le consommateur conscient et visionnaire a toujours existé. Mais la conclusion pourrait être que les prédictions sur les changements à venir sont toujours erronées… La « marche arrière » évidente, la « halte au gaspillage », le « nouveau consommateur » d'il y a une quinzaine d'années, celui qui refuse de « se laisser empoisonner » ont surtout fait place au quadrillage du territoire par la grande distribution, à l'arrivée des hard discounters, de l'e-consommerce et au boom des plats préparés…

Les ruptures

Si l'on remonte plus avant dans ces merveilleux ouvrages que sont les guides de conso, on lit pourtant une vraie rupture :

> *« Au milieu du XXe siècle, l'art ménager […] exprime le message de son temps. La vie domestique, toutes les civilisations ont su la perfectionner. Mais jusqu'ici la hiérarchie sociale limitait leurs bienfaits. Le luxe des grandes villas romaines supposait l'opprobre et la grossièreté des multitudes. De nos jours, ni esclaves, ni serfs ne viennent nous assister. L'homme seul doit se suffire chez lui […] L'art ménager n'est plus le privilège d'une aristocratie. Il s'étend et s'adresse à toutes les classes. Il s'adapte à tous les milieux. »*
>
> *L'Art ménager français*, Flammarion, 1952, sous la direction de Paul Breton

1. Enfants d'Aquarius, Stock, 1974.
2. Françoise Civeyrel, J'ai lu, 1995.
3. Dorothée Koechlin-Swartz, Martine Grapas, Livre de poche, 1978.

> *« Dans la vie d'aujourd'hui si difficile, si dure, si bousculée, le « ménage » pose à la mère de famille et à la femme qui travaille des problèmes de plus en plus complexes. La routine ne suffit plus à les résoudre. La femme moderne doit savoir s'organiser, s'équiper, économiser son argent, son temps et sa fatigue. C'est ce qu'apprennent aux jeunes les Cours d'enseignement ménager. Mais, comme ceux-ci ne durent qu'un temps, que tout le monde ne peut pas les suivre, et que la ménagère ne peut tout étudier par elle-même, d'autres le font pour elle. »*
>
> *Petit Guide de la ménagère*, Éditions sociales françaises, 1951

Les grandes ruptures dans nos habitudes de consommation sont là :

– L'art ménager fait la place à la consommation, et celle-ci n'est plus enseignée dans les écoles.

– De plus, la femme travaille. Ce qui était sans valeur parce qu'accompli gracieusement par la « ménagère » doit être fait à un coût (pressing, plat préparé, achat d'un lave-linge, d'un lave-vaisselle…) ou gracieusement avec une surcharge de travail par le père et la mère de famille.

Aujourd'hui, arriverons-nous à concilier nos nouveaux modes de vie et nos aspirations profondes ? L'édition de 2044 de *Savoir économiser* nous le dira… peut-être !

Apprendre le chinois

Savoir économiser n'est pas un livre qu'on lit par hasard en passant, pas plus que *Apprendre le chinois* quand on n'envisage pas de s'initier à la langue… Pour l'utiliser au mieux, il faut être prêt à changer certains comportements.

Ce n'est pas un livre pour bobo à la recherche du dernier plan branché pour partir une semaine à Bali à 3 600 € au lieu de 4 200 !, pas plus qu'un livre de conseils ou d'investissements financiers (compétence et formation manquent à l'auteure, hélas !). Ce n'est pas non plus un livre sur ou autour de l'écologie, même si écologie et économie ont des tas de points communs. Aujourd'hui, avec la prise de conscience environnementale (et le coût du pétrole), de nombreux objets du quotidien, rebaptisés « verts » ont été revus à la baisse côté consommation énergétique. Et c'est sûr, tout acheter neuf avec des normes plus performantes est à l'usage plus économe pour le porte-monnaie et pour la planète. Mais qui a les moyens de changer sa voiture, son lave-linge, son lave-vaisselle, son sèche-linge, sa chaudière, son système de chauffage, d'éclairage, d'approvisionnement en eau… ? Les fées dans les livres de contes ? Le livre s'appelle *Savoir économiser…* pas *Savoir dépenser au mieux,* même si par de nombreux aspects, l'un ne va pas sans l'autre. Enfin, ce n'est pas non plus un livre de compilations d'adresses Internet même si des sites sont mentionnés. Entre le moment où le livre est écrit et celui où il est en librairie, de nouveaux sites peut-être plus intéressants auront été créés. En faire la recension n'est pas le but de l'ouvrage.

Alors, c'est quoi ? Un livre pour accompagner ceux qui veulent être responsables de leurs choix, consommer différemment, envisager l'achat et la dépense de manière détachée.

Savoir économiser a pour objet de donner à ses lecteurs et ses lectrices des solutions pour comprendre leur quotidien, s'en assurer la maîtrise, une sorte d'ouvrage d'apprentissage bourré de pistes et d'informations, ni geignard ni frustrant, pour faire vraiment attention à soi, à ceux qu'on aime et au monde dans lequel on souhaite vivre.

Acheter : mode d'emploi

La consommation vue par les artistes

Quizz

De nombreux artistes se sont intéressés à la consommation, des artistes qui, bien souvent, tiraient le diable par la queue et savaient, pour l'avoir vécue, que la vie de bohème est plus proche de Sparte que d'Hollywood.

1. Quel auteur se décrit ainsi : « J'ai ce goût profond de gérer la maison. J'ai eu ce goût toute ma vie » a publié un livre où elle nous donne sa liste de provisions à avoir toujours à la maison, de « sel fin » à « chatterton » ?
A. Nathalie Sarraute.
B. Colette.
C. Marguerite Duras.
→ **Réponse p. 157.**

2. Matthieu Laurette, un artiste plasticien, a fait de nombreuses expositions en France et à l'étranger, et a été acheté par des collectionneurs du monde entier. Travaillait-il alors sur :
A. Les déchets.
B. Les coupons de réduction.
C. Les prospectus publicitaires.
→ **Réponse p. 87.**

3. *Des glaneuses* est un célèbre tableau du musée d'Orsay représentant trois femmes courbées glanant un champ après la moisson. De qui est-il ?
A. Jean-François Millet.
B. Jean-François Sorgho.
C. Jean-François Martin.
→ **Réponse p. 185.**

4. Qui a écrit *Les Choses*, roman contant l'histoire d'un couple à travers l'acquisition d'objets et dont voici une citation : *« Ils étaient fiers d'avoir payé quelque chose moins cher, de l'avoir eu pour rien, pour presque rien. Ils étaient plus fiers encore (mais l'on paie toujours un peu trop cher le plaisir de payer trop cher) d'avoir payé très cher, le plus cher, d'un seul coup, sans discuter, presque avec ivresse, ce qui était, ce qui ne pouvait être que le plus beau, le seul beau, le parfait. Ces hontes et ces orgueils*

avaient la même fonction, portaient en eux les mêmes déceptions, les mêmes hargnes. Et ils comprenaient parce que partout, tout autour d'eux, tout le leur faisait comprendre, parce qu'on le leur enfonçait dans la tête à longueur de journées, à coups de slogans, d'affiches, de néons, de vitrines illuminées qu'ils étaient toujours un petit peu plus bas dans l'échelle, toujours un petit peu trop bas. »
A. Georges Perec.
B. Georges Moustaki.
C. George Michael.
→ **Réponse p. 44.**

5. *« D'ailleurs, ce n'a jamais été bien de raccommoder des vêtements. Jetez-les quand ils ont des trous, et achetez-en des neufs. "Plus on reprise, moins on se grise". C'est bien ça, n'est-ce pas ? Raccommoder c'est antisocial. »*
Qui a des notions de couture ?
A. Ivan Illitch.
B. Aldous Huxley.
C. Guy Debord.
→ **Réponse p. 230.**

6. Un pseudo-télé-évangéliste en costume acrylique bleu ciel comme à la télé américaine, un chœur de gospel, des interventions à New York et partout où des « fidèles » leur demandent d'intervenir, le révérend Billy et sa troupe ont fondé :
A. L'église du Début du Shopping.
B. L'église de l'Arrêt du Shopping.
C. L'église du Shopping de Loisir.
→ **Réponse p. 38.**

7. Qui a écrit *Dans la dèche à Paris et à Londres*, racontant son expérience de la misère dans ces deux villes ?
A. George Orwell.
B. Charles Baudelaire.
C. Albertine Sarrazin.
→ **Réponse p. 32.**

8. En 1999, la réalisatrice Agnès Varda a tourné un documentaire *Les Glaneurs et la glaneuse*. En l'occurrence, certains glaneurs récupéraient et recyclaient des articles divers, par nécessité ou par conviction politique. Aujourd'hui, aux États-Unis, cette pratique a un nom et ses membres s'appellent :

A. The glandeurs.
B. The nologos.
C. The freegans.
→ **Réponse p. 185.**

9. Qui a envoyé cette lettre de protestations véhémentes :
« De longue date acheteuse convaincue des gaufrettes de la firme Nabisco, je ne puis m'élever avec assez de vigueur contre la production de jouets d'épouvante commercialisés par votre filiale, Aurora Plastic. […/…] Il n'est évidemment plus question pour moi d'acheter un quelconque produit de votre firme avant que vous n'ayez officiellement annoncé que ces jouets révoltants avaient été retirés de la circulation, et j'ai la ferme intention de faire tout mon possible pour dissuader quiconque d'acheter vos produits pour les mêmes raisons. »
A. Marguerite Yourcenar.
B. Elfriede Jelinek.
C. Françoise Dolto.
→ **Réponse p. 93.**

Ce qu'acheter veut dire

« Dépenser moins, c'est tellement chic. »

Panneau publicitaire le long de l'autoroute A15,
à hauteur de Franconville.

Les bonnes raisons, les bonnes questions

Eh oui ! Cela peut sembler paradoxal, mais *Savoir économiser* commence par s'interroger sur ses habitudes d'achat...

Envie de manger une pomme ? Derrière ce geste banal se cache aussi une décision financière : est-ce que j'ai l'argent, à quel prix suis-je disposé à la payer... ?

Savoir économiser avec des revenus moyens, c'est se souvenir que de nombreux gestes entraînent des coûts. Pour y parvenir, on applique un savoir-faire acquis par une transmission familiale, une éducation, des lectures, une réflexion née de constatations.

Nous ne sommes pas égaux face à cela, pas plus que face à l'apprentissage d'une langue : certains enfants naissent dans des familles bi ou trilingues, d'autres entendent leurs parents dire que cela ne sert à rien, que c'est trop compliqué et ne veulent pas les décevoir en s'y intéressant ; certains ont des facilités, d'autres préfèrent aller à la plage ; certains n'y comprennent rien, malgré les cours particuliers, les devoirs de vacances et la pression familiale, d'autres n'ont pas accès à l'école. Et puis un jour, dans sa vie, l'ordinateur affiche « *Do you want to start again ?* » et c'est la panique. On est tout seul et on ne sait pas comment faire.

Bien acheter et gérer un budget, c'est un peu pareil. C'est plus facile quand on est né dans une famille bilingue débit/crédit, ni rapia, ni bling-bling : achats adaptés aux revenus, sans vouloir l'argent pour l'argent, ni la dépense pour la dépense… et que l'on nous a transmis des savoirs : comparer les prix, cuisiner, coudre un bouton, trouver l'information, changer le joint d'un robinet, compter… sinon, il faut apprendre.

Il y a diverses manières d'acquérir les choses. Notre pomme, on peut :
— la recevoir en cadeau ;
— la voler ;
— l'échanger ;
— la ramasser par terre ;
— l'acheter : la manière la plus commune. Acheter vient du latin *accapatare*, capter vers soi. Pour « capter vers soi » un produit, un bien, un service, on l'échange contre quelque chose, la plupart du temps une monnaie (le cas d'Adam est à part…).

Sans chercher à savoir quel moyen d'acquisition lui donne le plus de saveur, nous savons que chacun entraîne des conséquences. Mais avant d'acheter, posons quelques questions car *Savoir économiser*, c'est avant tout se mêler de ses affaires !

Imaginons trois biens différents tant par leur fonction que par leur coût : un appartement, un canapé et un aquarium. Pourquoi les acheter ?

— Un appartement (ou une maison) : on peut se passer d'acheter un logement, mais on ne peut pas se passer de se loger. On peut trouver sa location trop chère (papa-maman ne participent pas financièrement, on n'a pas eu de place en HLM, on n'a pas de logement de fonction...). Alors, plutôt que de verser 1 000 € par mois pour se loger, on décide de devenir propriétaire. C'est un achat important qui va certainement être financé en faisant appel à un crédit. Il va représenter un effort financier sur une longue période.

— Un canapé : on peut s'en passer, mais on en a envie et c'est un élément de confort.

— Un aquarium : on peut s'en passer, mais on en a envie et c'est un objet de plaisir.

Nous trouvons toujours de bonnes raisons pour acheter – besoin, standing, récompense, plaisir, narcissisme... – maintenant cherchons les mille fois plus intéressantes excellentes raisons de ne pas le faire !

— Le logement : achat raisonnable par excellence, il peut néanmoins devenir la cause de situations dramatiques. Lorsque les acheteurs s'endettent en cumulant par exemple le crédit maison et de nombreux crédits consommation pour meubler, faire des travaux et embellir la maison ; lorsque le logement induit des frais imprévus : achat d'une nouvelle voiture, frais d'essence importants... ; lorsque les acquéreurs doivent faire face à des accidents de la vie : perte d'emploi, maladie, séparation ; lorsque le marché de l'immobilier chute... tout peut être pris en compte pour différer l'achat d'un logement. Cela reste un achat exceptionnel qui marquera une vie.

— Le canapé et l'aquarium permettent de proposer une série de questions que tout un chacun pourrait se poser avant d'envisager un achat :

• Est-ce que j'en ai besoin ?

Ai-je besoin, mais alors là, vraiment besoin de cet objet ? Et par besoin, qu'entend-on ? Appuyons-nous sur d'autres exemples :

— Une paire de draps ou de housses sert à protéger le matelas et la couette ou la couverture des diverses émanations corporelles. Il est plus facile de laver un drap qu'un matelas. Qu'il soit à fleurs, à rayures, vert ou jaune n'a aucune incidence sur sa fonction. C'est la composition du drap, coton ou polyester, longues fibres ou métis… qui en fait la valeur, pas la couleur.

— Une voiture sert à véhiculer des gens et transporter des charges. N'importe quelle voiture… de la Rolls Royce à la BX. Sa consommation est un élément à prendre en compte, mais sa forme, ses options ne répondent pas à un besoin.

— Une télévision est, sans électricité ni programme, une boîte. C'est l'émission regardée qui en fait la valeur, et de la daube en haute définition sur écran panoramique reste de la daube.

Nous pouvons très bien n'avoir que des objets qui répondent à des besoins : une paire de draps et une télé achetées d'occase chez Emmaüs, une voiture démodée mais fiable. Le reste s'appelle des éléments de confort ou de standing. En posant cette question, on se rend compte que peu d'achats sont fondamentalement nécessaires.

ÇA N'A PAS PRIS UNE RIDE !

« Les emplettes inutiles sont ruineuses et encombrantes. Qu'il s'agisse d'aliments, d'ustensiles de ménage, d'articles de toilettes ou de meubles, n'achetez jamais sans nécessité ; ne vous laissez pas tenter par le prétendu bon marché d'une spécialité alimentaire, dont vous ignorez la composition et la valeur exacte ; négligez l'"occasion" si tentante quand vos tiroirs débordent peut-être déjà de chiffons, de rubans ; ne vous laissez pas attirer par les "expositions" et les "ventes de coupons avec perte", s'il n'y a pas nécessité de compléter votre lingerie ou de renouveler vos vêtements. »

Larousse ménager illustré, 1926

• Est-ce que je peux utiliser, réparer ou adapter ce que j'ai déjà ?

Toujours essayer de faire avec ce que l'on a. Le vieux canapé est taché, et si on faisait une nouvelle housse ? il n'a plus d'assise, et si on changeait la mousse ? est-il vraiment mort de chez mort de chez mort…

Bouger les choses dans sa tête avant de le faire réellement, c'est moins fatigant et moins cher. Si votre cuisine ne vous plaît pas : la réorganiser, déplacer tel ou tel élément ; si c'est une question de look, une peinture ou un changement de portes en gardant les caissons peut suffire. Pour ceux qui sont sensibles aux questions environnementales, il suffit de penser que tout ce qui a été fabriqué devra être recyclé ou transformé. Donc avant de le mettre à la poubelle, il vaut mieux l'utiliser, l'utiliser, l'utiliser…

• Puis-je faire autrement ?

À la place d'un canapé, pourquoi ne pas customiser un lit d'une personne. On le place le long d'un mur, le couvre d'un nouveau tissu. On y pose des coussins dans la même tonalité, et le tour est joué. Si on doit le mettre au milieu d'une pièce, on visse des panneaux de bois sur trois côtés, on les recouvre de mousse puis de tissus et à nouveau un plaid et des coussins. Puisque le confort est la motivation de ce désir de canapé, testez par une sieste. Si ça ronfle, c'est bon…

Si j'ai des poissons mais pas d'aquarium, n'ai-je pas un bocal : vase, broc, boîte en plastique transparente à recycler ? ne peut-on faire plus avec moins ? Un autre exemple, on peut faire des crêpes avec une poêle sans avoir à acheter un appareil à crêpes. Faire plus avec moins ne veut pas dire faire sans, car il n'est même pas envisageable de se priver de crêpes !

• À quand remonte la dernière fois où j'ai regretté de ne pas avoir cet objet ?

Ce canapé, cet aquarium, cette rallonge électrique spéciale 20 m… ? Hier pour la première fois ? Je temporise, j'oublie et j'attends la prochaine idée lumineuse qui ne saurait manquer d'arriver…

• Est-ce que cela va me faire gagner de l'argent ?

L'achat d'un logement ? peut-être… L'achat d'un canapé ? si on est psychanalyste, oui ! L'achat d'un aquarium ? si on démarre l'élevage de carpes en vue d'une consommation régulière, pourquoi pas. Sinon, non !

• Est-ce que cela me coûte de l'argent de ne pas acheter ?

Si pour se déplacer, on est obligé de prendre un taxi une fois par mois, cela reste raisonnable. Si on l'appelle cinq fois par semaine pour faire 50 km, il peut être plus sage d'acheter une voiture. Si tous les mois, je dois décoller le papier peint dans vingt pièces, j'ai tout intérêt à me procurer une décolleuse. J'irai tellement plus vite, que cela me libèrera du temps pour faire autre chose. Sinon, non !

• Combien est-ce que ça me coûte de l'acheter ?

Un aquarium coûte le prix de l'objet, les poissons, leur nourriture, l'électricité, l'eau, les produits d'entretien… un canapé peut coûter cher si sa largeur dépasse celle de la porte par lequel il devait passer…

• Est-ce que je peux emprunter l'objet à des voisins, des proches ?

Mon voisin a-t-il une rallonge spéciale 20 m que je pourrai lui emprunter pour passer le nettoyeur haute pression, par exemple, plutôt que d'en acheter une qui restera ensuite au fond d'un placard ?

• Est-il plus rentable de louer ?

Au cours des dix dernières années, combien de fois ai-je eu besoin d'une… tronçonneuse, décolleuse à papier peint, machine à tricoter… ? Une fois ? mais « une fois c'est jamais » comme disait Kundera. En dix ans, les appareils se sont perfectionnés, sont plus puissants, plus maniables. Alors, plutôt que d'immobiliser de l'argent pour un objet encombrant, rapidement obsolète, pour une utilisation plus que ponctuelle, autant le louer.

• Si j'achète, est-ce que je pourrais le revendre facilement ?

Dans cette perspective, j'évite le canapé jaune à fleurs orange et vert fluo… et je m'oriente vers des objets intemporels.

• Est-ce que j'ai l'argent ?

La question qui fâche, la seule, l'unique, la vraie, celle qu'on devrait commencer par se poser avant de franchir la porte d'un magasin… est-ce que j'en ai les moyens ?

Si oui, je passe à la case suivante.

Si non, je n'achète pas à moins que l'objet ou le service soit nécessaire à ma survie ou à celle de mes enfants (ce qui n'implique ni la PlayStation, ni un nouveau sac à main, ni le dernier taille-haie) : eau, nourriture, électricité, loyer, santé, ou que cela soit un investissement. Si je n'ai pas l'argent, je dois alors emprunter. Dans ce cas, je garde en mémoire que l'objet me coûte entre 5 et 20 % plus cher que sa valeur : la PlayStation à 400 € avec un crédit revolving non maîtrisé devient un gouffre sans fin.

Maintenant, il ne reste plus qu'à laisser reposer, c'est-à-dire attendre.

LES BONNES QUESTIONS

— Est-ce que j'en ai besoin ?

— Est-ce que je peux utiliser, réparer ou adapter ce que j'ai déjà ?

— Puis-je faire autrement ?

— À quand remonte la dernière fois où j'ai regretté de ne pas avoir cet objet ?

— Est-ce que cela va me faire gagner de l'argent ?

— Est-ce que cela me coûte de l'argent de ne pas acheter ?

— Combien est-ce que ça me coûte de l'acheter ?

— Est-ce que je peux emprunter l'objet à des voisins, des proches ?

— Est-il plus rentable de louer ?

— Si j'achète, est-ce que je pourrais le revendre facilement ?

— Est-ce que j'ai l'argent ?

Cette liste peut sembler longue, mais les questions s'enchaînent à une vitesse folle devant l'acte d'achat. Avant d'acheter une baguette de pain, nous pensons : « Est-ce qu'il en reste à la maison ? Assez pour ce soir et demain matin ? Où est-il le meilleur ? Où est-ce le plus pratique ? Où est-ce le moins cher ? Qui est ouvert ce jour-là, à cette heure-là ? » On part d'un besoin (trouver du pain pour manger) et on met en place une stratégie. Cela ne nous viendrait pas à l'esprit d'acheter le pain le moins bon, le plus cher, le plus éloigné de son domicile et de le faire toutes les demi-heures, sauf si on a des vues sur le boulanger ou la boulangère…

Les gens dans la misère n'ont jamais le loisir d'oublier la situation, les suées et l'angoisse en plus qui font toute la différence, comme le souligne George Orwell [1] :

« (La boulangère) n'est pas très adroite et en coupe un peu plus. "Pardon, monsieur, dit-elle au client (précédent), il y en a pour deux sous de plus, j'espère que cela ne vous fait rien ?" La livre de pain vaut un franc, et vous avez tout juste un franc sur vous. À l'idée que l'on puisse, à vous aussi, demander de payer deux sous de plus, et qu'il vous faille avouer que non, vous ne pouvez pas, vous êtes saisi de sueurs froides et quittez précipitamment la boutique. »

Les achats d'impulsion

Si on arrive à se contrôler pour un bien périssable et quotidien comme le pain, on se laisse de plus en plus aller à l'achat d'impulsion pour le reste : on va chercher un tube de colle et revient avec des chaussettes « parce que » les petits lapins jaunes sur fond vert étaient marrants, « parce que » c'était le printemps, et puis on a acheté les boîtes de cassoulet « parce qu'» elles étaient en promotion. Ces « parce que » ne sont ni des raisons ni des justifications d'achat. Ils sont le résultat de la pression que nous encaissons quotidiennement, car tout est fait pour nous inciter

1. *Dans la dèche à Paris et à Londres*, 10/18, 2003.

à consommer : la pub omniprésente, la persuasion, la mise en condition, l'ambiance, la musique, les couleurs, les psychologues… Une armée de gens intelligents, payés par les marques et les distributeurs sont là pour guetter et analyser toutes nos envies et s'engouffrer dans toutes les fissures. De la couleur de l'emballage aux techniques de vente comme toucher le bras pour établir un contact, du parcours étudié pour nous faire traverser tous les rayons avant d'accéder aux caisses, du rythme de telle musique étudiée à la bouffée d'air chaud qui, en plein hiver, vous accueille, de l'odeur dégagée par des rampes olfactives pour vous faire saliver devant les étals de fruits et de légumes qui ne sentent naturellement rien aux « ventes flash », tout est étudié pour nous tenter. C'est la règle du jeu… Un magasin n'est pas un endroit où l'on est censé faire des économies, mais dépenser son argent en succombant à la tentation et pour cela, tous les moyens sont bons, l'« entrée est libre, la sortie payante »…

Les commerçants ont tout intérêt à avoir face à eux des acheteurs malléables et impulsifs réagissant comme les enfants au « j'en ai envie, là tout de suite » car ils dépensent plus. Hélas, vivre en voulant échapper au diktat du tout-tout-de-suite n'entraîne pas de réponses, de solutions simples, au contraire ! Cela requiert un apprentissage, réfléchir, comparer, contrôler, résister, faire preuve de créativité, acquérir de nouvelles compétences… Bref, des mots effrayants pour des consommateurs préférés « adulescents », c'est-à-dire avec un compte bancaire d'adultes et la vision de l'avenir d'un adolescent…

Attendre, patienter est le moyen le plus simple d'éviter l'achat inutile. Il permet de réfléchir non seulement à l'achat envisagé, mais au moyen le plus intelligent de se le procurer. Une fois que l'achat est décidé, on définit son budget et point final. On n'y revient pas.

Quand acheter devient une maladie

L'achat peut devenir une maladie lorsqu'il est « à lui seul sa propre fin ». Le malade souffre d'une addiction qu'il ne peut maîtriser. On parle là de cas rares et graves comme Pierre, cet homme cité en exemple dans le livre des professeurs Adès et Lejoyeux [1]. Pierre reçoit 91 500 € d'indemnités de licenciement qu'il claque en quelques mois en cravates et lampes. Malgré toutes les stratégies qu'il met en place, son « besoin d'achat, malgré tout, demeure présent et obsédant ». Il est « incapable d'y résister lorsqu'il se sent angoissé ». Spécialistes des addictions, les professeurs de psychiatrie comparent l'achat compulsif à une « addiction sans drogue », au même titre que le jeu pathologique ou l'addiction sexuelle. Cela se traduit par des achats inadaptés, ultrafréquents, négligés aussitôt payés. Si ces cas sont rarissimes, ils sont difficiles à diagnostiquer : la drogue, condamnée dès la première prise, ravage visiblement un corps, un esprit et un compte en banque ; l'achat compulsif passe au début pour une activité joyeuse et socialement valorisée, avant d'entraîner des difficultés sociales, psychologiques et financières. Il existe des consultations en hôpital sur le sujet [2].

Les 10 commandements du bon acheteur

- **Désirer, tu redécouvriras**

Attendre un objet, le désirer, imaginer la place qu'on lui donnera, le changer de couleur, le faire passer du vert au bleu, du rouge au jaune, c'est prendre le temps de faire le meilleur achat.

1. Pr Jean Adès, Pr Michel Lejoyeux, *La Fièvre des achats*, Empêcheurs de penser en rond, 2002.

2. Consultation du Pr Michel Lejoyeux, professeur de psychiatrie à la faculté de médecine Paris VII et chef de service à l'hôpital Bichat et à l'hôpital Perray-Vaucluse.

TÉMOIGNAGE...

« J'ai très peu d'argent et encore moins de place à la maison pour les vêtements, et pourtant j'adore ça. Pour être sûre de ne pas me laisser aller à acheter n'importe quoi, je crée mon propre catalogue de vêtements idéals. À chaque saison, je découpe dans les magazines, les pubs, les catalogues de vente par correspondance, les pages tirées d'Internet, les vêtements que je désire plus que tout. Je colle le tout dans un cahier, je note leur prix. Sur une feuille à part, je fais le total, comme pour une commande. C'est toujours beaucoup trop cher. Il y a tellement de choses qui me plaisent. Comme j'ai les modèles sous la main, je compare les modèles de mes rêves avec ceux qui se trouvent dans mes armoires. Comme j'aime toujours le même type de vêtements, je me rends à chaque fois compte que je suis prête à acheter des tenues que j'ai déjà... Je ressors alors les vêtements de l'armoire et décide de les porter. Ça me donne des idées pour les accessoiriser. Sur ma feuille de commande, je barre le prix des tenues similaires, puisque je ne vais pas acheter deux fois la même chose. Je regarde fréquemment les plus belles tenues, j'affiche même au-dessus de mon bureau régulièrement une tenue, puis l'autre comme cela je peux m'imaginer dedans. Un truc terrible consiste à mettre sa photo à la place de la tête du mannequin : si vous en avez toujours envie, c'est que c'est une vraie envie... En quelques semaines, je me lasse de pas mal de vêtements, car de nouvelles tenues arrivent, le temps change, il fait froid ou chaud, et je suis contente de ne pas avoir dépensé l'argent. Si un modèle me plaît infiniment et a résisté à mes mauvais traitements, ce qui est très rare, je l'achète pendant les soldes. En plus, c'est marrant de revoir ces cahiers qui dessinent une sorte d'image idéale de celle que vous cherchez à paraître. Ça marche aussi très bien avec ma nièce qui est adolescente. On se montre nos découpages... ce sont nos cahiers de tendances. Attendre le catalogue est un moment de plaisir à l'idée de faire ses découpages et de s'imaginer les silhouettes à venir. » Florence

• Le budget, tu définiras

Avant même de penser à acheter quelque chose, on définit un budget comme on le ferait pour un gros achat, une maison ou une voiture. Si on a 1 500 € à dépenser pour la voiture, on ne perd pas son temps à regarder le prix des Rolls. Si on cherche un pull à 50 €, ceux à 70 € sont rayés de la carte, ils n'existent plus… On ne regarde que dans sa gamme de prix.

• La liste, tu feras

Pour tenir à distance l'achat d'impulsion, faire ses courses avec une liste. Que cela soit pour la nourriture ou un vêtement, un meuble ou du linge de maison, on a défini un budget, on sait ce que l'on cherche, on reste concentré sur ses besoins et on oublie le reste des sollicitations.

• L'obstacle, tu créeras

Pour être certain de ne pas se laisser tenter, on laisse à la maison cartes de crédit, carnets de chèques, cartes de fidélité avec crédit « autorisé ». On emporte en liquide la somme prévue pour ses achats (pas pour un gros achat comme une voiture évidemment !) ou un seul chèque.

• La tentation, tu fuiras

On évite tout simplement d'arpenter les magasins quand on n'en a pas besoin ! Si tous les samedis, on a pris l'habitude d'arpenter la galerie commerciale, on a plus de risque de franchir le seuil d'un magasin que si l'on est parti se promener sur la plage, en montagne ou dans la forêt… Si malgré tout, on préfère se balader dans le centre commercial, on y va avec un ticket de bus en poche et zéro centime… Comme personne ne nous contraint à être sublime dans notre quête des économies hormis nous-même, on essaye de faire au jour le jour ce que nous pouvons…

• La distance, tu chercheras

Selon l'adage bien connu que plus on a d'argent plus on en dépense, on prend l'habitude de ne retirer que le minimum, 20 €, au distributeur automatique. S'il faut remarcher, refaire la queue… on met un obstacle supplémentaire entre soi et l'achat…

• L'avenir, tu prépareras

Éviter de présenter le shopping comme une récompense, de le considérer comme tel. On vaut mieux que seulement consommer, non ? Cela apprend aussi aux enfants que l'achat n'est pas la seule source de plaisir en ce bas monde...

• La parité, tu enseigneras

Marié, vous souffrez de l'attitude de votre conjoint au quotidien dans la réalisation des tâches ménagères ? Éduquez filles et garçons de la même manière : les deux peuvent débarrasser la table, apprendre à cuisiner, reproduire un geste précis comme enfiler un fil dans le chas d'une aiguille... non les garçons ne sont pas plus limités, ils peuvent y arriver si on les implique dès le début...

• Le faire, tu valoriseras

Cuisiner met en route tout un tas de qualités : dextérité, savoir lire et compter, agilité... ; coudre un bouton : précision, concentration, dextérité, réflexion... ; changer un joint : réflexion, travail musculaire, agilité... Les tâches ménagères ont longtemps été dévalorisées parce que féminines : savoir cuisiner, tisser, gérer un budget, tenir une maison, laver, repasser... était tenu pour peu de choses et n'avait aucune valeur jusqu'au jour où il a fallu les faire faire à l'extérieur.

• Le savoir, tu transmettras

Célibataire, vous regrettez de ne pas avoir appris à vous débrouiller devant un fer à repasser ou un bouton décousu lorsque vous devez payer le pressing et la retoucheuse ? Parent, vous craignez que votre enfant se nourrisse uniquement de pizza trop grasse et de soda sans penser à prendre sa ration quotidienne de fruits et légumes parce qu'il ne sait ni acheter ni cuisiner, ou plus simplement qu'il est incapable de se nourrir ? Grand-parent, vous vous désolez de voir la chair de votre chair incapable de s'installer parce que tout son argent passe dans des gadgets ou des dépenses jugées inutiles ? Transmettez aux garçons et aux filles les moyens de leur indépendance future. Personne ne peut prédire l'avenir, ni le marché du travail, ni leur potentiel de séduction (même si, ne vous inquiétez pas, vos enfants sont les plus beaux du monde), ni leur résistance aux tentations… alors autant leur donner tous les atouts nécessaires pour être indépendants à l'âge adulte.

NON, NON, NON

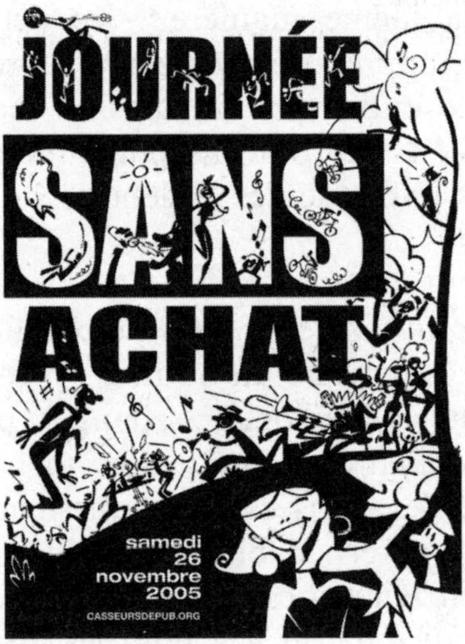

© Casseurs de pub

Avant, il y avait la journée sans achat, le dimanche, instituée par l'église, mais entre Internet et les ouvertures de plus en plus fréquentes le dimanche, chaque jour, chaque heure, chaque seconde pourrait être tournée vers l'achat.

Face à cette omniprésence, la résistance s'organise.

• Un journal canadien a lancé le « buy nothing day », repris en Europe sous le nom de « journée sans achat » et chapeautée par le journal *Les Casseurs de pub* (www.casseursdepub.org). Elle se déroule chaque année le dernier samedi de novembre afin de dénoncer la surconsommation.

• Aux États-Unis, le révérend Billy est le porte-parole d'une congrégation de plus en plus bruyante, l'église du Stop Shopping (n'achetez plus). Habillé comme un télé-évangéliste, il harangue les foules lors de manifestations contre l'implantation d'une succursale de chaînes en lieu et place d'un commerce de proximité ou d'un espace public. Avec son chœur de gospel, ils tiennent des réunions régulières hautes en couleur sur le thème de l'abstinence consommatrice. L'église a produit un livre *What would Jesus buy for Christmas ?* (Qu'achèterait Jésus pour Noël ?), un disque et un DVD sous ce même titre (www.revbilly.com). Il intervient à l'invitation d'associations ou de militants, y compris en Europe.

• Toujours aux États-Unis, mais avec des branches en Europe, en Australie... le groupe The Compact (l'engagement) réunit des individus qui s'engagent pendant 12 mois à échapper aux réseaux consuméristes. Ils s'engagent à :

— aller au-delà du recyclage en essayant de neutraliser les effets négatifs sur l'environnement et l'homme de la société de consommation, à résister aux multinationales, à soutenir les entreprises et les producteurs locaux ;

— réduire le désordre et le gaspillage dans leur maison ;

— simplifier leur vie.

Ils adhèrent à deux grands principes :

— ne rien acheter de neuf (dans les magasins, sur les sites Internet) ;

— emprunter, échanger ou acheter d'occasion.

Pour y participer, il suffit de cliquer sur http://groups.yahoo.com/group/europeancompact/ pour l'Europe (en anglais) ou sur http://sfcompact.blogspot.com

• En France, le mensuel *La Décroissance, le journal de la joie de vivre* (cf. Casseurs de pub, 11, place Croix-Paquet, 69001 Lyon et www.ladecroissance.net), distribué en kiosque et par abonnement, trouve de plus en plus de lecteurs parmi les « objecteurs de croissance », qui y lisent témoignages, conseils pratiques et analyses.

Il n'y a pas de solutions toutes faites pour acheter au meilleur prix : une seule adresse, un seul circuit de distribution, un seul site Internet, sinon cela se saurait. Le billet d'avion low-cost acheté au dernier moment (surcoût pour aller à l'aéroport éloigné, une bouteille d'eau et un sandwich dans l'avion...) peut revenir plus cher que le billet d'une grande compagnie acheté, lui, au bon moment.

Et c'est tant mieux, cela voudrait dire qu'il n'y a plus de choix. Le consommateur serait à la merci d'un seul fournisseur omnipotent, qui déciderait seul du prix des choses.

Pour dépenser moins, il faut réfléchir, choisir entre différentes options, faire travailler sa mémoire, s'ouvrir aux autres, s'activer, ne pas avoir de préjugés, apprendre certaines données, comparer, calculer, arbitrer le temps, ne pas se raconter d'histoires...

La misère n'est pas d'avoir à nettoyer une salade, changer un joint de lavabo, faire trois magasins pour trouver l'article souhaité, mais de ne pas savoir le faire et se demander comment on va arriver à boucler la fin du mois.

Être comme tout le monde ?

Être comme tout le monde, c'est faire attention à la manière de dépenser son argent ! Seule une minorité de gens dans le monde peut tout acheter, du jet à l'appartement de 500 m² en passant par l'île aux Caraïbes, le reste doit faire des choix. Donc être comme tout le monde, c'est devoir gérer un budget, faire coïncider ses besoins, ses envies, ses rêves avec ses revenus.

Être comme tout le monde est de plus en plus souvent synonyme d'avoir un crédit sur le dos ! Mais quitte à devoir débourser 300 € par mois, l'économe préfère les mettre sur un carnet de caisse d'épargne ou un livret de développement durable (ex-Codevi), plutôt que de les verser à un organisme de crédit. L'action est la même : 300 € de moins sur un revenu. Le résultat, lui, est totalement différent.

Une fois les besoins matériels et les ressources de base de l'indépendance acquis, la vie économe n'a pas systématiquement à voir avec les revenus ; certains aux revenus faibles vivent de manière dispendieuse, et d'autres affluents, de manière économe. La frontière est autant une question d'éducation, de culture, que de confiance en soi, d'appartenance à un groupe social et de sa peur de s'en démarquer. Bien sûr, encore faut-il avoir des revenus pour se poser ces questions-là et vivre dans la précarité et la grande pauvreté ne pose que celle de la survie.

La moyenne

Une famille, 1,9 enfant, une voiture, une télé, deux boulots, 1/2 chien… C'est quoi la norme en France ? Est-ce que c'est la moyenne ?

Voici, d'après l'Insee, la composition du revenu annuel moyen selon quelques types de ménages dont la personne de référence a moins de 65 ans, hors étudiants dont le revenu déclaré est positif ou nul, pour 2005.

Revenu annuel moyen selon les types de ménages

TYPES DE MÉNAGES	EN % DU REVENU AVANT IMPÔT					REVENU AVANT IMPÔT (EN €)
	Revenu d'activité	Pensions	Revenu du patrimoine	Prestations familiales et logement	Minima sociaux dont l'AAH, le RMI et l'API	
Personnes seules	83,4	9,6	1,9	2,3	2,2	19 510
Ménages de plusieurs personnes sans lien de parenté	73,9	15,1	2,9	4,0	3,4	40 560
Familles monoparentales	71,7	8,8	1,6	13,5	3,8	25 251
Couples	85,6	6,4	2,9	3,9	0,7	43 621

Source : Insee-DGI, Enquête revenus fiscaux 2005, www.insee.fr

Dans les couples, les revenus moyens passent de 33 071 € pour un couple inactif, avec ou sans enfant à 52 955 € pour un couple actif avec trois enfants ou plus. Et pour tout cela on parle de moyenne…

On connaît l'histoire racontée par des copains à la fin d'un dîner. Un groupe de clients discute pouvoir d'achat, au comptoir.

« Je ne sais pas où le gouvernement tire ces chiffres, mais dire que les Français gagnent 2 500 € en moyenne, ça me fait bien rigoler. Vous gagnez combien vous, net par mois ?

— 1 400 €, lance le premier.

— 1 650 €, renchérit le deuxième.

— 1 280 €, dit le troisième.

— 810 €, soupire le quatrième.

— Et moi, c'est 640 €. Eh bien, si on fait la moyenne, ça donne 5 780 € divisé par 5, soit 1 156 € en moyenne. »

Là-dessus, un nouveau venu, en costume et casquette, pousse la porte du bistrot.

« La voiture de mon patron est en panne, il est resté dans la voiture à téléphoner. Nous attendons une nouvelle voiture et la dépanneuse. Je vais prendre un café. Vous discutiez de quoi ?

— Tu vas pouvoir nous aider, on parle du salaire moyen des Français, tu gagnes combien, toi ?

— 1 830 €.

— Ben vous voyez, même si on ajoute son bon salaire, on monte à 1 268 €. »

La porte s'ouvre et un super patron entre. Il approche de son chauffeur en grande discussion sur les comptes et le pouvoir d'achat…

— Je ne suis pas d'accord avec vous. Refaites vos comptes. Je gagne 100 000 € par mois. Eh bien vous voyez, dans ce café, nous dépassons de loin la moyenne nationale, puisque nous gagnons 15 373 € en moyenne ! »

Ça, c'est la moyenne, très sensible aux extrêmes…

La valeur médiane, quant à elle, laisse de côté les extrêmes, les 100 000 € de l'un et les 640 € de l'autre, et fait la moyenne sur le reste, donc sur 1 400 €, 1 650 €, 1 280 €, 810 € et 1 830 €. Le chiffre obtenu est 6 970/5, soit 1 394 €.

Tout cela pour dire que les chiffres sont sujets à interprétation et que la norme n'est pas la moyenne.

Riche comme Crésus, pauvre comme Job ou… comme soi

Si vous vous dites « je fais au plus pressé, comme tout le monde : quelques tranches de jambon blanc découenné, dégraissé sous vide rapides le soir achetées au supermarché », vous prêtez aux autres des actions qu'ils n'ont peut-être pas.

Tout le monde ne fait pas comme cela. Ma tante n'en mange pas, elle n'aime tout simplement pas cela ! Les familles musulmanes et juives non plus, pas plus que les végétariennes, les végétaliennes, les macrobiotiques, les allergiques, pas plus que celles où l'on mange bio, ceux qui préfèrent le saucisson ou la mortadelle, ceux qui élèvent des cochons labellisés et savent comment sont nourris les animaux de batterie, ceux qui n'achètent pas sous vide car l'emballage n'est pas écolo, ceux qui préfèrent aller chez leur charcutier local… On a toutes les raisons du monde de faire comme on l'entend.

Vendre à une brocante par exemple peut être perçu comme afficher sa pauvreté ou se débarrasser d'un surplus.

Jean-François, surendetté, avant de partir exposer au vide-grenier le contenu totalement improductif et abandonné de son garage dit : « J'ai l'impression de me mettre au milieu de la rue, de prendre mon chapeau, et puis, voilà, je suis pauvre, mettez quelques sous, je suis pauvre. » En revanche, sa femme est emballée et se fait une joie d'y passer la journée à se débarrasser d'objets qu'elle n'a jamais même pris le temps de ranger ou de trier. (« Stop aux découverts », M6)

La norme n'est pas celle de la télé ou de la pub ou alors de toutes les émissions. Dans « Les maçons du cœur » (*Extreme makeover : home edition*) sur TMC ou *Pimp my ride* sur MTV, on voit une autre facette des intérieurs de maison et de la qualité des voitures d'Américains moyens, très éloignée d'*Une famille formidable* : des jeunes qui n'ont ni Ipod, ni CD, ni téléphone portable, des familles qui vivent dans des maisons de papier et où une maladie ou un accident du travail a entraîné la ruine totale.

La norme d'aujourd'hui n'est pas non plus celle d'hier. Au siècle dernier, à l'époque où Bernard Tapie avait son émission de télé et où les pensées de Jean-Marie Messier faisaient un carton en librairie, les clients des magasins biologiques étaient considérés comme des marginaux traités au choix d'écolos, de chevelus, de barbus, de bouffeurs de graines… Ce n'était ni mode, ni trop cher, ni snob, au contraire… En revanche, dans les magasins bio, les conversations tournaient souvent autour des sommes qu'étaient prêts à dépenser ceux qui se nourrissaient de manière conventionnelle « mais comment font les gens pour dépenser autant d'argent dans des plats tout prêts ?, pour acheter de la viande tous les jours alors que les protéines végétales sont dix fois moins chères ? etc. » À chaque époque sa norme !

Dans un monde idéal, vous habitez une maison passive et totalement autonome : vous ne dépensez plus un cent en énergie grâce aux capteurs solaires, l'éolienne, la géothermie… Vous récupérez l'eau de pluie, avez une source, un potager et un verger biologiques, entretenus par un jardinier fort bien payé. Vous êtes même habillé haute couture d'avant le business, à l'époque où les couturiers signaient leurs créations de leur nom et où les vêtements étaient faits par des professionnels, bien payés et à partir de tissus eux-mêmes venant des meilleures fabriques du monde. Vous allez à vélo faire vos courses, utilisez les transports en commun pour aller au centre-ville, voire vous habitez en centre-ville mais avec un grand jardin et éventuellement avez une voiture électrique que vous alimentez par votre propre énergie.

Ah oui, encore meilleur, dans un monde idéal vous êtes marié à George Clooney ou Julia Roberts… C'est vous dire si le monde idéal est un monde de fiction !

S'affranchir du regard des autres est une des clefs du consommer économe, comme le rappelle Georges Perec dans son roman *Les Choses* (voir citation p. 21).

Là où tout nous normalise, rester un individu pensant et agissant commence souvent par ne pas juger les autres sur leur compte en banque ou leurs signes extérieurs de richesse.

Où acheter ?

« Acheter moins cher devient un sport national. »
(Titre de *Ouest-France*, 26/12/2007)

De jour comme de nuit, du lundi au dimanche, tout est fait pour nous faciliter l'achat. Mais où acheter au meilleur prix ? Commençons par classer les offres qui nous sont proposées.

Les professionnels de la vente

Ce sont les commerces traditionnels (de l'antiquaire au caviste en passant par le magasin de chaussures multimarques), la grande distribution, les vépécistes (les catalogues de vente par correspondance et à distance), les franchises, les hard discounters, les magasins de déstockage, les soldeurs, les marchés, les foires, les salons, les salles des ventes, les dépôts-ventes, le téléachat, l'e-commerce, l'e-discount, le low cost… Outre les traditionnels sites marchands « en dur » et sur Internet, de nouvelles manières d'aborder les achats ont vu le jour sur la toile : les comparateurs de prix, les sites premiers/derniers, le cash back, les enchères, les sites d'achat d'occasion… Penchons-nous sur certains de ces circuits.

La grande distribution

La grande distribution, comme son nom l'indique, distribue les produits. Elle ne les fabrique pas puisqu'elle n'a pas d'usine. Auchan, Leclerc, Cora, Super U, Intermarché, Casino, Spar, Atac, Carrefour, Picard, Décathlon, Franprix... implantés sur tout le territoire, sont déclinés en hyper, super, magasins de détail et e-commerce (Internet). Derrière cette abondance d'enseignes se répartissent cinq grands groupes, et derrière ces cinq grands groupes, six centrales d'achat. Ainsi, lorsque la centrale d'achat de Carrefour passe commande auprès d'un fabricant ou d'un producteur, c'est aussi Champion, Ed, Dia, Shoppi, Picard... du même groupe qui trépignent derrière. Tout le monde comprend le poids énorme de la grande distribution.

LES MARQUES DE DISTRIBUTEUR OU MDD

Les MDD sont des produits qui portent la marque du distributeur : le riz au lait Leader Price n'est pas fabriqué par Leader Price tandis que le riz au lait La Laitière de Nestlé est fabriqué par Nestlé. À l'origine, les MDD étaient synonymes de premiers prix, ce qui n'est plus systématique aujourd'hui. On trouve des MDD « premium », plus chères que des marques de fabricants. Comme le distributeur n'a pas d'unités de fabrication, il fait travailler les usines à partir d'un cahier des charges et il obtient des prix parce que les ingrédients sont différents et/ou le volume énorme. Le produit néanmoins n'est pas constant. Si le fournisseur ne convient plus (il augmente son prix, sa qualité baisse, il a un souci technique, il ne veut pas diminuer ses marges...), il peut être remplacé par n'importe quel autre fabricant pouvant répondre au même cahier des charges. C'est pourquoi ce qui était bon un jour peut l'être moins le lendemain, et vice-versa...

Les hard discounteurs

Selon le magazine *Points de vente*, un « magasin hard discount est un libre-service alimentaire avec un personnel réduit, une présentation sommaire, un assortiment limité aux produits de base, des prix bas, peu ou pas de marques nationales, mais des produits sous marques de distributeurs ou des produits sans marque ».

Peu de choix, peu de frais de gestion et des premiers prix comme chez Ed, Lidl, Aldi… En règle générale, ils ont des sites (taper leur nom) qui présentent les « opportunités », les promotions du moment. À vérifier, calculette à la main…

Les magasins de déstockage ou outlets ou…

Que deviennent les soldes lorsqu'ils ne sont pas vendus ? Ils sont :

— soit gérés par les distributeurs ou les marques et finissent en magasins de déstockage,

— soit vendus à des « soldeurs ».

Les magasins de déstockage ou outlets ou « magasins d'usine » (cf. plus bas) ou boutiques de fabricants ou... sont fréquemment liés à une marque (les stocks Etam, Lancel, Furla…) ou à un réseau de distribution (La Redoute, Courir…). Ils vendent les reliquats des magasins avec une saison de décalage.

Pour de la moquette ou des serviettes de toilette, un pull col en v bleu marine, cela a peu d'importance. Pour ceux et celles qui cherchent à s'habiller mode – et où six mois de décalage sont une catastrophe – c'est autre chose.

Regardons le circuit d'un vêtement, une veste vendue 300 € au printemps 2009 dans son magasin d'origine. À quel prix et quand l'acheter au meilleur prix en « outlet » ?

FÉVRIER 2009	JUILLET 2009	FÉVRIER 2010	JUILLET 2010
Mise en place dans le magasin	Soldes dans le même magasin	Mise en place dans le magasin d'usine	Soldes du magasin d'usine
	30 à 50 % de remise pendant les soldes : pas de transport, peu de temps perdu, choix au début des soldes…	30 à 50 % de remise par rapport au prix de vente de février 2009, donc même prix que pendant les soldes 6 mois plutôt	30 à 50 % de remise par rapport au prix de vente en magasin d'usine
300 €	La veste est proposée entre 210 et 150 €	Le prix affiché va de 210 à 150 €	La mise à prix varie de 147 à 75 €
1er jour	5 mois après	12 mois après	17 mois après

Il y a donc peu d'intérêt à acheter des vêtements en février 2010, 12 mois après leur mise en vente lorsque la remise n'est que de 30 %, soit au même prix qu'en juillet précédent. En revanche, cela peut devenir très intéressant pendant les soldes, soit 17 mois plus tard, surtout pour des pièces classiques et indémodables.

Les principaux centres commerciaux de magasins de déstockage sont :

À Coquelles (62) : Marques Avenue, www.marquesavenue.com

À Corbeil-Essonnes (91) : Marques Avenue

À Cubzac (33) : Pantheon Retail (ouverture prévue fin 2008), www.pantheonretail.com

À l'Île-Saint-Denis (93) : Quai des marques, www.quaidesmarques.com

À Romans (26) : Marques Avenue

À Roppenheim (67) : Freeport (ouverture prévue en 2010), www.freeportplc.com

À Roubaix (59) : L'Usine et McArthurGlen, www.lusine.fr

À Serris (77) : La Vallée Village, www.lavalleevillage.com

À Talange (57) : Marques Avenue

À Troyes (10) : Marques Avenue et McArthurGlen, www.mcarthurglen.fr

Le déstockage sur Internet

— Les « ventes privées », du nom du site pionnier en la matière, www.vente-privee.com, écoulent les surstocks des marques par Internet. Elles s'autoproclament « privées » car pour y accéder il faut s'inscrire auparavant sur le site, ce qui n'est pas difficile puisque la plupart du temps, il suffit d'enregistrer ses coordonnées ! Vêtements, mais aussi voyages, chaussures, montres, bijoux, etc. : www.espacemax.fr, www.voyageprive.com, www.brandalley.fr, www.bebes-shopping.com, www.bazarchic.fr, www.vente-du-diable.com... Évidemment, des sites regroupent les principales adresses de ventes privées : www.ventes-privees-zidi.fr, www.lejournaldesventes.fr.

— Les sites de déstockage proposent peu ou prou le même type de produits que les sites de ventes privées, la préinscription en moins : www.yoox.com, www.mistergooddeal.com...

UN PEU DE VOCABULAIRE

— Pour tous les commerces, les **soldes** ont lieu deux fois par an. Les dates sont fixées au niveau du département et du national : cinq semaines en hiver, cinq semaines en été et deux semaines à la discrétion du commerçant. Le but des soldes est de vider le stock pour faire place à la nouvelle saison et faire du chiffre. Tous les commerces les pratiquent : du magasin de déstockage au vépéciste en passant par Dior, Hermès ou Chanel.

Les soldes sont intéressants les premiers (plus de choix mais plus cher) et derniers (moins de choix mais moins cher) jours.

— Les **promotions** se font toujours par rapport à l'ancien prix. Cela doit être affiché soit sur l'étiquette des produits concernés (-20 % sur tel jean par exemple) ou par une étiquette annonçant clairement le taux de remise dans le magasin (-30 % sur les pulls). www.promos-net.com donne (donnait ? car au moment de la publication, il montrait quelques défaillances. À suivre...) les promotions de certaines enseignes de la grande distribution tout comme le www.guidedespromos.com.

— Les **liquidations** sont soumises à une déclaration officielle auprès du préfet. C'est l'affichette légale sur la façade qui le mentionne. La liquidation peut être demandée par le commerçant avant des travaux, un changement d'activité, une cessation de commerce... Pendant la liquidation, le commerçant ne peut réassortir son stock.

Ça va faire des euros

Un magasin qui affiche de –30 à –70 % sur sa devanture doit aligner son prix le plus haut sur les –30 %. On ne peut trouver du –15 %.

Pendant les soldes, un article bénéficie des mêmes garanties que pendant l'année.
Si magasin vend à la fois des articles soldés et non soldés, la différence doit clairement être indiquée aux consommateurs.

€ Pendant une promotion, les articles ou services doivent être mis à disposition des consommateurs pendant toute la durée de la promo. Bon à savoir lorsqu'on a fait 30 km aller et retour alléché par l'offre d'une brouette à 1 € avant de découvrir qu'il ne reste plus que celles à 50 € minimum...

Les soldeurs

Le terme « solderie » est impropre puisque légalement les soldes correspondent à une période donnée. Et pourtant les soldeurs, ceux qui achètent en lot ou au poids les invendus des commerçants quels qu'ils soient existent bien ! Ces soldeurs vendent ensuite en magasins spécialisés en fins de série, sur les marchés. Longtemps cantonnés aux vêtements avec des magasins comme « Le Mouton à cinq pattes » à Paris, ces magasins ont élargi leur domaine, proposant même aujourd'hui quelques articles alimentaires comme la chaîne Noz, implantée sur tout le territoire.

Les salles des ventes

Deux types de ventes sont proposés, les volontaires (les vendeurs sont volontaires) et les judiciaires (les vendeurs le sont rarement !). Pour l'acheteur, peu de différences, l'article sera sien si son offre est supérieure à la précédente. Au moment où vous venez de lever la main en tremblant pour acquérir la merveilleuse armoire années 1930 à 45 €, vous vous engagez aussi à payer des frais variables en fonction de l'enchère. En gros, parce que chaque société de vente volontaire est libre de fixer ses frais, ils correspondent à 20 % du prix [1]. Donc l'armoire vous reviendra à 45 € + 9 € = 54 €. En revanche, dans le cadre d'une vente judiciaire, les frais sont fixés à 14,352 % TTC et l'armoire vous revient à 51,46 €.

1. Les frais sont fixés à un taux allant de 15 à 20 %, dégressifs en fonction de l'enchère, en sus du prix d'adjudication (plus la TVA sur les frais à 19,6 %, à l'exception des livres qui supportent un taux de 5,5 %). (Drouot)

Les annuaires téléphoniques ou Internet donnent les coordonnées de toutes les salles des ventes.

La Direction nationale des interventions domaniales (DNID), connue aussi sous l'abréviation bucolique de « domaines », met en vente chaque mois les biens confisqués ou récupérés par l'État : immobilier, voitures, bijoux, tableaux, ordinateurs, vaisselle, matériel professionnel (intéressé par 250 tonnes de glissières de sécurité ?)… sur toute la France. Comme pour toutes les ventes aux enchères, l'adjudication va au plus offrant, majoré d'une taxe de 8 %. Le bien doit être payé immédiatement et retiré rapidement.

On peut avoir la liste des ventes à venir auprès de sa salle des ventes locale ou en s'abonnant auprès du Service central des publications, DNID, 3, avenue du Chemin-de-Presles, Les Ellipses, 94417 Saint-Maurice Cedex ou en consultant le www.dnid.fr.

Les enchères sur Internet

Le site le plus connu qui regroupe des millions d'acheteurs et de vendeurs de par le monde est eBay (www.ebay.fr). Son utilisation n'est pas gratuite. Le vendeur paie des frais d'insertion (de 0,20 € pour un objet mis en vente au prix de départ de 0,01 € à 1 € à 3,90 € à partir de 250 €, auxquels on ajoute le coût de la photo, d'un texte en gras…), une commission (de 5,25 % pour les enchères à moins de 50 € à 1,5 % pour celles de plus de 1 000 €), des frais de transaction s'ils acceptent les paiements par cartes de crédit. Le vendeur paie les frais de port.

Pour les objets du quotidien, du poêle à bois intransportable au lot de balais-brosses, les salles des ventes sont souvent moins chères qu'eBay car elles n'ont pas toujours les clients. En revanche, eBay a le plus grand choix du monde qui arrive à domicile sans avoir à se déplacer, pour éventuellement rentrer bredouille. Il suffit de laisser une alerte sur l'objet convoité, et d'attendre qu'il coïncide au budget défini.

Les comparateurs de prix

Il en existe deux types :

— un exhaustif, chapeauté par l'État, à but non lucratif mais informatif. Il a pour objet d'indiquer le prix de l'essence partout en France. De l'essence et seulement de l'essence (voir p. 253).

— les sites à but commercial donnant des indications et des classements sur les sociétés qui ont payé pour être référencées. Ils ne sont pas exhaustifs puisque toutes les sociétés qui n'ont pas payé ne sont pas présentées. Voici comment ils fonctionnent.

Imaginons dix entreprises A, B, C, D, E, F, G, H, I, J vendant toutes la même cuisinière à des prix différents. Cinq d'entre elles s'inscrivent en payant sur un site de comparateur de prix.

ENTREPRISE	PRIX DE LA MÊME CUISINIÈRE (EN €)	ENTREPRISE PAYANT POUR ÊTRE RÉFÉRENCÉE SUR LE SITE DU COMPARATEUR DE PRIX	APPARITION SUR LE COMPARATEUR DE PRIX
A	300	Non	
B	320	Oui	3
C	340	Non	
D	360	Oui	1
E	380	Non	
F	400	Oui	2
G	440	Non	
H	460	Oui	4
I	300	Non	
J	320	Oui	5

Chez certains comparateurs de prix commerciaux, la somme investie par l'entreprise donnera le classement tel qu'il apparaîtra à l'internaute. Dans notre exemple, l'entreprise D, ayant payé plus cher que la J, sera affichée en tête de liste à l'écran.

En revanche, l'entreprise A, la moins chère à 300 €, n'est pas référencée puisque le distributeur n'a pas payé pour y apparaître. Un site de comparateur de prix est un site marchand qui ne compare que ce qui est inscrit sur son site…

Et bien sûr, on compare les comparateurs de prix ! il existe même des sites pour cela comme www.lescomparateurs.com. On attend avec impatience un comparateur des comparateurs des comparateurs de prix…

Une façon simple consiste à appeler l'objet recherché comme « aspirateur sans sac » par exemple et à laisser faire la machine. Elle affichera immédiatement les principaux sites spécialisés, c'est-à-dire les plus commerciaux, pas toujours les plus compétitifs.

Une fois sur le site, on choisit l'option affichage de prix croissant ou décroissant, et on vérifie bien la date de mise à jour.

Sur la centaine de comparateurs commerciaux, on peut signaler : www.acheter-moins-cher.com, le seul site épargné lors de l'enquête de la Répression des fraudes, www.kelkoo.com qui répertorie plus de 2 000 sites marchands, www.leguide.com plus de 3 700, www.buycentral.com plus de 500, www.ciao.fr qui se présente comme celui de la « communauté shopping » avec avis d'internautes et www.universconso.com lui aussi avec des avis d'internautes. À noter que le site www.pricerunner.fr compare des sites marchands et des commerces traditionnels, de ceux que vous trouvez en centre-ville ou dans les centres commerciaux.

Les low cost

Le low cost ou littéralement « coût bas » s'est fait connaître par les compagnies aériennes comme easyJet, Ryanair, Vueling… qui proposaient des voyages à travers l'Europe pour quelques dizaines d'euros. Les prix sont obtenus en réduisant au maximum tous les frais. Si les hard discounters sont des supermarchés low cost, tous les low cost ne sont pas des hard discounters… il existe bien sûr des sites comparateurs de low cost comme www.low-cost.fr.

Les sites premier/dernier ou prem/der

Internet a apporté de nouvelles manières d'acheter dont les sites prem/der. Derrière ce nom sont regroupés des sites qui proposent des tarifs avantageux soit en prévente (on achète très longtemps à l'avance), soit à la dernière minute (on profite des invendus). Les sites les plus connus sont pour le train www.voyages-sncf.com, pour les voyages www.lastminute.com, pour les chambres d'hôtel www.late-rooms.com... En s'appuyant sur le même système, de plus en plus de sites commerciaux proposent individuellement des tarifs suivant la date de réservation, surtout dans le voyage et l'hôtellerie : www.airfrance.fr et ses offres Tempo, www.novotel.com et ses réservations 14 jours à l'avance… Les compagnies aériennes low cost fonctionnent sur ce principe.

Le cash back

Vous êtes payé lorsque vous achetez : dit comme ça, c'est tentant mais évidemment, ça se décrypte ! D'abord il faut acheter, donc dépenser de l'argent, et ensuite vous percevez un pourcentage (1 à 3 % en majorité) ou quelques euros sur le montant HT de votre achat. Rentable pour acheter un billet de train au prix fixe (la SNCF est référencée sur les plus grands sites de cash back), dangereux si vous achetez en fonction de la remise proposée (chouette, 15 % chez untel, je prends…). La remise en argent intervient plusieurs mois après et lorsque la somme encaissée atteint un certain seuil. www.cashcash.com, www.ebuyclub.com, www.cashstore.fr...

LES COMITÉS D'ENTREPRISE

Si vous êtes salarié, connaissez-vous les avantages que peut vous procurer le comité d'entreprise ? Cinéma, colonies de vacances, arbres de Noël, mais aussi accès à des magasins réservés comme la Serap (www.serap.com). L'inscription à la Serap est de 7 €.

Les fabricants (au sens large)

On trouve ceux qui sont à l'origine du produit :

— le paysan dans son champ qui vend à la ferme (www.bienvenue-a-la-ferme.com, www.accueil-paysan.com) ;

— le producteur chez qui on peut aller cueillir directement ses produits (www.chapeaudepaille.fr, www.annuaire-descueillettesalaferme.com, www.occuper-ses-enfants.com, rubrique sortir, ainsi que les panneaux au bord des routes) ;

— des paniers livrés directement : le réseau des Amap, les Biocabas dans le Nord-Pas-de-Calais (www.biocabas.com), les paniers du Val-de-Loire pour le Centre et Paris (www.lespaniersduvaldeloire.fr), les jardins de Cocagne (www.reseaucocagne.asso.fr), l'Acape sur la presqu'île guérandaise…

— l'usine qui fait une vente d'usine deux jours par an ;

— le magasin d'usine situé au cœur de l'unité de fabrication ;

— le producteur qui vend directement au marché, à la foire ou dans un salon, certaines coopératives…

Les Amap ou associations pour le maintien d'une agriculture paysanne

Le terme anglo-saxon qui définit ce type d'échanges entre producteur et consommateur est « community supported agriculture » ou *in french*, agriculture soutenue par la communauté. Cela est pratiqué au Japon (un foyer sur quatre), aux États-Unis, au Canada, en Australie, en

Europe du Nord[1]... Un groupe de consommateurs d'un même lieu se réunit et s'engage en achetant par souscription la récolte d'une ferme proche géographiquement. Le paysan a un débouché garanti et payé, les consommateurs des fruits et légumes ultrafrais livrés dans un endroit précis près de chez eux en fonction de la saison et du rendement. Les Amap peuvent aussi passer des accords avec des éleveurs, des apiculteurs, des meuniers qui livrent ponctuellement la marchandise. Le fonctionnement en est associatif, les membres de l'Amap jouent à la marchande de temps en temps car, à tour de rôle, il faut distribuer les « paniers », la ferme peut solliciter ses membres qui le désirent à venir les aider aux champs. Cette démarche militante est en plus abordable, car les fruits et légumes (souvent biologiques) livrés sont souvent inférieurs au prix du marché. Mais le coût des produits n'est pas la motivation première des membres (il y a moins cher dans les hard discount et moins contraignant dans un magasin ouvert en ligne).

Si près de chez soi, il n'y a pas d'Amap ou si la liste d'attente est trop longue, on peut toujours en créer une avec ses voisins ou ses collègues de bureau... Les Amap étant à la mode, il faut faire la part des choses entre les pseudo-paniers vendus hors de prix par les enseignes traditionnelles et les diverses associations sœurs qui se sont créées et qui militent pour le maintien des agriculteurs de proximité. (Pour contacter les Amap : www.alliance.pec.free.fr et non pas www.amap.fr qui renvoie à un ersatz de vente par correspondance.)

L'exemple d'une Amap, celle de Paris 15e

Pour 645 € par an, payables en plusieurs fois, l'Amapien reçoit 42 « paniers » de légumes biologiques par an, distribués dans son quartier, un jour par semaine, soit 15 € le panier plus une participation à un panier solidaire laissé à une association. Le panier varie bien évidemment suivant les saisons.

1. Source : Amap.

— **Semaine du 8 janvier 2007**
300 g de radis noirs
100 g de mâche
1 kg de pommes de terre Désirée
500 g de pommes de terre Mayflower
250 g d'oignons rouges
1 kg de carottes des sables
1 kg de courges longues de Nice
400 g de betteraves
400 g de céleri-rave
— **Semaine du 30 juillet 2007**
1,5 salade (une petite et une grosse)
1 kg de courgettes
1 botte d'oignons blancs
130 g de haricots verts plein champ
1 kg de pommes de terre BDF
1 concombre
1 kg d'aubergines et/ou de poivrons
20 g de tomates-cerises
800 g de tomates rondes
1 kg de tomates Cœur de bœuf

Les « vrais de vrais » magasins d'usine

Il reste encore quelques usines qui ouvrent des points de vente. Elles y vendent les invendus, les surplus ou annulations de commandes, les erreurs de couleurs, de tailles, les essais… et les seconds choix.

LE SECOND CHOIX

On appelle « second choix » les articles défectueux. On ne peut donc pas parler de « remise » sur le prix normal. Par principe, ce sont des articles dont le prix de vente est baissé car la qualité est moindre. Une chemise trouée n'est pas 30 % moins chère qu'une chemise normale, mais elle est 100 % trouée par rapport à une chemise neuve…

Pas d'illusion à avoir cependant, on en trouve de moins en moins… et leur fonctionnement a bien changé. Avant, quand il y avait des usines, c'était les fabricants qui vendaient les articles. Un article était fabriqué pour ou au nom d'une marque et avait coûté 50 € à faire. En vous déplaçant à l'usine, vous aviez cet article de second choix ou de surplus à des prix variant de pas grand-chose à 50 € maximum. Rares sont les magasins d'usine qui fonctionnent encore sur ce schéma. Aujourd'hui, comme dans les « outlets », la référence est le prix de vente de détail du produit. Le fabricant sait que le produit qu'il a fabriqué pour 50 € est vendu 500 € et part de ce prix pour élaborer son tarif. 50 % de remise donne donc 250 €…

Quelques adresses

Simplement pour montrer que l'on trouve de tout, et sur tout le territoire… Toujours téléphoner avant de se déplacer pour connaître les horaires.

Dodo
Fabricant de couettes, de sacs de couchage, d'oreiller…
Vend ses seconds choix et organise régulièrement des ventes.
25, rue du Maréchal-Foch
57500 Saint-Avold
Tél. : 03 87 91 16 16

Rosières
Vend aussi les marques d'électroménager Candy, et les aspirateurs Hoover.
18400 Lunéry
Tél. : 02 48 55 78 78

Paraboot
Chaussures hommes et femmes.
3, rue Hector-Berlioz
38210 Tullins-Fures
Tél. 04 76 07 40 40

Les ventes annuelles de stock sur une ou deux journées : meubles, ventes en entrepôt, etc. Là encore, il faut d'abord une usine ou un immense entrepôt de stockage à vider. Les adresses sont connues par le bouche à oreille, ou plus prosaïquement par la presse régionale. Certains magasins de déstockage organisent des ventes annuelles ou braderies comme Lafuma (Rue Lafuma, 26140 Anneyron, Tél. : 04 75 31 31 00) trois fois par an.

5000 NET

En cas de litiges, d'achats défectueux, de demande de renseignements sur la consommation, on peut écrire, et seulement écrire, à la Boîte postale 5000 de certains départements. Elle est composée d'une équipe qui, aidée par la direction départementale de la concurrence, de la consommation et de la répression des fraudes, comprend des représentants des organisations de consommateurs, des commerçants et des producteurs.

On lui expose son problème en joignant la photocopie des documents nécessaires à l'étude du cas. On envoie dans une enveloppe timbrée le tout à Boîte postale 5000, suivi du code postal et du nom du chef-lieu du département. Par exemple, si vous habitez dans les Ardennes, l'adresse sera :

Boîte postale 5000
08000 Charleville-Mézières

On reçoit ensuite un avis de réception précisant le nom et l'adresse de l'organisme qui a, le cas échéant, été chargé de traiter le dossier. Si aucune solution amiable ne peut être trouvée, il restera la possibilité d'un recours à la justice.

Pour avoir la liste des départements disposant d'une Boîte postale 5000, allez sur le site de la DGCCRF www.dgccrf.bercy.gouv.fr et recherchez « Boîte postale 5000 ».

Les particuliers

Non professionnels, « monsieur et madame vous-et-moi » vendent par le biais d'une petite annonce dans le journal pour une voiture, un appartement ou une tronçonneuse, prennent un stand dans un vide-grenier… et le font de manière occasionnelle. Regroupant des articles hétéroclites, à prix habituellement bas et aux négociations possibles, les ventes entre particuliers sont très intéressantes pour les petites pièces, les meubles, les vêtements… Pour les voitures et les appartements, la situation est plus délicate. En faisant une mini-étude de marché, on saura si le particulier vend directement par conviction ou pour se substituer au garagiste ou à l'agence immobilière et empocher ainsi les frais sans fournir les services. Des sites Internet mettent aussi en relation les particuliers (voir p. 114).

LES BRADERIES, LES VENTES DES ASSOCIATIONS À BUT NON LUCRATIF, TYPE EMMAÜS, SAINT-VINCENT-DE-PAUL, ETC.

Dans le domaine de l'occasion, les braderies associatives, les vide-greniers organisés par des paroisses, les boutiques au profit d'associations sont certainement avec les vide-greniers de particuliers les meilleurs endroits où trouver à bas prix des objets de seconde main.

Les braderies paroissiales sont habituellement annoncées par des affichettes chez les commerçants du quartier et pour les grandes associations, on peut cliquer sur leur site : www.emmaus-france.org, www.fondation-auteuil.org, http://ssvp.fr (cliquer sur la carte de France pour obtenir les adresses de tous les relais Saint-Vincent-de-Paul département par département...)

Ça va faire des euros

Tous les jours naissent et meurent des sites... impossible à suivre et terriblement chronophage ! Toujours mettre en rapport le temps passé et le gain escompté. Un exemple : si un produit est proposé à 20 €, se fixer une limite en temps pour trouver moins cher ! On gagne plus d'argent en préparant des pâtes (1 €) qu'en se faisant livrer une pizza (10 €) sous prétexte qu'on n'a pas le temps de faire les courses parce qu'on a passé deux heures pour trouver la chose à 19 € au lieu de 20 € !

Internet affiche un prix définitif. On ne discute pas avec un ordinateur ! S'en souvenir lorsqu'on compare les prix avec les magasins « en dur »...

Avant d'acheter par Internet, vérifier toujours les frais de livraison qui peuvent n'arriver que sur la dernière page de la commande. C'est à ce moment-là pourtant qu'il faut sortir la calculette et voir si le produit reste intéressant...

€ Les comparateurs de prix sont une base lorsqu'on cherche à se renseigner sur un prix. Simplement une base...

€ Acheter en premier, c'est-à-dire longtemps à l'avance, n'est intéressant que si la remise est vraiment importante et que l'on est sûr du fournisseur (immobiliser 500 € trois mois à l'avance pour gagner 10 € n'a aucun intérêt...), car la plupart du temps, ce n'est ni remboursable ni échangeable, donc il faut vraiment être sûr de soi...

Alors où acheter pour acheter au mieux ? Il n'y a pas de réponse toute faite qui serait la solution idéale et dans laquelle tous les consommateurs s'engouffreraient. La seule solution pour la connaître pour tel article ou tel service, c'est de regarder les prix comme nous le verrons plus tard ou de faire faire des devis… En revanche, il y a une notion fort simple à comprendre : plus vous êtes éloigné du vendeur original, plus le coût augmente et moins il est facile de négocier. Donc, les meilleures affaires se font lorsqu'on achète directement du producteur au consommateur ou de particulier à particulier…

Le prix à payer

« Il est souvent plus facile
de dépenser moins que de gagner plus. »
(*Le Manuel de la ménagère*, 1951)

C'est décidé, on va acheter quelque chose. Pour un litre de lait ou un écran plat, la démarche est la même, on va comparer les offres qui nous sont faites à travers les différentes enseignes, comparer les prix et les coûts annexes, faire faire des devis pour un service, exercer notre esprit critique et choisir ce qui nous est bénéfique, à nous et non pas au commerçant.

Le critère prix

Deux outils sont là pour nous aider : Internet et nos jambes.

Grâce à Internet, on peut se brancher sur des forums, aller visiter sans se déplacer les sites des fabricants qui nous intéressent, s'abonner à des revues comme *Que choisir* ou *60 millions de consommateurs* et recevoir leurs essais comparatifs. C'est un outil extraordinaire mais extrêmement chronophage. On peut aussi visiter les « comparateurs de prix », à condition d'en connaître les limites.

Pour découvrir les autres prix, il nous reste nos jambes et la bonne vieille comparaison à l'ancienne qui consiste à regarder les prix et discuter le bout de gras avec les vendeurs !

THE only comparateur of price

Il y a les livres de comptes que tout un chacun tient et puis il y a SON indispensable comparateur de prix, à soi, rien qu'à soi, la véritable mine d'infos pour celui qui veut dépenser moins. Il se révèle mille fois plus instructif que les prospectus promotionnels qui envahissent les boîtes aux lettres ou les gros logos orange flashy annonçant une promotion spéciale. La bonne nouvelle, c'est qu'il n'y a pas besoin d'avoir fait Polytechnique pour y arriver, c'est ultrasimple et à la portée de tous. La moins bonne, c'est qu'au début, cela prend du temps. La très très bonne, qui fait que l'on passera aisément sur ce dernier point, est que ça peut rapporter gros ! Explications…

En regardant attentivement vos achats de nourriture, vous remarquerez que par saison, vous avez tendance à toujours acheter le même type de produits. Il y a des foyers où on aime les pâtes, d'autres le riz ou les pommes de terre… pour ne parler que d'un type d'aliments. L'autre constante est le lieu. Onze ou douze mois par an, nous vivons au même endroit, entouré des mêmes magasins. Ces deux éléments de base vont permettre de réaliser ce que l'on pourrait qualifier de mini-étude de marché.

Dans tous les commerces auxquels on a accès : marché, ferme, ramassage à la ferme, supérette, hypermarché, épicerie fine, Internet… on va répertorier sur une fiche que l'on pourra insérer dans un mini-classeur, les prix au kilo ou à l'unité de ces articles suivant ses critères prix et qualité personnels. C'est la seule base fiable. Pourquoi ? Parce que si le prix n'augmente pas, le poids peut diminuer, ce qui signifie une augmentation du prix du produit… La nouvelle barre de Mars Cœur fondant n'a apparemment pas changé de prix, elle est simplement passée de 50 g à 42 g… donc le produit a vu son prix augmenter de 19 % !

On va par exemple noter le prix du riz le moins cher au kilo ou le prix du riz issu de l'agriculture biologique le moins cher au kilo. On les note au crayon de bois car ils varient – non : ils augmentent (varier aurait pu laisser supposer que de temps en temps, ils baissent) – régulièrement.

Tous ceux qui ont regardé le nombre de calories d'un produit ou sa teneur en matière grasse trouveront cet exercice enfantin : ici, le prix est directement accessible et en grosses lettres !

Au début, pour ne pas se décourager devant une tâche trop importante, on va s'intéresser aux produits de base par exemple, ceux qui reviennent les plus souvent dans l'alimentation ou encore l'hygiène. Les plus courageux, ceux qui disposent de temps, iront certainement au-delà. Rapidement cependant, devant les écarts de prix constatés, il est certain que le nombre d'articles « comparés » va augmenter.

Pour se faciliter la tâche :

— On ne relève pas les prix des produits qu'on n'achète pas !

— On peut se répartir les magasins entre voisins, puisqu'*a priori* tous ceux qui habitent au même endroit sont susceptibles de s'y rendre. On définit une liste de produits communs, chacun faisant ses courses dans son enseigne habituelle et on compare les prix. Si eux ne sont pas intéressés, donnez-leur votre liste et ils accepteront certainement de la remplir.

— La solution de fainéant consiste à acheter dans chaque enseigne les mêmes produits et comparer les tickets de caisse. À partir de ceux-ci et grâce aux emballages qui indiquent le poids, on obtiendra le prix au kilo, au litre ou à l'unité.

— On commence par vérifier si on n'a pas gardé dans un sac, dans son livre de comptes, dans la poubelle… la dernière note du supermarché. On vérifie ses placards et on met en relation le prix et le poids… voilà, le « p'tit classeur » est commencé !

À chaque visite au commerce en question, on vérifiera qu'il n'y a pas eu de changement. Notre comparateur de prix se présente sous la forme d'un petit classeur et chaque fiche correspond à un produit. Emporté pour faire ses courses, il nous indiquera tout de suite le prix de base et nous permet d'évaluer immédiatement une « offre promotionnelle ». Un exemple : à Paris, on annonce par un « prix choc » jaune une promotion sur trois paquets de 500 g de spaghetti au prix exceptionnel de 3,25 €. Ils sont placés en îlot, excentrés par rapport aux autres paquets de pâtes et donc mis en valeur. Mais 3,25 € les 1,5 kg, cela fait 2,16 € le kilo, soit 60 % de plus que les pâtes sans promo vendues au kilo à 1,35 € dans le même magasin.

Le « p'tit classeur »

Voici trois relevés de prix d'ingrédients de base, pris au hasard (voir liste p. 158). Les deux premiers ont été effectués à Paris, l'un en qualité non bio et l'autre en qualité bio. En effet, on ne peut comparer un produit non bio et un produit bio. C'est comme si on comparait deux bracelets, l'un en vermeil et l'autre en or sous prétexte qu'ils entrent tous les deux sous la dénomination de bijoux dorés. Malgré l'apparence identique, c'est la composition qui en fait la valeur. Le troisième a été effectué en Loire-Atlantique, autour de Saint-Nazaire.

Tous sont établis sur la base des prix les moins chers au kilo, au litre ou à l'unité. Les enseignes n'ont que peu d'importance. En prenant d'autres produits, elles auraient pu apparaître plus ou moins « économiques », ce qui prouve une fois de plus que le consommateur n'a aucun intérêt à y être fidèle.

Les tableaux affichent le prix à l'unité et entre parenthèses, la forme sous laquelle le produit a été croisé. Exemple dans la première case du tableau : le kilo de café le moins cher était à 3,48 €/kg le jour de notre passage, car le paquet de 250 g était vendu 0,87 €, donc 0,87 € x 4 = 3,48 €.

L'article le <u>moins cher</u> est souligné, le **plus cher**, mis en gras.

Le « p'tit classeur »
À Paris (dans un même quartier)
Produits non bio (large gamme de colorants, de conservateurs, d'engrais et de pesticides)

PRODUITS NON BIO	ED	FRANPRIX	G20	LIDL	MONOPRIX	WWW.TELEMARKET.FR	WWW.COURSENGO.COM
Café	3,48 €/kg (0,87 € les 250 g)	4,80 €/kg (1,20 € les 250 g)	4,37 €/kg (Promo : 4,37 € le kg Maison du café)	3,96 €/kg (1,98 € les 500 g Belarom)	3,84 €/kg (Promo : 0,96 € les 250 g de Monoprix robusta)	**5,98** €/kg (2,29 € les 2 x 250 g)	3,64 €/kg (0,91 € les 500 g)
Spaghetti	1,20 €/kg	1,84 €/kg (0,92 € les 500 g)	1,69 €/kg	**1,90** €/kg (0,95 € les 500 g)	1,35 €/kg	1,56 €/kg (0,78 € les 500 g)	1,36 €/kg
Riz	0,79 €/kg	0,71 €/kg	1,09 €/kg	1,18 €/kg (0,59 € les 500 g)	0,73 €/kg	**1,55** €/kg	0,81 €/kg
Œufs [1] élevés en cage, code coquille 3	0,11 € l'unité (3,29 € les 30) Calibre moyen	0,11 € l'unité (2,65 € les 24) Calibre moyen	**0,16** l'unité (3,36 € les 20) **Calibre petit**	0,11 l'unité (1,09 € les 10) Calibre gros	0,16 € l'unité (1,63 € les 10) Calibre moyen	0,16 € l'unité (3,15 € les 20) Calibre moyen	**0,19** € l'unité (1,15 € les 6) **Calibre gros**

1. Œufs

Conditions d'élevage	0 pour poules élevées en agriculture biologique, 1 pour poules élevées en plein air, 2 pour poules élevées au sol, 3 pour poules élevées en cage
Taille des œufs	Petit / S / poids inférieur à 53 g, Moyens/ M / poids compris entre 53 et 63 g, Gros / L / poids compris entre 63 et 73, Très gros / XL / poids supérieur à 73 g

PRODUITS NON BIO	ED	FRANPRIX	G20	LIDL	MONOPRIX	WWW.TELEMARKET.FR	WWW.COURSENGO.COM
Sucre en poudre	0,99 €/kg	1,33 €/kg	1,46 €/kg	0,89 €/kg	1,14 €/kg	**1,55** €/kg	1,43 €/kg
Papier toilette en rouleau	0,24 € (2,90 € les 12)	0,27 € (2,45 € les 9)	0,14 € (1,63 € les 12)	0,12 € (1,25 € les 10)	0,17 € (1,01 € les 6)	0,29 € (1,74 € les 6)	**0,52** € (2,10 € les 4)
Lait demi-écrémé	0,80 €/l	0,67 €/l	**0,89** €/l	0,63 €/l	0,74 €/l	0,66 €/l (7,95 € les 12 l)	0,67 €/l (4,02 € les 6 l)
Lait en poudre	0,58 €/l (1,74 € les 300 g annoncés pour 3 l)	0,54 €/l (1,62 € les 300 g annoncés pour 3 l)	0,61 €/l (1,84 € les 200 g annoncés pour 3 l)	/	0,68 € le litre (4,74 € les 750 g annoncés pour 7 l)	0,68 € (2,03 € les 300 g)	**0,81** € (2,42 € les 300 g)
À noter						Frais de port : 9,90 € pour les commandes inférieures à 150 €, au-delà, dégressif	Frais de port : 13,90 € pour les commandes comprises entre 40 et 80 €, au-delà, dégressif

Dans un même quartier pour des produits premiers prix, sans parler des frais de port des achats par Internet, et pour un kilo de café, de spaghetti, de riz, de sucre en poudre, un litre de lait demi-écrémé, de la poudre pour faire un litre de lait, 6 œufs et 6 rouleaux de papier hygiénique, le panier le plus économique revient à 8,83 €, et le plus onéreux à 22,92 €, soit 160 % plus cher ! Si pour ces 8 articles de base, on dépasse les 14 € de différence, imaginez la somme que pourrait représenter l'achat régulier d'une vingtaine d'articles par semaine, 52 semaines par an en n'achetant pas chez le bon fournisseur ! Et à Paris, les magasins sont à un ou deux pâtés de distance, ce n'est donc pas une question de déplacement, il faut juste avoir pris la peine de faire son propre « p'tit classeur ». La preuve que ça vaut le coup d'y passer quelque temps au début…

Comment s'en servir ?

En anticipant, comme toujours, mais pas seulement. Il n'est pas question de faire tous les cinq commerces à la suite. C'est fatigant et cher, mais de décider chaque semaine d'en faire un ou deux au fil de ses déplacements. Dans l'un, on trouvera du café, dans l'autre du riz pour quinze jours, trois semaines ou un mois, et on n'aura pas à y revenir tout de suite…

Le « p'tit classeur »
À Paris (dans un même quartier)
Produits biologiques, avec la mention AB lorsqu'il s'agit de produits agricoles, certifiant que le produit est élevé ou cultivé avec une limitation d'additifs, d'engrais et de pesticides

PRODUITS AB	BIOCOOP	ED	FRANPRIX	G20	MONOPRIX	WWW.COURSENGO.COM	**WWW.TELEMARKET.FR**	**WWW.TOUTELABIO.COM**
Café	11,40 €/kg (2,85 € les 250 g)	8,28 €/kg (2,07 € les 250 g)	8,20 €/kg (2,05 € les 250 g)	/	**11,44** €/kg (2,86 € les 250 g)	7,96 €/kg (1,99 € les 250 g)	11,04 €/kg (2,76 € les 250 g)	11,40 €/kg (2,85 € les 250 g)
Spaghetti	2,58 €/kg	1,38 €/kg (0,69 € les 500 g)	2,66 €/kg (1,33 € les 500 g)	/	2,76 €/kg (1,38 € les 500 g)	2,58 €/kg (1,29 € les 500 g)	**2,82** €/kg (1,41 € les 500 g)	2,10 €/kg
Riz	1,82 €/kg	/	/	/	**2,94** €/kg (1,47 € les 500 g)	/	2,84 €/kg (1,42 € les 500 g)	2,31 €/kg
Œufs[1], code coquille 0	0,29 € l'unité (1,76 € les 6) Calibre gros	0,33 € l'unité (1,99 € les 6) Calibre moyen	**0,50** € l'unité (2,99 € les 6) Calibre moyen 0,52 € l'unité (3,13 € les 6) Calibre gros	0,47 € l'unité (2,84 € les 6) Calibre moyen	0,44 € à l'unité (2,60 € les 6) Calibre moyen	**0,50** € l'unité (2,99 € les 6) Sans mention de taille alors disons moyen	0,44 € l'unité (2,65 € les 6) Calibre gros	0,35 € l'unité (2,10 € les 6) Calibre moyen

1. Cf. 1.

Sucre en poudre	<u>2,55 €</u>/kg	/	/	/	**4,40** €/kg (2,20 € les 500 g)	/	/	2,99 €/kg
Lait bio demi-écrémé	1,78 €/l	1,14 €/l		1,58 €/l	<u>1,10 €</u>/l	**1,80** €/l (10,80 € les 6 l)	1,48 €/l (8,89 € les 6 l)	1,15 €/l
À noter						Frais de port : 13,90 € pour les commandes comprises entre 40 et 80 €, au-delà, dégressif	Frais de port : 9,90 € pour les commandes inférieures à 150 €, au-delà, dégressif	Frais de port : 14 € pour les commandes comprises entre 60 et 150 €, au-delà, dégressif

En Loire-Atlantique, autour de Saint-Nazaire

PRODUITS NON AB	AUCHAN	GÉANT CASINO	LECLERC
Beurre demi-sel	3,96 €/kg (0,99 € les 250 g)	4,40 €/kg (1,10 € les 250 g)	**4,50** €/kg (2,25 € les 500 g)
Pommes de terre	0,36 € (1,79 € les 5 kg)	0,34 €/kg (1,69 € les 5 kg)	**0,37** €/kg (1,85 € les 5 kg)
Pesto	1,81 € les 200 g	**2,08** € les 200 g	1,81 € les 200 g
Haricots verts en boîte	0,69 € les 440 g net égouttés	0,67 € les 440 g net égouttés	**0,74** € les 440 g net égouttés
Haricots blancs secs	1,39 €/kg	2,04 €/kg (1,02 € les 500 g)	**2,06** €/kg
Lentilles sèches	1,20 €/kg	1,38 € le kg (0,69 € les 500 g)	**1,42** €/kg (0,71 € les 500 g)
Farine	0,52 €/kg	0,52 €/kg	0,52 €/kg
Huile d'arachide	**1,91** €/l	1,73 €/l	**1,91** €/l (3,82 € les 2 l)
Vinaigre blanc	0,35 €/l	0,35 €/l (0,52 € le 1,5 l)	0,35 €/l
Éponge grattoir	0,20 € (0,78 € les 4 éponges)	0,20 € (0,78 € les 4 éponges)	0,20 € (0,39 € les 2 éponges)
Total	**12,39 €**	**13,88 €**	**15,68 €**

FALLAIT FINIR

Pendant le relevé de prix, discussion dans un hard discount alimentaire avec un des vendeurs :

« Le prix du riz a drôlement baissé par rapport à la semaine passée.

— Ah oui, mais il fallait qu'on finisse les stocks de riz les plus chers, alors on n'avait mis que ceux-là dans les rayons.

— Et ils sont partis ?

— Ben oui, pas de problème. »

Les possesseurs de « p'tit classeur » auraient laissé ce riz-là sur les rayons...

Passées les deux ou trois premières visites dans chaque commerce, cela ne demande plus qu'un coup d'œil pour bien réactualiser ses fiches.

Le non-alimentaire

Là encore, on fait une mini-étude de marché. Elle peut aussi s'appuyer sur l'expérience des amis, des voisins. Ils ont peut-être déjà fait la même démarche et surtout testé les appareils et les objets. Ils peuvent être de bon conseil.

Comme les acheteurs professionnels, on compare les différents fournisseurs, sans oublier les à-côtés : frais de port éventuels, garantie…

« Combien as-tu payé ce soutien-gorge ?

— 39 €, par Internet, au lieu de 60 €, prix magasin. Ça fait 35 % de remise !

— Frais de port inclus ?

— Euh non, plus 6 € de frais de port. »

Donc 45 € au lieu de 60 €, soit 25 % de remise, comme pendant les soldes…

Le paradoxe de l'expert

Un homme ou une femme de 50 ans a trente-cinq ans d'expérience dans l'achat, et a plus ou moins participé à 70 périodes de soldes. Il a commencé doucement, en échangeant son argent de poche ou ses gains de baby-sitting et de bricolage, en cinémas, pots et vêtements, avant de se retrouver à devoir payer le quotidien de son indépendance, voire certains investissements.

C'est un consommateur expérimenté dont l'expertise s'est faite en achetant. Il sait acheter à bon escient et au meilleur rapport qualité-prix. Mais être un excellent acheteur est une qualité que plus on maîtrise, moins on applique, car on en vient à moins acheter !

Ça va faire des euros

Les enfants, tu laisseras

Faire ses courses, seul, sans enfants, pour gagner du temps et ne pas avoir à argumenter devant telle ou telle chose.

Saliver, tu ne feras

À l'heure des repas, faire ses courses le ventre plein pour ne pas se laisser tenter par une viennoiserie ou un sandwich trop cher.

Négocier, tu n'entendras

Lorsque les enfants accompagnent les adultes :

— s'en tenir à sa liste de courses, surtout si elle a été (un peu) élaborée avec les enfants. On cherche du riz ou des céréales, pas des bananes frites...

— ne pas succomber à leurs demandes incessantes ou les limiter : un article à 1 € ou mieux encore un article acheté avec leur argent de poche,

— les faire participer en cherchant des produits et en leur apprenant à regarder les prix.

Au début, c'est fatiguant, surtout si l'enfant a été habitué à obtenir tout ce qu'il voulait pour arrêter des hurlements ou des colères, mais après trois ou quatre sorties sans avoir accédé à ses demandes, le pli est pris.

Les rois de la promos

Quizz

« Entrez la fête est permanente
Et les affaires affriolantes
Ici, c'est comme au cinéma
Où tout séduit et tout enchante
C'est comme ça à Consorama »
Pierre Philippe

Comment décoder les promotions qui attirent l'œil, débusquer les vrais bonnes affaires des autres, interpréter les remboursés, offerts et spéciaux qui barrent les produits ? Voici un petit quizz qui nous met face à des situations fréquentes. Saurez-vous dénicher les pièges ?

1. Facile ! La marque Tartempion me propose « 50 % de produit gratuit » sur sa nouvelle sauce tomate. Mais au fait, 50 % de produit en plus, ça fait quelle réduction en argent ?
A. 50 % de produit gratuit, c'est 50 % de réduction sur le prix du produit.
B. 50 % de produit gratuit, c'est 42,50 % de réduction sur le prix du produit.
C. 50 % de produit gratuit, c'est 33 % de réduction sur le prix du produit.

2. Super promo ! J'hésite (une fois comparés le poids et les ingrédients bien sûr) entre deux sauces Béchamel identiques, habituellement au même prix de 3 € les 100 g. En effet, Tartempion me propose sa nouvelle sauce Béchamel en offre spéciale à « deux pour le prix d'une » et son concurrent Dugenou en propose une en offre d'essai à moitié prix. Quelle est la meilleure affaire ?
A. C'est la même chose.
B. Dugenou car pour 1,50 €, j'ai un pot de 100 g.
C. Tartempion, car pour 3 €, j'ai deux pots de 100 g, soit 200 g.

3. C'est donné : « Essayez-la, votre achat 100 % remboursé » me signale Tartempion sur sa toute nouvelle sauce Nantua. Je regarde comment bénéficier de l'offre et c'est ultrasimple. J'envoie la preuve d'achat et on m'expédie illico presto un bon

d'achat du même montant à valoir sur l'achat de la prochaine sauce Nantua. Je paie donc :
A. Zéro, c'est remboursé.
B. Un demi-pot.
C. Un pot.

4. Là, c'est tentant, je veux un jean et dans le magasin de vêtements, on me propose « achetez deux articles, choisissez-en un troisième à un euro* », « *à choisir d'un montant égal à l'article le moins cher ». Je repars avec trois articles :
A. Chouette, j'ai un article quasiment gratuit parce qu'à 1 €, c'est quasiment donné.
B. Ça me fait donc un tiers de remise sur les trois achats.
C. Ça me fait rapporter à la maison deux articles pas prévus au programme.

5. Enfin, du sûr : « Si on trouve cet article moins cher que dans ce magasin, il nous rembourse la différence. »
A. Ça prouve qu'il est le moins cher car sinon il ne proposerait pas de rembourser la différence.
B. Ça ne prouve rien.

Les réponses

Gardez dans un coin de votre tête que la promotion a pour objet de vous faire acheter un produit, pas de vous faire faire des économies...

1. B, eh oui, ça a l'air généreux, mais 50 % de produit gratuit veut dire 33 % de remise en monnaie sonnante et trébuchante.
Et chaque remise peut se décliner et décliner...

50 % de produit gratuit en plus	Une remise financière de 33 %
30 % de produit gratuit en plus	Une remise financière de 23 %
20 % de produit gratuit en plus	Une remise financière de 17 %
10 % de produit gratuit en plus	Une remise financière de 9 %

2. B, car vous n'êtes pas tenu d'en acheter deux d'un coup. Mais vous n'allez quand même pas prendre l'habitude d'acheter de cette béchamel, car ce n'est que de la farine, du beurre et du lait... soit 0,20 € pour 100 g, soit dix fois moins que le prix auquel elle vous sera vendue lorsque la promo sera terminée.

3. C. Eh oui, ce n'est pas du 100 % remboursé, mais du 50 %. Pourquoi ? Cette sauce Nantua vaut 3 € pièce. Si on vous envoie un « remboursement » en bon de 3 € à valoir sur le prochain achat, vous aurez au final dépensé 3 € pour vous procurer les deux pots d'une valeur de 6 €. Et 3 € ce n'est ni gratuit ni remboursé... vous avez donc eu sur le total 50 % de remise sur le lot de deux pots. La question à se poser est : « Existe-t-il une sauce Nantua à moins de 1,50 € le pot qui m'évitera de faire toutes ces démarches ? »

4. C, mais B si vous trouvez des objets de valeur strictement égale (bon courage). Idéal pour permettre au commerçant de finir un stock, car il est bien rare de trouver trois objets de même valeur qui vous plairont, sauf si vous avez des triplés. Un exemple, vous achetez un jean, un pull et une chemise.
De quelle remise bénéficiez-vous sur la totalité ?

1er ARTICLE	2e ARTICLE	3e ARTICLE À 1 €	REMISE
Jean à 80 €	Pull à 80 €	Chemise payée 1 € mais d'une valeur de 80 € possible	161 € au lieu de 240 €, soit 33 %, mais vous avez déboursé 81 € de plus qu'en achetant un seul article...
Jean à 80 €	Pull à 60 €	Chemise payée 1 € mais d'une valeur de 60 € possible	141 € au lieu de 200 €, soit 30 %, mais vous avez déboursé 61 € de plus que prévu...
Jean à 80 €	Pull à 40 €	Chemise payée 1 € mais d'une valeur de 40 € possible	121 € au lieu de 160 € soit 25 %, mais vous avez déboursé 41 € de plus...

Donc, plus vous achetez d'articles chers, plus vous déboursez d'argent, plus le commerçant est content et plus votre remise peut atteindre les 33 %. Vous êtes donc incité à regarder les objets les plus onéreux et à acheter trois articles là où vous n'en souhaitiez qu'un.

5. Ça ne prouve rien, hormis que vous allez procéder comme toujours avant d'acheter : prendre votre temps et comparer les prix. Pour que la proposition du commerçant soit viable, c'est à l'acheteur d'apporter la preuve et encore faut-il faire la tournée des popotes pour vérifier que tel article sera moins cher ailleurs. Si tel est le cas, le magasin remboursera la différence après que le consommateur a prouvé les faits (photocopies, acte d'achat...) et rempli de la paperasserie. Il y a mieux à faire de son temps qu'une étude comparative de prix à titre gracieux pour un commerçant, non ? Et savez-vous ce qu'il risque de faire avec cette information ? Si c'est un distributeur puissant, il va faire pression auprès de son fournisseur pour que son concurrent ne bénéficie plus du tarif avantageux et ne puisse plus le proposer aux consommateurs. Résultat : moins de choix pour vous et à terme, des prix plus élevés... Comme il y a vraiment mieux à faire de son temps, pourquoi ne pas commencer par apprendre à faire une béchamel par exemple ?
Maximum 15 minutes (dont 10 en roue libre).
Faites fondre 30 g de beurre, mélangez-y 30 g de farine, délayez. Ajoutez d'un seul coup un demi-litre de lait froid, salez, poivrez. Mélangez jusqu'à l'épaississement. Laissez cuire à feu doux (donc vous pouvez faire autre chose pendant ce temps-là) une dizaine de minutes. Et pas de conservateur, aucun agent épaississant ou de texture, pas de colorants...

Puisque la tradition veut que l'on décerne des points :
— **5 bonnes réponses :** bravo. Vous êtes un acheteur vigilant, intéressé par les questions de consommation.
— **de 2 à 4 :** pas mal ! Les sens sont en éveil, vous êtes prêts à intégrer les deux ou trois trucs qui feront de vous un acheteur conscient. Donc bravo !
— **moins de 2 :** faut pas croire tout ce qu'on vous dit… bienvenue dans le monde réel ! Mais bravo quand même, puisque vous lisez ce livre, cela signifie que vous souhaitez changer d'attitude.

Ça va faire des euros

99,99 €

Transformez tous les prix qui finissent par 99 à l'unité supérieure. Par exemple, on vous propose ces chaussettes pour homme à 1,99 € ; traduisez 2 € et ne vous laissez pas entraîner par le marketing qui voudrait vous faire croire que vous les avez payées 1 € et des bricoles. C'est facile à faire pour une petite somme ou un achat ennuyeux, mais dès qu'il s'agit d'un objet avec un potentiel plaisir, on a tendance à laisser tomber les 9,99... un sac à 59 € dans la conversation peut devenir un sac à 50 €...

Offre de remboursement (ou ODR)

Ne les confondez pas :

— Vous êtes remboursé à 100 %, si et seulement si on vous envoie le montant intégral de votre achat auquel on a ajouté le prix du timbre.

— Vous n'êtes pas remboursé à 100 % si vous recevez un bon d'achat à valoir sur un nouveau produit et le prix du timbre.

Comment ça marche ?

La plupart du temps, il faut payer l'objet séparément pour obtenir un ticket de caisse comportant uniquement le produit.

Le ticket de caisse servira de preuve de paiement, à joindre avec un bout d'emballage (une phrase, un code-barre...) qui lui servira de preuve d'achat. Il convient de lire chaque ODR avec attention car l'une peut demander un RIB, l'autre un commentaire...

Satisfait ou remboursé

Pour que cela fonctionne, il faut avoir un tempérament de râleur car vous n'allez pas être content du produit et l'écrire en trois ou quatre lignes... Pas besoin de faire de grandes phrases, dites simplement : « Le produit ne m'a pas plu parce que mes enfants n'ont pas aimé. Ils l'ont trouvé collant, gluant, sec, froid, chaud, mou, dur... parce que la boîte utilise trop de carton et trop de plastique, etc. merci de me le rembourser comme vous l'avez proposé ainsi que le timbre au tarif lent. » Le résultat : le produit remboursé à 100 %.

« Suggestion de présentation »

Dans l'alimentaire, on appelle les mises en scène des « suggestions de présentation ou d'accompagnement » : lorsque la maigre tranche de jambon reconstitué est photographiée dans une assiette de porcelaine sur une jolie nappe, avec des asperges et une mousseline de carottes et un brin de persil. Pour tous les autres produits, dans la pub, c'est pareil : le produit qui vous fait envie, sortez-le du contexte. Si c'est une merveilleuse table présentée dans un salon de 100 m² ultra bien rangé, avec des tableaux de maîtres, des tapis d'Orient et des fauteuils Louis XV, pensez qu'elle ne va pas être livrée tout à fait en l'état. Visualisez les deux (si vous avez de la chance) déménageurs qui arriveront, et vous laisseront l'objet au rez-de-chaussée s'il y a des étages, sous un plastique épais, et qu'il faudra rentrer dans les 18 m² du salon/salle à manger... sans tableaux de maîtres, tapis d'Orient et fauteuils Louis XV...

€ Y a pas de prix... mais ce n'est pas gratuit
Remarqué dans le rayon alimentaire d'une grande surface : les produits les moins chers n'étaient pas affichés. Il fallait aller les scanner pour découvrir leurs prix. Le consommateur qui n'a pas le temps n'y va pas et donc se rabat sur l'article un peu plus cher...

€ Comparez, comparez, comparez...
Un article neuf d'électroménager par exemple vous tente : visitez plusieurs magasins car le discours des vendeurs peut être fonction des objectifs qu'ils ont à réaliser sur tel ou tel produit. Imaginons la chaîne de magasins X et un de ses fournisseurs, le fabricant de lave-linge LaveBien. Ce dernier va lancer une nouvelle gamme. En attendant, il faut bien écouler la précédente. Il promet 45 % de marge au lieu des 40 % habituels à la chaîne si elle vend 5 000 lave-linge en deux mois. Les vendeurs sont informés : vente de LaveBien en priorité, avec bonus financiers pour ceux qui exploseront les ventes... et ils se lancent dans les travées avec un discours où le « rapport qualité/prix » est vanté en long en large et en travers... Tant que l'on n'a pas comparé, on ne sait pas qui a fait la « bonne affaire »...

€ Pas de mauvaise conscience sur le cadeau gratuit
Combien de personnes se sont fait avoir par la lampe gratuite à venir chercher dans le magasin de meubles et sont repartis avec le canapé, parce qu'ils se sentaient redevables du cadeau. Dans une telle position, certains plus faibles ne résistent pas à la pression du vendeur. Si tel est votre cas, évitez, sinon, allez-y, récupérez la lampe, remerciez et partez. Ce n'est pas vous qui profitez du système, mais ceux qui abusent de la crédulité de certains.
Et si ces pratiques s'arrêtent, c'est tant mieux !

€ Vive l'infidélité
La fidélité aux prix uniquement ou à vos idées : l'important n'est pas l'endroit où vous l'achetez mais le prix que vous payez.
Toujours le même magasin : non ! Comme un commerçant, le

consommateur n'est fidèle qu'à son intérêt. Donc on oublie toute notion de « fidélité », surtout lorsque vous appelez pour demander un renseignement, vous tombez sur quelqu'un, peut-être au bout du monde, qui relit la fiche remplie par votre précédent interlocuteur. La « fidélité » est, en langage marketing, l'autre manière d'appeler un client captif...

€ Vive l'infidélité (*bis*)
Les cartes de « fidélité » d'un magasin ? Ok à condition :
— de ne jamais, jamais, jamais utiliser la fonction crédit souvent hors de prix (lorsque vous recevez votre relevé bancaire, vous payez immédiatement le reliquat, plus le coût du timbre, 0,50 € au tarif économique) ;
— qu'elles soient absolument gratuites ;
— qu'elles donnent droit à des réductions en argent ou en service introuvables autrement et non pas un Xième grille-pain à 1 € venu de Chine. On peut signaler parmi celles qui sont multi-enseignes la carte S'miles (www.smiles.fr), car elle prend aussi en compte les dépenses effectuées à la SNCF en plus d'enseignes comme Casino, Galeries Lafayette, Shell, Caisse d'épargne... Elle permet d'obtenir des billets de train à destination de la France et de l'Europe.
Dans ces cas-là, les cartes peuvent être utiles, surtout pendant les soldes, où elles donnent droit à 10 % supplémentaires sur certains types de produits.

€ C'est pourquoi ?
Les questionnaires marketing sur vos goûts ne sont pas des papiers officiels, donc vous n'êtes absolument pas tenu de dire la vérité, surtout si vous trouvez que déjà on vous suit de trop près ; inventez-vous un nouveau prénom, vous saurez ainsi quelle est l'enseigne qui a vendu son fichier client...

€ Tête de con... dole
Pour arriver dans la grande distribution, un produit doit être référencé au niveau de la centrale d'achat. Pour être référencé, l'industriel paie, puis il paie pour chaque action de promotion : être en tête de gondole, en îlots au milieu d'une allée, sur le catalogue, avec un sticker orange fluo indiquant une offre spéciale, pour une annonce à la radio du magasin, pour un animateur ou une animatrice... Il n'y a là aucun « cadeau » et il faudra bien que l'industriel rentre dans ses frais et quelqu'un finalement paie... Qui d'après vous ? Souvent les têtes de gondoles, les pointes des rayons visibles depuis l'allée centrale, accueillent des « promotions ». Ce sont généralement des produits relativement chers proposés par lots, on regarde donc le prix à l'unité, au litre ou au kilo. Quant à

eux, les articles les moins chers sont généralement au milieu des rayons, obligeant ainsi le consommateur à passer devant le maximum de tentation.

€ Commencez par la fin

Au moins en arpentant les hypers, on fait de l'exercice ! C'est conçu pour cela, pour nous faire traverser un maximum de rayons et tous ceux qui ont fréquenté un Ikea savent de quoi il est question... Pour ne pas se laisser tenter, le mieux est d'aller directement au fond et de revenir vers l'entrée. Les produits de première nécessité s'y trouvent, ceux que l'on achète le plus fréquemment.

L'électroménager, l'audiovisuel se découvrent à l'entrée, souvent suivis des vêtements et des achats d'impulsion. Lorsqu'on commence par la fin, on va chercher la nourriture, elle cale le chariot ou les paniers et on est moins tenté de poser un petit haut tout blanc et pas cher du tout sur les artichauts en promo pleins de terre. Et surtout, on se rend compte qu'on a déjà pas mal dépensé et qu'il est nettement plus raisonnable de s'abstenir...

€ « 0,10 € reversés à... »

Les produits partages sont des produits qui proposent de reverser une partie du prix de vente généralement à une association caritative. La marque commerciale ne le fait pas gratuitement, elle bénéficie ainsi d'une bonne image et augmente son chiffre d'affaires. Pourquoi mettre un intermédiaire entre l'association et vous ? Pourquoi votre argent irait-il servir la communication de telle ou telle entreprise ? Si vous voulez soutenir l'association sans surpayer un produit qui au fond ne vous intéresse pas vraiment, envoyez la somme désirée directement à l'association qui en plus vous retournera un reçu servant de déduction fiscale lors de la prochaine déclaration d'impôts. Vous serez sur le fichier de l'association, et si vous le désirez, recevrez des informations sur les actions poursuivies. Par ailleurs, l'association ne se sentant plus liée à quelques gros donateurs, mais à une multitude de petits, se sentira plus libre de ses mouvements.

€ L'habit ne fait pas le moine

Ce n'est pas parce qu'un produit affiche un macaron orange flashy et est mis en valeur par le distributeur qu'il s'agit d'un produit soldé ou bénéficiant d'une réduction. Cela peut être une simple mise en scène. Les soldes doivent être clairement indiqués par le mot « soldes ».

À hauteur d'homme
Chez soi, où met-on ce dont on se sert le plus fréquemment ? À hauteur d'homme, facilement accessible pour les bras d'un adulte. Eh bien, les grandes surfaces ont adopté le même principe. Tout ce qui nous est facile d'accès, s'attrape sans effort et se lit facilement, correspond aux articles les plus chers. Il faut se baisser pour avoir les meilleurs prix, sur le premier niveau d'étagère, près du sol...

Après mûre réflexion
Tant que l'article n'est pas acheté, il n'est pas vôtre. Si en le sortant du chariot pour le poser sur le tapis roulant vous avez l'ombre d'un doute sur le bien-fondé de cet achat, dites à la caissière, pardon à l'hôtesse de caisse, que c'est une erreur et que vous n'en voulez pas. Cela se passe très bien puisqu'on ne peut ni vous demander d'aller le reporter en rayon, ni vous refuser le droit de changer d'avis.

C'est qui le patron ?
Contrairement à ce que certains essaient de nous mettre dans la tête, c'est l'acheteur qui a le pouvoir. Faites-vous désirer par le vendeur si vous êtes en train d'acheter quelque chose de cher. Laissez-lui vos coordonnées, faites-le mariner... Il vous proposera certainement une ristourne supplémentaire.

Courage, fuyez
Vous ne voulez pas acheter, juste regarder les prix en vue d'un éventuel achat, mais n'êtes pas sûr de pouvoir résister à la pression du vendeur. N'oubliez pas que vous pouvez utiliser une phrase magique qui n'a pas besoin d'être vraie : « Je ne peux pas prendre la décision tout de suite, il faut que j'en parle à mon ami, mon conjoint, mon mari, ma femme... »

Les champignons
On peut aller faire les magasins sans acheter, un peu comme on va aux champignons sans être sûr d'en ramasser, mais pour le plaisir de la balade en forêt. Les magasins peuvent servir à la même chose, se sortir, apprendre certaines choses, se donner des idées de décoration, de mode, comment recycler et customiser certains vêtements, comment les accessoiriser, rigoler aux produits les plus idiots... À utiliser avec prudence, si et seulement si on est détaché des achats intempestifs !

Arrhes, oui ; acompte : arrgh !
Les arrhes versées pour réserver un article permettent de se dédire, car elles ne matérialisent pas l'achat. En revanche, l'acompte vous engage à payer ultérieurement la totalité de l'achat. Un exemple : vous versez 50 € sur une machine à laver de 500 €. Si vous changez d'avis, vous perdrez 50 € en ayant versé des arrhes, mais ne serez pas obligé de repartir avec la machine. Dans le cas d'un acompte, il vous restera 450 € à payer avant d'embarquer le fichu appareil.

Panier pas percé
Évitez les chariots gigantesques et préférez votre petit sac à roulettes. Les enfants des parents qui n'ont pas de voiture ne sont pas moins voraces que ceux des automobilistes. Pourtant, leurs chariots ne sont pas identiques. Ceux qui repartent à pied ou en transport en commun sont moins tentés de porter à la force du poignet 30 kg de nourriture... moins acheter entraîne moins de perte...

Sac à main
De plus en plus de magasins facturent les sacs ou n'en distribuent simplement plus. Pour éviter de donner 0,05 € à chaque fois que vous passez à la caisse, gardez dans votre sac, dans votre boîte à gants, dans la sacoche de votre vélo, dans la poche de votre parka... un ou plusieurs sacs en tissu ou en Nylon.

0,05 € DE GAGNÉ, C'EST ZÉRO ?

Non ! On comptabilise ses dépenses sur une semaine, un mois, une année.

Vous prenez tous les matins avant d'aller travailler un café en lisant le journal à 1,10 €, cela peut paraître une broutille, mais une broutille qui revient à 220 jours ouvrés par an, à 242 €.

Vous allez tous les mois vous faire « combler » vos faux ongles : 40 x 12 = 480 €.

Et griller un paquet de cigarettes par jour : 365 x 5 € = 1 825 € !

Les coupons
Considérez le prix à l'unité, au kilo ou au litre plutôt que le montant de la remise. Un exemple : un coupon donne 0,15 € de réduction sur les œufs calibre gros vendus par 4. Avec la réduction, ils passeront de 1,55 € à 1,40 €, soit 0,35 € l'œuf. Quel intérêt puisque sans coupon, cet œuf reste à 6 centimes plus chers qu'un œuf bio de même calibre dans la même rue (cf. tableau Paris). Utiliser le

coupon revient donc à dépenser 0,24 € (0,06 x 4) de plus pour une qualité inférieure... À y regarder de près, les coupons sont rarement intéressants...

€ Le désert
Si vous le pouvez, faites les courses en dehors des périodes d'affluence. Cela va plus vite, on trouve plus facilement le rayon désiré et on n'est pas bloqué derrière la foule devant un rayon trop tentant.

On vérifie la douloureuse

> *« En allant faire ses courses, le consommateur peut avoir de drôles de surprises : prix plus chers en caisse, coût du lot de cakes supérieur au coût de deux cakes pris à l'unité... Ainsi, selon une enquête du Figaro.fr dans une enseigne de la grande distribution, un lot de deux cakes dont le prix à l'unité est de 1,99 € et une carte postale étiquetée à 4,10 € devaient, selon les prix indiqués, revenir à 8,08 €. Surprise en caisse : le lot de deux cakes s'affiche au prix de 4,93 € et la carte s'élève à 4,30 €. Au final, la note s'élève à 9,23 €, soit une différence de 1,15 € par rapport aux prix affichés en magasin. »*
>
> *Le Figaro*

Fin 2006, la Direction générale de la concurrence, de la consommation et de la répression des fraudes (DGCCRF) a publié une enquête sur la fiabilité des codes-barres dans les grandes et moyennes surfaces. Il en résulte que près de 7 % des prix affichés sont erronés et n'affichent pas le même prix en rayon et lors du passage en caisse. Sept articles sur 100 affichent des erreurs... c'est énorme. Ce chiffre est en augmentation par rapport à 2002 (5 %). Cela s'expliquerait plus par un « manque de rigueur dans la gestion de certains établissements que par une volonté de fraude ». Bon, mais est-ce que ça fait nos affaires ? Pas vraiment, car s'il y a erreurs, elles sont plus souvent défavorables au consommateur qu'au commerçant. Il convient donc de vérifier son ticket de caisse ou moins fastidieux, de surveiller le prix affiché des objets lorsqu'ils sont scannés. Les enseignes sont tenues de rembourser la différence, et certaines accordent même des bons d'achat.

€ Sites de promo

Maintenant que vous déjouez les pièges du marketing, vous allez pouvoir déceler les vraies fausses promos, y compris sur Internet ! Les sites les plus connus sont www.radins.com (dont les très intéressantes rubriques logiciels, informations, communications) et www.madstef.com. Les critères de tri de ce dernier vont des offres remboursées à 100 % (100 % ou satisfait ou remboursé) aux offres partielles en passant par les bons plans et la rubrique « méfiance ». C'est ainsi que la canne à désherber Clean Herb et son sticker « satisfait ou remboursé » apparaissent dans cette rubrique. Pourquoi ? « Le remboursement est limité aux 2 000 premières demandes. » Comment savoir si vous êtes dans le lot ? Madstef est le successeur du « Ouebb des produits remboursés » de Matthieu Laurette.

L'OFFRE DE REMBOURSEMENT CONTRE LE SYSTÈME MARCHAND

Matthieu Laurette est un artiste français qui a exposé à la Biennale de Venise, au palais de Tokyo, au MoMA de New York, au Centre Pompidou... Son propos de départ était d'infiltrer les médias pour détourner les lois du milieu. Il a commencé sa carrière « artistique » en passant au jeu d'Évelyne Leclerc « Tournez manège » (!) puis sur tous les plateaux de télévision possibles. Mais cette célébrité de pacotille ne le faisait pas vivre, alors, sans argent, il a commencé à se nourrir uniquement de produits remboursés et y a appliqué la même réflexion : les assimiler pour mieux les détourner.

« À partir d'une réflexion pragmatique sur ses moyens de subsistance, Matthieu Laurette a mis en place avec *Les produits remboursés* un système lui permettant de subvenir à ses besoins vitaux principaux. Sa méthode pour consommer sans dépenser repose sur le marketing basique des grands groupes industriels alimentaires. Il se nourrit gratuitement en achetant uniquement des produits « Satisfait ou remboursé » ou « Premier achat remboursé ». Et profite des invitations des médias, de *Newlook* à « Sans aucun doute », pour diffuser le mode d'emploi de ses trucs et astuces pour la consommation gratuite. Par la simple – mais systématique – mise en fonctionnement d'un dispositif publicitaire, Matthieu Laurette remet symboliquement en cause le système marchand capitaliste. »[1]

À partir de cela, il a fait des expos, des sculptures, des happenings... avant de passer à un autre thème.

On peut aussi citer www.leblogmalin.com et http://radin-radin.blogspot.com.

Pour les codes promotionnels : www.bons-de-reduction.com classé par région, www.ma-reduc.com classé par enseigne souvent d'e-commerce, www.offrespromotionnelles.com...

Quant à lui, www.promoconso.net annonce les promotions en cours dans les hypermarchés.

Les promotions revenant d'année en année aux mêmes dates, on peut anticiper les meilleures périodes d'achat de l'année prochaine en notant cette année toutes les dates de promotion qui nous parviennent. Tel catalogue de vente par correspondance me fait savoir que je peux avoir 25 % sur mon premier achat de la saison : l'année prochaine, cela reviendra à peu près à la même époque, je le note sur un calendrier spécial promo… Tel magasin fait une foire aux champagnes (−20 % en novembre), je le note…

Les prix qui ne se comparent pas

Savoir économiser commence par savoir comparer. En fait, c'est vrai pour tout sauf pour les… exceptions que sont les produits vendus à prix fixe : médicaments, livres, cigarettes, journaux, timbres-poste… alors autant les acheter en pensant au paysage urbain que nous dessinons : si on trouve plus sympathique d'avoir un kiosque ou un marchand de journaux/bazar/articles de pêche près de chez soi, on y achète son journal plutôt que de mécaniquement le prendre au supermarché parce que c'est plus pratique ; si on préfère avoir un libraire de proximité qui fait travailler un employé de sa commune, on lui commande ses livres plutôt que de prendre sa voiture ou de les comman-

1. Catalogue de l'artiste.

der par Internet ; si on veut un bureau de poste, on y achète ses timbres…

Les critères qui ne se chiffrent pas d'emblée

Ce matin, en vous levant, vous avez pris un petit déjeuner, vous vous êtes lavé, brossé les dents, habillé et êtes parti travailler. Pour cela, vous avez choisi entre différentes formes de petit déjeuner (céréales ou pain, thé ou café) ; de brosse à dents (mécanique ou électrique) ; de vêtements propres… À toutes ces actions sont liées un acte d'achat, d'approvisionnement, d'entretien… et de gestion des déchets. Par vos choix mêmes, ressentis comme individuels, vous avez participé au destin collectif. Pain ou céréales en boîte ? Boulanger ou grande surface ? Artisanat ou industrialisation des méthodes de production ? Une personne pour vous servir, donc un salarié, ou un libre-service ? Une vitrine dans l'espace public de la ville ou un comptoir dans la surface privée et fermée en dehors des heures d'ouverture ? Marcher pour faire ses courses ou utiliser la voiture et donc l'essence pour s'y rendre ? L'absence de parking ou la construction d'une route et d'un parking en périphérie, vide la nuit ? Chaque décision que nous prenons est une sorte de vote pour le monde dans lequel nous voulons vivre. Souvenons-nous de Gandhi, qui pour symboliser la politique de non-coopération avec les Britanniques, a appelé à jeter et brûler les vêtements importés d'Angleterre et revenir au pagne de coton tissé ou de la lutte contre l'apartheid, passée par le boycott des oranges sud-africaines.

Bien sûr, le livre s'intitule *Savoir économiser*, ou comment tirer le meilleur parti de chaque centime gagné, mais le critère prix n'est qu'un des aspects de la question. C'est le plus lisible : pas besoin d'avoir fait l'ENA pour comprendre le prix d'un produit à l'unité vu que dans le pire des cas, une règle de trois ou une calculette résout le problème. Pour le reste, hélas, pour le reste, c'est moins simple !

Décoder les signes

La marque, le niveau de prix, l'enseigne, l'emballage, la pub… ne sont pas des signes de qualité, tout au plus des indices mais pas des assurances. La pub cherche souvent à faire croire aux consommateurs que seules marque ou enseigne sont gages de qualité. Normal, d'une part, elle est payée pour cela, d'autre part, le consommateur n'aura plus à se poser de question et à remettre en cause ce postulat. Coca, c'est mieux que Pepsi. Ah non, Pepsi, c'est mieux que Coca… sans se poser de question de savoir l'intérêt nutritionnel de la boisson ou son impact écologique, etc.

Mais hélas, il faut apprendre à décoder la qualité. Pour un ordinateur, avant d'acheter, on a dû entendre parler ou faire l'effort de comprendre ce qu'était un disque dur, une carte son, un logiciel… parce que c'était nouveau et inconnu, mais sous prétexte qu'on utilise des objets courants au quotidien, on n'a plus toujours cette curiosité-là. Le mot « pain » ouvre une boîte de Pandore : pain maison, pain de tradition française, Campaillou, pain des amis, pain au levain… derrière chaque appellation, il y a des fabrications, des coûts, des ingrédients, des savoir-faire, des goûts, des valeurs nutritives, des prix différents… ce n'est pas de la farine, du sel et de l'eau identiques présentés dans des emballages différents. Loin de là… C'est comme la langue française. Croire que parce que nous avons une langue en commun, les Français d'Europe n'ont pas à faire d'effort pour comprendre les Québécois d'Amérique du Nord, et vice versa, c'est oublier la culture et l'histoire qui donnent un sens différent aux mêmes mots.

Le rapport qualité-prix

On ne s'interroge pas sur le rapport qualité-prix de la même façon si l'objet est pérenne ou éphémère, devant une commode ancienne que l'on veut garder à vie ou devant un morceau de coton hydrophile qui n'a d'usage que pour appliquer du mercurochrome bien rouge (c'est meilleur) sur un bobo. L'un dure, l'autre pas. Pour l'un on peut chercher la qualité, l'esthétique, la fonctionnalité, le plaisir d'avoir pendant les trente prochaines années un objet plaisant à l'œil chaque matin au réveil… Sauf en cas de fétichisme particulier, le paquet de coton déclenche rarement ce genre d'interrogation…

Que faut-il mieux acheter, le croissant à 0,70 € ou le croissant à 0,80 € ? Si l'on ne sait lire que le prix, celui à 0,70 € bien sûr. Mais derrière ce chiffre, que se cache-t-il ?

Si le croissant vendu à 0,70 € a 0,10 € de matière première et celui à 0,80 €, 0,20 €, on fera une meilleure affaire en payant 0,10 € de plus pour avoir un produit deux fois meilleur ! Dans l'un la marge du distributeur est de sept, dans l'autre de quatre. Reste à savoir faire la différence…

Plus on connaît un secteur, moins on se fait avoir, c'est vrai pour la voiture ou l'ordinateur, c'est aussi vrai pour le pain et la lessive. Faire l'effort de connaître un domaine est la clef la plus sûre pour arriver à faire des économies. On achète en connaissance de cause.

« Un menu hard discount à l'Assemblée nationale » [1]

Derrière un prix, qu'y a-t-il ? pour le savoir, des députés ont essayé le menu à 0,94 €, comme le préconisait Carrefour dans une de ses pubs, c'est-à-dire des carottes râpées vinaigrette, des saucisses de Strasbourg-purée et un yaourt nature. Bon, ce n'était pas présenté comme cela. Sur l'invitation qui titrait « incroyable, ça se mange », on lisait « panaché de crudités de saison sauce provençale, quenelles strasbourgeoises et suprême de pommes de terre en flocons, émulsion lactée dans son écrin polymérisé » ! Les testeurs n'ont pas été emballés : « c'est vraiment pas bon » remarquait un député, « c'est le cholestérol assuré, sans parler de l'insuffisance calorique », soulignait le Dr Cohen, spécialiste de la nutrition. Mais les députés souhaitaient

1. *Le Monde* les 15 et 16 juin 2008.

pointer « ce qui se cache derrière un menu à 0,94 € : flexibilité, pénibilité du travail, bas salaires » et « encourager la malbouffe pour sauver le pouvoir d'achat, non ! ». Tirer un prix vers le toujours plus bas a des conséquences : sociales, physiques et environnementales.

Comme le propos du livre n'est pas « savoir ce qu'implique ses achats », on ne s'attardera pas sur le sujet, mais simplement, on peut souligner que le prix n'est pas le seul critère de l'achat d'un objet, que l'on ne peut comparer que ce qui est comparable : deux « premiers prix » alimentaires entre eux, deux « AOC », deux produits biologiques… pas deux « pains », terme aussi vague que deux voitures, deux appartements…

Chacun peut aussi, derrière un bien ou un service, définir ses propres critères d'achat. Et si :

— On veut un monde plus écologique : des pommes qui viennent du bout du monde en cargo ou en avion ? Pourquoi si je peux trouver les mêmes auprès de chez moi… Des substances chimiques dans les composants de mes produits ? Pourquoi si je peux remplir les mêmes fonctions avec des produits naturels…

— On veut réduire ses charges : des produits suremballés ? Mais, c'est moi par ma taxe foncière qui vais payer leur recyclage (dans le meilleur des cas) ou leur extermination.

— On veut des sourires : on ne va pas là où on fait la tête…

— On veut un impôt plus égalitaire. Dans sa vie, on refuse de payer en liquide un psy ou un chirurgien, on ne fait pas travailler au noir le plombier ou le peintre. On pense qu'on paierait moins d'impôts s'il n'y avait pas d'évasions fiscales. On cherche donc à faire travailler les entreprises qui n'ont pas de filiales sur les paradis fiscaux, ou dont les PD-G ne sont pas installés à l'étranger.

— On veut un commerçant qui assure le service après-vente.

— On refuse l'uniformisation : on veut des magasins différents, pas toujours le même franchisé de la même chaîne qui transforme les centres-villes en annexes de centres commerciaux et qui donne de Brest à Perpignan l'impression de voir toujours les mêmes articles. On cherche donc des magasins originaux.

— On veut des commerçants polis : on va où l'on vous salue.

— On ne veut pas de « jouets d'épouvante » comme Marguerite Yourcenar [1] qui écrivait à la multinationale Nabisco pour leur annoncer qu'elle ne mangerait plus de gaufrettes tant qu'une de leur filiale fabriquerait ces fameux jouets.

— On ne veut pas d'OGM : on n'en achète pas, même si les produits issus de plantes OGM sont moins chers, et on soutient les entreprises qui s'engagent comme la maison Bingert qui affiche sur son étiquette de choucroute lacto-fermentée « pour une Alsace sans OGM » (sic).

— On veut un commerçant qui livre à domicile.

— On veut maintenir les paysans, les producteurs, le commerce de proximité, les variétés de fruits oubliées, les…

Toutes les raisons sont bonnes pour façonner un monde à sa mesure et suivant ses opinions…

1. Josyane Savigneau, *Marguerite Yourcenar, l'invention d'une vie*, Gallimard, Coll. Biographies, 1990.

On gagne (presque) toujours…

Quizz

1. Avez-vous déjà dormi à l'hôtel ?
A. Oui.
B. Non.

2. Avez-vous déjà loué ou emprunté une voiture, un vélo, une trottinette, un skate, des patins à roulettes, une brouette… un marteau, une pelle, une poêle… ?
A. Oui.
B. Non.

3. Avez-vous un objet hérité de vos grands-parents, parents, oncles ou tantes ?
A. Oui.
B. Non.

4. Avez-vous déjà emprunté un vêtement ou un accessoire à un copain, un conjoint, un frère ou une sœur ?
A. Oui.
B. Non.

5. Avez-vous déjà acheté quelque chose chez un antiquaire ?
A. Oui.
B. Non.

6. Avez-vous déjà hébergé pour une nuit ou plus des amis, des copains des enfants… ?
A. Oui.
B. Non.

Vous avez répondu oui à une de ces questions ?
Bravo, vous êtes mûr pour acheter d'occasion, et quasiment tout…
« Tout, mouais, sauf les draps ou les vêtements. Beurk, ça me dégoûte, je ne veux pas que tu en achètes » explique le conjoint… Et le lecteur d'opiner du chef : un poster années 1970, ok, la commode de Tatie, aussi, une Bugatti, pourquoi pas (on s'occupe alors rarement de savoir si elle est polluante ou pas), une cravate Hermès, ouais… mais une chemise, alors ça non !
Et pourtant, si vous avez déjà dormi à l'extérieur, vous avez l'expérience de l'objet d'occasion porté peut-être à même la peau. Car, révélation, à l'hôtel, les draps étaient « d'occasion » et vous n'avez pas dormi dans des draps neufs ! Peut-être vous êtes-vous allongé nu, votre corps dans un drap utilisé par des centaines de personnes avant vous et vous n'avez pas eu de boutons.
Pourquoi cela ? Parce qu'entre deux clients, les draps sont lavés (enfin, on l'espère !) tout comme vous avez lavé les draps après avoir hébergé quelques amis chez vous avant de vous en resservir. On achète un drap d'occase, on lave et il est aussi propre que celui du Ritz ou du George V. C'est magique, tout comme le vêtement d'occasion.

Vous n'avez que des « non » ?
Incroyable, où vivez-vous ? Un argument qui devrait vous convaincre : un vêtement d'occasion est un vêtement qui a passé l'épreuve de la machine à laver. S'il avait dû s'agrandir ou rétrécir, ça serait déjà fait ! Maintenant, il résistera à tout !

Une deuxième chance

Acheter d'occase, revendre vintage…

Les articles les moins chers sont les articles d'occasion : de la voiture à la paire de draps en passant par les DVD ou le matériel informatique. C'est incroyable la décote que subit un objet dès lors qu'il est entré en votre possession, car aussitôt le chèque signé ou la carte bleue encaissée, l'objet a perdu entre 20 et 60 % de sa valeur… Ce n'est pas nouveau, les demi-mondaines qui revendaient les bijoux offerts par leurs riches amants et portaient les faux, l'ont susurré à de nombreux auteurs du début du XXe siècle et les pages des magazines auto du XXIe siècle le confirment à tour de colonnes : une voiture d'« occasion à 0 km » se vend 20 à 30 % moins cher qu'une voiture neuve à 0 km…

Et puis, maintenant, l'occase est devenue mode et « vintage », le mot anglais pour dire « occasion dans son jus, de telle époque ». En gros, c'est la même chose, en plus cher et juste un peu plus vieux : tout ce que votre mère a jeté est vintage, tout ce que vous jetez est ringard et démodé !

« *Jamais auparavant, ces grandes bourgeoises n'auraient porté un vêtement de seconde main. Aujourd'hui, le vintage, c'est devenu snob* », explique Anouschka, antiquaire en vêtements de luxe [1]. « *On ne va pas chez Chanel choisir la pièce de l'année qu'on retrouvera sur tout le monde. On achète une veste de l'époque Coco Chanel, qui permet de montrer qu'on est différente, créative.* » Comptez quand même 1 500 € pour une robe Courrèges sans manches, beaucoup plus pour une veste Chanel !

Devenez snob, créatif et différent, habillez-vous d'occase !

Savoir économiser commence souvent par savoir acheter d'occasion, pas tout (pas les casques de moto ou les sièges

1. *Le Monde 2*, 27/04/08.

de bébé si on n'a pas une confiance absolue dans le vendeur), pas les yeux fermés, pas n'importe comment ou où, mais hou, cela peut être une mine… il suffit d'en accepter les limites. Par exemple, il n'y a pas à attendre le même service ou le même choix que d'un magasin de « neuf » habituel puisque ce n'en est pas un !

« Les pauvres sont dégueulasses, ils polluent »

Certains objets manufacturés ont perdu en qualité au fil des ans comme les meubles premier prix, les vêtements, la maroquinerie… d'autres y ont gagné comme tous ceux qui sont économes en énergie, en eau, en efforts manuels. Alors acheter d'occasion une voiture qui consomme 12 litres aux 100 km ou en acheter une neuve qui ne dépasse pas les 5 litres n'a pas la même incidence ni sur le porte-monnaie ni sur l'environnement. Encore faut-il comparer ce qui est comparable…

Comme on achète une voiture avec un budget (on a bien lu le début du livre, non ?) qui inclut la voiture, l'assurance, le carburant et l'entretien, le parking et les autoroutes si besoin, pour avoir le choix entre l'occase et le neuf, encore faut-il que le budget soit conséquent…

Si vous êtes en dessous de 3 000 € par an, impossible de se poser la question, seule l'occasion répondra à vos critères budgétaires… Vous aimeriez bien pourtant avoir une attitude écolo, vous êtes conscient des problèmes de pollution, vous souffrez d'être stigmatisé par certains comme sur cette publicité d'un loueur de voiture : « Les pauvres sont dégueulasses, ils polluent. » Il aurait pu ajouter qu'en plus, ils sont idiots : ils n'ont pas compris qu'avoir une voiture neuve sans problème au démarrage qui consommait 4 litres aux 100 km, cela coûtait moins cher que d'en avoir une qui sifflait trois fois plus et qu'on ne pouvait démarrer sans pinces…

Mais ce n'est pas seulement la vétusté de la voiture qui fait le pollueur ! Si on analysait le bilan carbone d'un « riche », d'un PD-G d'une boîte de location de voitures par exemple (trois ou quatre déplacements en avion pour les vacances, des douches à jets, une ou plusieurs grosses voitures, une ou plusieurs grandes maisons…), il n'est pas sûr qu'il en ressortirait gagnant…

Bien sûr, une voiture diesel de quinze ans d'âge n'a rien à voir avec le filtre à particules de 2008, mais votre voiture à essence ou diesel de 1985 est là, vous devez faire avec. Comme elle consomme certainement pas mal, vous hésitez à vous en servir pour les petits trajets, disons de moins de 3 km et vous roulez sagement (7 euros de gagnés sur un trajet de 500 km en diminuant sa vitesse de 10 km/h), car plus la vitesse augmente, plus la consommation augmente. Vous n'avez pas de climatiseur, qui accroît lui aussi la consommation de carburant de 10 à 20 %. Vous n'avez peut-être même pas eu à construire de garage (matériaux qu'il a fallu transporter, sol qu'il a fallu bétonner…) car elle ne craint ni l'outrage du temps, ni le vol, tout au plus de servir d'abri à un gamin en détresse un soir de grand froid. Vous ne la lavez pas toutes les semaines dans une laverie automatique qui consomme énormément d'eau mais à la bassine tous les… rarement !

Alors qui pollue le plus ?

La meilleure des occases

Nombreux sont ceux qui ne savent pas où et comment revendre, n'ont pas le temps de le faire, ne savent pas réparer une bricole… Heureusement qu'ils existent parce que ceux-là jettent beaucoup d'objets, quasi neufs. Bien sûr, on laisse au clodo la primeur s'il est déjà dans la place, mais il suffit de ramasser ce qui traîne dans les poubelles ou les bennes. Dès qu'elles sont sur la voie publique, on peut les fouiller à condition de ne pas en disperser le contenu. On y trouve tout et la plupart du temps n'importe quoi.

Ça va faire des euros

€ Les changements de saison
Ils donnent de bonnes poubelles. On est enclin à faire le tri et à… jeter.

Les merveilles
Dans les stations balnéaires, les villages avec de nombreuses résidences secondaires, les stations de ski... les trottoirs décèlent des merveilles en fin de saison : vélos abandonnés, conserves et produits de nettoyage que l'on ne veut plus transporter, vêtements...

Le calendrier
Certaines municipalités définissent en début d'année un calendrier de collectes des encombrants en porte à porte. Ces jours-là, meubles, literies, électroménagers sont disposés dès la veille au soir sur la voie publique (se renseigner en mairie).

Faire passer le mot

« Connais-tu quelqu'un qui aurait à vendre une poussette dont il ne se servirait plus..., sais-tu où je pourrais acheter des vêtements fille en 4 ans, un meuble de chevet, une voiture d'occase... ? » En proposant de l'argent dès l'énoncée, on ne quémande pas. L'interlocuteur est libéré et soit propose ce qu'il a chez lui, soit joue les intermédiaires beaucoup plus facilement. Il y a souvent quelqu'un qui connaît quelqu'un qui soit sera trop content de se débarrasser d'objets à condition que vous veniez les chercher, soit vous vendra l'objet en question (on discute le prix), soit sera d'accord pour l'échanger.

Si des voisins déménagent, leur proposer d'acheter ou de les débarrasser des affaires dont ils n'auront plus l'utilité.

Les vide-greniers, vide-placards, vide-caves...

Les vide-greniers et les braderies d'associations sont les meilleurs endroits où trouver des premiers prix en occasion. Regarder les panneaux d'affichage chez le boulanger, à la laverie automatique, à l'école des enfants, sur les trottoirs... Les vide-greniers entre particuliers sont les plus intéressants. Les professionnels, eux, veulent gagner de l'argent, les particuliers se débarrasser de leurs affaires encombrantes ou en surplus.

Il y a régulièrement des ventes au profit de telle œuvre, de telle école, du vide-grenier à la braderie... (cf. les sites des grandes associations, type Armée du Salut, Emmaüs, Saint-Vincent-de-Paul…).

Ça va faire des euros

Mobilier malin
Si l'école et le bureau s'apprêtent à renouveler leur mobilier, demandez s'ils accepteraient de vendre aux parents ou aux salariés. Ils y gagneront car un brocanteur achètera le lot pour pas grand-chose.

Où est-ce ?
Regardez toujours dans quel coin a lieu la vente, cela vous donnera l'indication du type de vide-grenier que vous trouverez : un endroit bourgeois, un endroit avec plein de familles donc des tas de jouets ou de vêtements pour enfants. L'idéal étant là comme ailleurs de se décaler.

Cash
Partir avec un peu de liquide pour faire des offres en cash et gagner un ou deux euros.

Achetez en lot...

Repérez les professionnels
Ils ont le même type d'article et connaissent tout le monde.

Quelques sites
Pour retrouver les dates des manifestations partout en France : www.pointsdechine.com : précise si les vide-greniers et les brocantes accueillent professionnels ou particuliers, http://vide-greniers.org, www.aladinmag.com.

Les petites annonces

On voit de plus en plus de gens qui mettent des petites annonces pour vendre leurs possessions les plus encombrantes avant de déménager, surtout si ce sont des étrangers qui retournent loin. Quand on a la chance de parler une langue étrangère, on trouve des petites annonces très intéressantes dans les forums de discussion de certaines communautés. Allez-y et discutez, vous emportez bien souvent la télé et la personne vous donne les choses qu'elle estime ne pas pouvoir vendre ou ne pas avoir le temps de vendre : système pour sécher le linge, grille-pain, cuillères en bois, torchons…

Quelques sites : www.leboncoin.fr, pour trouver près de chez soi, donc avec des frais de port réduits, des articles d'occasion vendus par des particuliers (ou des professionnels) ; www.priceminister.com, mélange pro et particuliers sur tous types d'articles, possibilité de venir retirer à domicile l'objet indiqué ou par correspondance ; www.braderie.fr, premiers prix mais avec de gros frais de port… ; www.plusdepc.com pour l'informatique ; www.coinbebe.com pour les vêtements et accessoires pour enfants.

Ça va faire des euros

Saison
Sur Internet comme ailleurs, achetez hors saison : les skis en été, les planches de surf en janvier, et après Noël, lorsque certains se débarrassent de leurs cadeaux.

Elle écrit comme Jelinek[1]
Méfiez-vous des annonces avec des mots tels que « façon », « couleur », « comme »… Un sac façon Chanel, un foulard rouge Hermès, un homme comme George Clooney… n'ont pas grand-chose à voir avec un foulard Hermès, un sac Chanel ou George Clooney dans le salon… en l'occurrence, leur seul point commun est peut-être d'avoir chacun dépensé 20 000 $ en soins dentaires…

Débusquez les fotes d'ortografe
Quelquefois, les descriptions sont mal orthographiées, surtout lorsqu'il s'agit d'objets de collections techniques et/ou précis. Comme peu d'internautes iront chercher l'objet sous une mauvaise appellation, les prix peuvent rester sages…

1. Eh oui, à l'ordinateur !

Les ventes aux enchères

L'ambiance est le plus souvent festive, le commissaire-priseur faisant l'attraction. Avec du temps, on peut faire de très bonnes affaires en salles des ventes, surtout pour les objets du quotidien que ni le brocanteur ni l'internaute ne prendront la peine de mettre en vente : vaisselle et ustensiles de cuisine, linge divers, livres, petit électroménager vendus en lots et en vrac... habituellement bradés en début ou en fin de session. N'oubliez pas que les frais sont à la charge de l'acheteur (voir p. 50). De nombreux hôtels de vente estiment gratuitement et oralement les objets sans obligation de dépôt.

Les magasins spécialisés

Que cela s'appelle Cash-converters, brocante, dépôt-vente... cela veut dire qu'il y a un intermédiaire qui a trouvé, sélectionné et entreposé les objets. Il les achètera entre 30 et 70 % moins cher que le prix auquel il les vendra, rien d'anormal à cela puisque c'est la marge qui lui permet de faire fonctionner son commerce.

Certains magasins spécialisés sont animés par les associations d'insertion ou des centres d'aide par le travail et servent à recycler ce qui peut l'être avant de le mettre sur le marché de la vente : comme www.envie.org, fédération d'entreprises sociales à vocation d'insertion dont l'activité est la vente et la réparation d'appareils électroménagers d'occasion.

MODE D'EMPLOI

Si un client potentiel hésite à acheter un objet d'occasion car le mode d'emploi est perdu, rappelez-lui que le site www.mesnotices.fr donne les modes d'emploi de plus de 800 000 appareils de plus de 3 627 marques... ou imprimez-le afin de le joindre à l'objet à vendre.

Échanger / troquer

Avec des proches

En famille ou au bureau, l'échange n'est pas compliqué à mettre en place et idéal pour recycler vêtements, linge, objets divers… Par exemple, c'est un bon moyen d'échanger des vêtements pour enfants dans son entourage car il n'est pas rare que les amies ou les collègues d'une même classe d'âge se retrouvent enceintes peu ou prou à la même époque.

On peut décider d'un ou deux jours dans l'année où on fera cela, à l'occasion d'une réunion amicale ou familiale, ou deux jours avant les soldes, à la cantine ou la cafétéria de la société. Quand le groupe est petit, l'organisation l'est aussi. On se connaît suffisamment bien pour savoir les besoins des autres. Lorsqu'il y a des inconnus, il peut être bon de lister ce que l'on cherche quelques jours avant et de l'afficher ou de le poster.

Un exemple : Ariane cherche une lampe de bureau hauteur maxi 28 cm, la saison 2 des *Sopranos*, des vêtements de ski pour un garçon de 8 ans…

La soirée débarras

Tous les ans, Sabine organise une soirée « débarras ». Elle y convie entre douze et vingt personnes à partager leurs horreurs. Chacun des invités doit venir avec, si possible, autant de « cadeaux » empaquetés que d'invités (et une bouteille de vin !). Les cadeaux sont les objets les plus moches que l'on peut trouver chez soi : vieux souvenir de voyage, cadeaux d'entreprise, reliquats d'un rangement de placard, œufs peints offerts par le resto chinois, objets dépareillés... c'est sans fin, et plus c'est moche, plus c'est marrant. Les paquets sont disposés en tas, chacun prenant à tour de rôle une de ces horreurs. Le mauvais goût des uns faisant le bonheur des autres et vice versa, il arrive toujours que sur le lot, on trouve un objet qui nous plaise vraiment ! Et c'est toujours incroyable de voir ce qu'on ne supporte, en toute objectivité, vraiment pas, faire la joie de quelqu'un qu'on estimait relativement sensé. On élit le nanar de l'année, offert d'office à la maîtresse de maison. On sait vivre.

La dernière règle oblige à repartir avec tous ses somptueux cadeaux, l'hôtesse ne vivant pas dans une poubelle... Au fil des ans, il arrive qu'on se repasse les horreurs...

Avec des inconnus

Les SEL (systèmes d'échange local) sont un système de troc sans argent où chaque membre échange des services, des savoirs ou des biens, au niveau local. L'échange se pratique de gré à gré, sans argent entre deux partenaires. Ce n'est pas du troc car chaque échange donne lieu à un crédit ou un débit d'unité. À Paris, par exemple, l'unité est le Paname et le livret de compte, le carnet d'échange.

Jean-Pierre propose un cours d'anglais contre 10 Paname.

Martine a cousu un rideau pour Alain contre 40 Paname.

Grâce au carnet d'épargne où sont consignés les Paname, Martine va pouvoir assister au cours d'anglais de Jean-Pierre.

Le SEL de Paname organise des bourses locales d'échange régulières. On s'y échange, toujours sans argent, des biens. Des ateliers, des soirées, des concours... sont organisés par les membres les plus actifs.

Il y a des SEL partout en France, et c'est une manière conviviale de rencontrer les habitants de son quartier, www.selidaire.org, et pour Paris http://seldepaname.apinc.org.

Pour les fans de mode, des blogueuses commencent à organiser pour leurs lectrices des soirées troc où en faisant abstraction de la valeur des objets, on s'échange vêtements et chaussures : www.monblogdefille.com, www.motsdemode.blogspot.com.

www.troczone.com, échange de livres, CD, DVD et jeux vidéo.

www.gametroc.com, échange de jeux vidéo.

www.trokers.net, la partie troc du site 2xmoinscher.

www.graines-et-plantes.com, échange de graines.

www.peuplade.fr, échange entre voisins.

Emprunter

Pour emprunter l'esprit libre, il faut être disposé à prêter un jour. Donc voir échanger/troquer…

Emprunter de l'argent à des proches peut se faire contre une simple reconnaissance de dettes pour les sommes inférieures à 10 000 €. L'emprunteur reconnaît devoir une somme d'argent. Il l'indique en chiffres puis en lettres, signale éventuellement le taux d'intérêt, les modalités de remboursement, précise les noms et adresses du prêteur ainsi que les siennes, avant de signer et de dater le manuscrit.

Donner

En donnant des choses, il y a de grandes chances pour que vous créiez un flux d'objets qui iront des uns aux autres. Tout peut être réutilisé : meubles, vêtements, articles de sport, livres, CD, DVD, ordi…

— Donner autour de soi ou par Internet sur www.freecycle.org ou www.recupe.net. Les gens viennent les chercher et pour ceux qui se sentent isolés ou viennent d'emménager, cela peut être un moyen de faire des rencontres.

— Donner aux associations qui organisent des braderies et des vide-greniers des objets dignes d'être vendus, pas question de faire porter à l'association le coût de la déchetterie : Secours populaire français, Secours catholique, Fraternité mission populaire, le relais Saint-Vincent-de-Paul, Les orphelins apprentis d'Auteuil (Paris), Emmaüs, l'Armée du Salut…

— Donner aux inconnus : laisser sur le trottoir avec un panneau « servez-vous ». Habituellement, dans la demi-heure, il n'y a plus rien et le reste, on le met à la poubelle.

« Touche pas au grisbi »

En une célèbre formule des *Tontons flingueurs*, Bernard Blier a popularisé un des synonymes argotiques du mot argent, le grisbi. Il en existe d'autres : artiche, avoine, beurre, biftons, blé, boules, braise, fafiots, fifrelins, flouze, fourrage, fraîche, fric, galette, galtouse, ganot, gibe, graisse, mornifle, oseille, osier, pépètes, pèse, picaillons, pognon, radis, rafia, ronds, sauce, soudure, talbins, trêfle, thune...

En langage fleuri ou persillé, utiliser les mots à leur juste valeur évite de raconter des histoires aux autres pour ne pas s'en raconter à soi. Il n'y a pas de téléphone portable à 1 € quand on signe pour un abonnement de 24 mois à 20 € par mois. Il y a un coût à prévoir de 24 x 20 € +1 €, soit 481 € minimum ! Plus on compte et on conte le vrai prix des choses, moins on s'éloigne de ses objectifs : faire des économies.

La manière de présenter les choses

Qui n'a pas, dans sa vie, présenté un achat à son avantage. Le cas le plus typique est au retour d'une virée soldes quand on annonce qu'on a « économisé » ou « gagné » des dizaines ou des centaines d'euros. Il y a dans ces cas-là une gradation de la révélation.

1/ D'abord, le postulat de base veut qu'on soit dans le monde merveilleux des bonnes affaires, un monde où on vous donne presque tout pour presque rien, un monde où l'acheteur est le héros d'un combat dont il ressort systématiquement gagnant.

Exemple : « J'ai fait une super affaire. »

2/ Ensuite vient la révélation du montant de la réduction qui prouve qu'on ne joue pas, on est dans la cour des grands, celle où les bonnes affaires se négocient entre 10 et 90 % de remise.

Exemple : « J'ai acheté des bottes avec 70 % de réduction. »

3/ Puis commence le début de la description de l'objet paré de toutes les vertus.

Exemple : « Elles sont rouges, en python, avec des talons hauts et elles iront avec tout. » (Bien sûr !)

4/ Vient un soupçon d'élément chiffré avec le montant des « économies réalisées ».

Exemple : « J'ai économisé 700 € », gloups.

5/ Comme chez tous les bons conteurs, on fait durer le plaisir, en reparlant de l'objet – et en ne donnant pas le chiffre final.

Exemple : « La marque a un magasin avenue Montaigne à Paris. C'est ultrachic et (suivant sa culture…) :

— elles sont issues de cuir pleine fleur avec un cousu norvégien avec trépointe sur cuir "première cuir" gravée (qualité) » ;

— Madonna ou Julien Doré a les mêmes (*people*). »

6/ Enfin, arrive l'annonce du prix de départ immédiatement suivie de la révélation finale (à accompagner du mot « que ») qui prouve combien l'acheteur a été malin.

Exemple : « Elles valaient 1 000 € et je ne les ai payées QUE 300 €. »

Certes, c'est drôle de présenter ses achats ainsi, cela peut amuser un conjoint un temps, lorsque c'est de manière ponctuelle, mais à force de présenter les choses de cette façon, certains finissent par y croire et vous montrent des placards entiers d'« économies » alors qu'ils ont de graves découverts.

Reprenons les faits : on a dépensé 300 € pour une paire de bottes, certainement magnifiques mais la question n'est pas là (il en existe de moins chères !) et on a zéro centime d'économies. Si on avait 300 € d'économies, ils seraient sur un compte ou dans une enveloppe et on pourrait s'en servir en cas de coup dur.

Qui plus est, seule la connaissance des signes de qualité permet de savoir si le prix de base était justifié. Si on ne s'appuie que sur le fait que Madonna ou Julien Doré ont les mêmes pour accepter de surpayer des bottes assez ordinaires, on est un joli pigeon… Et que va-t-il se passer quand dans la demi-heure suivante, nos vedettes en changeront…

Les comptes… à dormir debout

• « Mériter »

« Elle le mérite », une femme surendettée pour expliquer l'achat d'un ordinateur portable à près de 1 000 € en cadeau de Noël à sa fille de 15 ans ! Pourquoi le mérite-t-elle ? Elle a soutenu une enfant de sans-papiers dans sa classe ? Été reçue première au concours général ? Non, elle avait été gentille !

• « Je ne peux pas laisser passer cela »

Si.

• « J'en ai besoin »

Manger, boire, dormir, aimer, travailler, avoir un abri, s'habiller, se chauffer l'hiver sont des besoins. Et dans manger, le riz ou le pain peut faire partie des besoins, pas les girolles ou les plats tout préparés. La liste des « je n'en ai pas besoin » est sans fin : un cinquième jean, une console de jeux, une voiture plus neuve…

• « Je veux pas déranger le vendeur pour rien »

Répondre aux questions des clients fait partie du métier du vendeur.

• « J'ai craqué »

Dit en gloussant ou en minaudant et en dévoilant son dernier sac à main. Quand c'est en faisant appel à un crédit, changez la formule par « je suis un cornichon, une andouille… », moins glamour mais plus proche de la réalité.

• « Il nous faut des vacances, une nouvelle Game Boy, une nouvelle robe… »

Non, il faut manger, boire et pouvoir se loger…

• « Un petit plaisir »

Si à chaque fois que vous vous faites un « petit plaisir », vous augmentez le découvert, donnez à cette action un autre nom : une grosse catastrophe… d'ailleurs si ces petits plaisirs-là conduisaient les surendettés à l'extase, ça se saurait !

• « Je dois l'avoir »

Pourquoi ? Pour l'avoir ? Ce n'est pas une raison suffisante.

• « Je mets plus cher que prévu et je dépenserai moins la fois prochaine »

Bien sûr ! Ouvrir un placard et faire la liste de tous les objets qui ont été achetés après avoir dit ce genre de phrase…

• « Mais il y avait 60 % de réduction »

L'importance du rabais ne rend pas l'achat plus raisonnable si ce n'est pas un besoin. 60 % de réduction sur une table basse en plastique rose à placer à côté de celle en verre et alu… c'est 100 % d'achat inutile.

• « Si je ne peux pas me faire plaisir avec tout le boulot que j'abats… »

Habituellement dit en râlant pour justifier l'achat de cigarettes, d'une moto, d'une robe… Hélas, une dure réalité fait que l'argent qu'on gagne est avant tout destiné à payer le quotidien : loyer, nourriture, éducation… et il n'y a malheureusement pas toujours de rapport entre la dureté et la durée du travail, et l'argent disponible.

• « Je n'ai pas le temps de…

Chercher à économiser trois francs six sous » ou faire de la cuisine ou changer le joint du lavabo, etc. Ok, mais la prochaine fois, il faudra accepter l'idée que vous n'avez pas trois francs six sous pour gagner du temps.

• « Je n'achète que là, c'est mon magasin »

Adopter un magasin ne veut pas dire être adopté par lui, dans le sens d'une adoption : vous nourrir, loger, éduquer et vous faire hériter…

• Une carte de crédit

On pourrait l'appeler carte de débit.

• « J'ai fait des économies »

Comme dans « j'ai fait 50 € d'économies » lorsque vous avez payé 150 au lieu de 200 €. Reprenons et disons-nous que tout ce qui se trouve dans une tirelire, sur un carnet de caisse d'épargne, sous le matelas… s'appelle des économies, et tout le reste des dépenses ! En l'occurrence, vous n'avez rien « économisé » du tout, mais vous avez dépensé 150 €. Le paradoxe de l'acheteur, même lorsqu'il achète bien et à bon escient, est que pour bien acheter il lui faut dépenser…

• « C'était une occasion exceptionnelle, à ne pas manquer »

Il n'y a pas tant d'occasions exceptionnelles que cela sinon elles ne seraient pas exceptionnelles mais ordinaires… Une fois par an et encore ! Parmi les acheteurs compulsifs, ceux dont la frénésie d'achat entraîne de graves difficultés sociales et psychologiques, les spécialistes des conduites addictives rappellent que ces personnes considèrent « plus d'un tiers de leurs achats comme des occasions exceptionnelles à ne pas manquer »…

Spécial pigeon

• « Vous avez une réserve d'argent »

Oui, si vous avez de l'argent placé sur un livret de caisse d'épargne, en bourse, ou dans une enveloppe sous le matelas. Non, si c'est un crédit conso ou revolving qui vous est proposé par un organisme financier ou de crédit. Dans ce cas-là, en revanche, vous avez une vraie belle réserve de dettes.

• **« Profitez-en maintenant, vous paierez plus tard »**

Si vous n'êtes pas capable de payer aujourd'hui, il y a peu de chance que ça s'arrange « par miracle » plus tard. L'argent ne va pas tomber sur un compte pendant votre sommeil. Si vous n'avez pas été capable d'épargner pour ce bien avant, pourquoi seriez-vous capable de payer plus (avec les intérêts) plus tard ?

• **« Mon conseiller financier »**

Un conseiller financier est, éventuellement, quelqu'un que vos rémunérez pour vous conseiller sur vos placements. Il est indépendant. Ce n'est pas le salarié d'une banque qui, comme par hasard, ne vous propose que les placements de sa banque sur lesquels il touche une commission.

• **« Achetez avant qu'il ne soit trop tard… »**

Vous dit le vendeur. Traduisez cela par « réfléchir avant qu'il ne soit trop tard », car une fois le chèque, la carte bleue ou les billets échangés, il sera vraiment trop tard. En revanche, il n'est jamais trop tard pour ralentir, remettre à demain. Sauf catastrophe nucléaire, les magasins seront toujours là, il y en aura même de nouveaux et on continuera même de par le monde à fabriquer de nouveaux objets…

• **« Tout est bon marché »**

La pub est faite par des commerçants pour vanter leurs produits, cela n'a jamais été de l'information objective. Si l'éditeur [1] de ce livre vous dit qu'il est excellent, c'est normal, il faut qu'il le vende. Si un fabricant vous explique que ce produit est bon pour vous ou qui vous le faut, là encore, c'est logique. Ce n'est ni au publicitaire, ni au com-

1. Et l'auteur modeste.

merçant, ni au distributeur de dire si c'est une bonne affaire, mais à l'acheteur en fonction de ses besoins, de ses moyens et de ses goûts.

L'enseigne d'un magasin en Corée du Sud.

Plus toutes les accroches publicitaires

Quel est « le pays où la vie est moins chère » ? Il y en a beaucoup : Haïti, le Bangladesh, le Soudan, l'Éthiopie… Qui « défend l'intérêt et le pouvoir d'achat des consommateurs » ? Les associations de défense de consommateurs, en aucun cas les distributeurs dont le métier est de vendre un maximum de produits, en faisant un maximum de marge.

Se débarrasser du superflu

On a tous un objet acheté ou offert qu'on préférerait oublier… Besoin d'argent, besoin d'espace ? Pourquoi ne pas vendre le surplus ? Définir un circuit de vente est relativement simple. Il suffit de répondre à cette question : le vendeur a-t-il besoin de liquide très rapidement ou pas ?

Urgemment besoin d'argent

On cherche les lieux où le paiement se fait en liquide, à la remise de l'objet : les magasins qui paient comptant comme les brocanteurs, les antiquaires (en dessous d'une certaine somme), les Cash-converters, les Cash-makers… Malheureusement, l'urgence est rarement synonyme de bonnes affaires pour le vendeur. Les objets sont achetés par des professionnels qui prendront une marge avant de les revendre.

Si on a de la chance, on s'inscrit à un vide-grenier qui aura lieu demain et à côté…

– Paiements avec délai : la salle des ventes, le dépôt-vente (accepte un objet en dépôt et ne reverse la somme convenue qu'une fois l'objet vendu).

– Paiements sans délai : l'expert, le vide-grenier, les magasins d'occasion, la vente à des particuliers, le Crédit Municipal, les brocanteurs, les antiquaires, les bijoutiers.

MA TANTE

Déposer un objet « au clou » ou chez « ma tante » ou tel qu'il apparaît dans l'annuaire au Crédit Municipal, permet d'obtenir immédiatement du liquide. Il s'agit d'un prêt sur gage. Vous déposez un objet qui est mis en gage, et sert de caution. Un expert l'estime et prête entre 20 et 50 % de sa valeur que vous encaissez tout de suite. Ensuite, soit vous rachetez l'objet pour le montant de la somme prêtée augmentée d'intérêts raisonnables et vous le récupérez, soit si au bout d'une année, vous n'avez pu le racheter, il est mis en vente.

L'objet peut aussi être mis en vente aux enchères à la demande de l'emprunteur.

Ça va faire des euros

Dans le besoin

Ne jamais dire que l'on est dans le besoin à un professionnel (plus facile à dire qu'à faire...). Son métier est d'acheter au meilleur prix, pas de faire de la philanthropie...

Proposez les objets à l'unité et non par lot

« Quel prix me proposez-vous pour cela, et pour cela et pour cela... » Bien sûr, il insistera pour faire une offre groupée (si c'est un bon acheteur, il insistera), mais le vendeur a tout intérêt à rester ferme et à demander le prix de chaque objet à l'unité. Le prix obtenu sera (presque) toujours supérieur...

Recomptez

Faites les comptes en même temps que lui, si besoin en notant ses propositions sur un bout de papier. Au bout de 10 articles, à coups de 5 €, de 7,50 €, de 37 €... on a vite fait de perdre le fil du décompte...

Moins urgemment besoin d'argent

Si le vendeur a le temps de s'organiser, le monde est à lui : Internet, vide-grenier, dépôt-vente, petites annonces, salle des ventes, copains… Bien entendu, des grenouillères usagées en 6 mois ne poseront pas les mêmes problèmes que la bibliothèque trois portes héritée à 500 km de la maison. À chaque objet, son circuit… en se souvenant que là comme ailleurs, plus il y a d'intermédiaires, plus la marge diminue et que chaque circuit entraînera des efforts : vendre 100 articles sur un stand dans un vide-grenier implique des coûts, du transport, du temps... ; mettre 100 articles en vente sur eBay implique des coûts, du transport (il faudra aller porter les 100 objets à la poste), du temps (faire le descriptif, prendre la photo, répondre aux questions éventuelles des acheteurs, emballer chaque objet...).

À combien je le mets ce truc-là ?

Si on a le temps pour vendre, reste à fixer une fourchette de prix, et ce n'est pas toujours le plus facile... Vous pensez tirer un bon prix d'un exemplaire en parfait état d'un magazine de 1930, en partant sur la base de « 1930, ça date, et ce qui est vieux est cher », et jeter ce pin's qui n'est plus à la mode ? Le pin's peut valoir 100 € et le magazine 0 €. Alors comment fixer un prix quand on n'y connaît rien ? à la taille, la couleur, l'âge, la vitesse du vent, en faisant référence au prix d'origine, au pif... ?

Les estimations

Internet est un outil fabuleux pour estimer ses biens, surtout les sites qui vendent d'occasion comme PriceMinister, leboncoin, amazon, eBay... On y passe certes du temps, mais cela permet de voir à quel prix les articles sont vendus (pas proposés, vendus), seul élément fiable sur la réalité d'un prix... En effet, ce livre peut être mis en vente à 1 000 €, mais seul le prix auquel il aura été vendu (moins de 20 € hélas) indiquera sa valeur marchande.

Les experts et les commissaires-priseurs peuvent aussi estimer les biens, soit lors de journées portes ouvertes (se renseigner auprès de sa salle des ventes locale), soit par Internet. Il ne s'agit pas là d'une expertise qui engagerait le professionnel, mais d'une estimation qui est une indication sans engagement. Cela donne une première idée de la valeur et est réservé à des objets d'art, du mobilier ancien (non, la table de cuisine en pitchpin de Mamie n'en fait pas partie), des bijoux, des porcelaines et céramiques… L'estimation est orale, gratuite et sans obligation de dépôt. Certains hôtels des ventes acceptent même de faire des expertises à partir de photos renseignées (date, signature, technique, taille, état de conservation…) reçues par courrier ou par Internet. Sur Internet justement, certains sites en ont fait leur spécialité comme www.expertissim.com, www.expertisez.com, www.authenticite.fr. C'est un bon moyen pour eux de remonter des objets et d'éventuellement s'en voir confier la vente.

Un Van Gogh à la maison ? Passée une certaine valeur, il vaut mieux confier la vente des plus beaux objets à des professionnels…

Les articles de marque, de collection peuvent être vendus soit à des professionnels (un dépôt-vente de vêtements par exemple, un numismate, un philatéliste…) ou directement par Internet.

Et comme le disait un expert en peinture, seul le faussaire peut garantir à 100 % l'origine de son bien !

Qu'est-ce qu'il en pense le voisin ?

Sur un vide-grenier, certaines pièces ont été estimées grâce à Internet, reste à s'ajuster au marché… à quel prix les voisins de stand vendent-ils ?

Ils sont la plupart du temps comme vous et ont établi les prix au pifomètre. Si vous trouvez qu'un voisin casse le marché (« Un scandale, j'ai vu l'autre qui bradait ses DVD à 0,50 € alors que moi je les vends 2 € pièce »), dites-lui que vous venez de vendre le même objet 1, 10, 15… euros de plus... Habituellement, cela suffit pour le faire réagir dans la seconde et augmenter ses prix.

Sur Internet, la comparaison est facile : si votre prix est trop élevé, vous ne vendrez pas !

À tenir un stand vous comprendrez vite qu'une bonne partie des demandes de prix est faite par des gens comme vous, qui ont la même chose à la maison, et se demandent combien cela peut valoir, voire même regrettent de s'en être débarrassés la veille…

TRANSFORMEZ L'OR EN PLOMB…

Ça arrive ! Vous venez juste de déposer aux encombrants une série d'horriblement laides assiettes façon grès marron avec des marguerites stylisées orange, et là, elles vous narguent. Elles sont en vitrine chez cet antiquaire spécialisé années 1970 vintage à 120 € les 12 ! Trop, c'est trop et on ne vous y reprendra plus.

Et vous en tirez les conclusions suivantes :

— j'ai perdu 80 € parce que j'en avais 8 ;

— je ne jetterai plus rien !

Double erreur :

Si l'antiquaire les vend 10 € pièce, c'est qu'il ne les a pas achetées ce prix-là ! Et que la série de 12 est complète et en parfait état… Étiez-vous disposé à chercher les 4 manquantes le restant de vos jours ? De plus, si ces horreurs sont toujours en vitrine, c'est qu'elles n'ont pas trouvé preneur ! Repassez dans six mois… elles seront sans doute toujours là… Le futur acheteur les négociera certainement et ne paiera pas le prix affiché.

Jetez, vendez, donnez, troquez, mais ne vous encombrez plus d'horreurs ! Avant que vos merveilles prennent de la valeur, il faudra les stocker, les trimballer en cas de déménagement… il faut juste entreposer 70 ans la boîte de Phoscao pour qu'elle soit mise en vente 2 € sur eBay sans trouver preneur ! (Plus un quart d'heure pour l'emballer, la poster et assurer le courrier avec l'acheteur si elle était vendue !) Et puis hélas, la plupart du temps, les cochonneries restent des cochonneries et la camelote, de la camelote.

Le vide-grenier

On ne peut pas participer à tous les vide-greniers. Un décret en attente de publication (en juin 2008, le Conseil d'État a ordonné la publication de la loi du 2 août 200… 5 dans les six mois) en donne les grandes lignes : « Les particuliers non inscrits au registre du commerce et des sociétés sont autorisés à participer aux ventes au déballage en vue de vendre exclusivement des objets personnels et usagés deux fois par an au plus, à condition qu'ils aient leur domicile ou leur résidence secondaire dans l'arrondissement départemental, la commune ou, pour les villes de

Lyon, Marseille et Paris, dans l'arrondissement municipal siège de la manifestation.

« Les particuliers non inscrits au registre du commerce et des sociétés souhaitant participer aux ventes au déballage doivent s'inscrire avant le début de la manifestation sur un registre tenu par la personne qui organise la manifestation.

« Ce registre doit mentionner l'identité du particulier souhaitant participer à la vente au déballage, son adresse ainsi que son numéro d'immatriculation de véhicule. »

Reste à tout de suite transformer le nom de son vélo Titine en 333 zz 75…

Donc un particulier ne pourra participer à plus de deux vide-greniers dans son département par an, à moins qu'il ne prenne un stand avec des copains…

Le journal local annonce leurs dates habituellement suffisamment tôt pour que l'on puisse s'y inscrire. La participation varie suivant les communes, mais en moyenne cela revient entre 10 et 15 €, sans compter le déplacement, le temps, la location éventuelle d'un auvent si on craint des averses… On arrive tôt, dans les grands vide-greniers, 6-7 heures du matin. On a à peine le temps de déballer que les acheteurs professionnels passent et sont prêts à acheter. Aucun frais, du cash… une journée qui peut être rigolote. On vend absolument tout, sauf ses plus belles pièces qui iront sur Internet, en dépôt-vente, en salle des ventes, chez un brocanteur ou un antiquaire.

S'il y a des restes, on échange avec les restes du stand voisin selon l'adage qui veut que les cochonneries de l'un font le bonheur de l'autre ou vice versa…

Ça va faire des euros

Sécurité

Chargez la voiture le matin si elle doit passer la nuit dehors, sur la voie publique ou un parking ouvert. Ce n'est pas que les voleurs feraient une excellente affaire à tout trimballer, mais devant un coffre plein de sacs, ils ne peuvent pas le savoir…

La bonne place
Tout le monde la veut ! Elle est centrale, sur le passage le plus fréquenté, etc. mais certains oublient de demander aux organisateurs où sont les points stratégiques : animation, restauration... Vous traduirez qu'ils ne sont pas pour vous : ni le haut-parleur qui diffuse de l'accordéon de 9 heures à 19 heures, ni la proximité du vendeur de merguez un jour de mistral...
Pour l'émission « Stop aux découverts » sur M6, qui ne lutte pas contre le naturisme, mais intervient auprès de familles en situation de découverts bancaires, nous avons emmené l'une d'entre elles participer à un vide-grenier dans un village alsacien. Nous avons déballé à 6 heures et en sommes repartis à 18 h 30. Pleins de bonnes intentions, les organisateurs nous avaient placés stratégiquement face aux manèges pour enfants (« et qui qui va l'attraper la queue du Mickey ? » toutes les trois minutes entrecoupé de chansons enfantines accompagnées par ce qui ressemblait à du Melodica), entre l'estrade qui accueillait les diverses attractions (à partir de 14 heures, dont une démonstration de tunning devant l'estrade) et le château gonflable dans lequel les enfants venaient se jeter en hurlant de bonheur, sous le haut-parleur (accordéon/annonce/accordéon/annonce/acc...) et devant les toilettes... Ah oui, j'oubliais, ce jour-là, il faisait très beau... ou comment décimer une équipe de tournage au grand complet sans violences physiques apparentes.

À terre
Prévoyez un grand plastique ou une toile cirée pour mettre des choses à disposition par terre et du papier journal pour emballer les affaires s'il y a des choses fragiles.

Plumeau
Nettoyez, recollez, lustrez les objets avant de les emballer. Un bon acheteur se servira de n'importe quelle faiblesse (saleté : « Vous ne vous en servez apparemment pas, vous pouvez bien me faire un prix », fêlure : « Ah, vous m'avez annoncé le prix d'un objet neuf, mais regardez, il est fêlé... »...) pour discuter le prix.

Rare
Même si sur Internet l'objet n'apparaît pas, tout se vend (comme tout ou presque s'achète) ! Un demi-sac de litière pour chat, un lot de crayons de couleurs, des pinces à linge...

Pas un détail
Prévoyez le pique-nique et de l'eau, de la monnaie et un fonds de caisse, car bien souvent on vous proposera juste un euro de moins

si vous ne pouvez pas rendre le montant exact (c'est ce que vous feriez si vous étiez de l'autre côté, non ?).

€ Les moches devant

Faites une première rangée des choses les plus moches devant avec un prix assez élevé affiché. Si ça tombe ou c'est fauché, ce n'est pas trop grave et pire, quelquefois ça part au prix demandé !

€ De 10 % à plus en moins !

Lorsque l'acheteur commence à marchander, cela prouve qu'il est intéressé. La négociation commence et sur un vide-grenier, on fait généralement « un prix », 10 à 20 % de moins que le prix demandé au démarrage, voire plus pour un nanar de haute tenue. La négociation dépend de nombreux critères, mais aussi de la fonction que le vendeur attribue au vide-grenier. Le fait-il pour se débarrasser des choses ou pour ramasser le maximum d'argent, ou les deux ? Pour s'amuser ou par besoin ? De toute façon, la conclusion est la même : on majore le prix de départ de 10 à 20 %.

€ Pas de trous

Pensez à refaire la devanture après une rafale de ventes pour que la table n'ait pas l'air mitée.

€ Question de rythme

Le matin, au déballage, ce sont les professionnels et les acheteurs de super-occase qui sont les premiers au rendez-vous. Ils achètent certes, mais pas cher ! Il y a un fourmillement autour du stand, surtout s'ils repèrent l'amateur et le nouveau venu. Pas d'affolement : en général, le vide-grenier suit un rythme : grouillement de professionnels ou d'acheteurs chevronnés, puis vide sidéral ponctué par la visite des autres vendeurs qui comparent, repèrent et se promettent mentalement de ne rien acheter, ensuite arrivée des acheteurs à partir de 10 heures, re-calme avec le déjeuner suivant la saison et les habitudes locales, redémarrage à partir de 14 heures... Si les autres vendeurs reviennent en début d'après-midi, c'est bon signe, ils ont oublié leur serment et ont repéré l'objet tentant. S'ils repassent vers 18 heures, c'est plus difficile. Ils pensent à ce qui leur reste sur les bras... Les bons acheteurs d'un vide-grenier de particuliers, ceux qui paieront plein pot, arrivent vers 10 heures. Donc trop tôt, lorsque des professionnels essaient d'acheter trois ou quatre objets en lot, dans la pénombre ou veulent fouiller dans le coffre de la voiture en plein déchargement, il est préférable de résister, de ne vendre les pièces qu'une à une, voire de leur dire de repasser ultérieurement. En revanche, si l'un d'entre eux fait une proposition chiffrée pour un objet, on l'enregistre et on aura une idée du prix le plus bas auquel on pourra vendre.

€ Quand il n'y en a plus, il y en a encore

Évitez de placer tous les objets au démarrage. Il est préférable de garder une table accueillante et de ne pas la surcharger au début (les objets sont en tas et il y a risque de fauche), alors que tout l'après-midi, la clientèle aisée va défiler...

€ Sacs fournis

Gardez les sacs d'emballage des commerçants (et qui sont trop petits ou aérés pour servir de poubelles) et prévoyez des petits cartons de la taille des objets.

€ Les horreurrissimes

Ça ne part pas (et on comprend pourquoi), mais pas question de rentrer avec en fin d'après-midi. Une solution : faites des lots comme chez les philatélistes...

Où économiser des euros ?

Dans la maison

Des économies qui ne sont pas de bouts de chandelles

Pour tout ce qui concerne la maison, bâtiment inclus, le tuyau le plus efficace est le même que pour acheter une tranche de jambon : comparer, comparer, comparer ! Certes, ce n'est pas miraculeux mais c'est efficace. Cela peut prendre du temps et c'est normal : il faut écumer les agences immobilières, les notaires, les annonces de particulier à particulier, vérifier les ventes par adjudication, les ventes aux enchères, le bouche à oreille…

Imaginez le temps que vous pouvez consacrer à chercher l'appartement ou la maison de vos rêves, si vous passez une heure à chercher sur Internet le magasin ou le service qui vous fera gagner 10 €. Sur la même base, en y consacrant proportionnellement la même durée, cela veut dire que pour gagner 20 000 €, vous pouvez y consacrer 2 000 heures, le temps de bien connaître et la région et le marché et de tout comparer !

Le prix du mètre carré

Un nomade ne pense pas comme un sédentaire, un célibataire comme un adepte de communauté, un jeune homme comme une retraitée, un handicapé comme un valide, un passionné de jardinage comme un collectionneur de monnaies et médailles, une famille très nombreuse comme un veuf avec un enfant unique, un propriétaire comme un locataire… Sorti de ces lapalissades, le point commun entre ces différents occupants d'un logement est que chaque mètre carré supplémentaire entraîne des coûts. Combien coûte une chambre d'amis lorsqu'elle est utilisée deux week-ends par an ? Combien coûtent les 5 m² du débarras rempli de vieilleries inutilisables ? Impôts, énergie, entretien… sont des éléments à prendre en compte lorsqu'on est à l'aube d'acheter ou de louer un bien. À Paris par exemple, à 6 000 € le mètre carré, quand on n'a pas l'argent pour investir, ne vaut-il pas mieux offrir la chambre d'hôtel à ses rares visiteurs plutôt que de payer 60 000 € pour une chambre de 10 m² sous-utilisée ?

Ça va faire des euros

Pas besoin d'être propriétaire pour toucher un loyer
Si vous êtes locataire, vous pouvez sous-louer une partie de votre appartement, à condition de ne pas être en HLM ou en habitation à loyer plafonné. Si vous êtes donc dans le secteur libre, vous devez demander l'accord du propriétaire par lettre recommandée (art. 8 de la loi Méhaignerie). Il peut, hélas, refuser ce droit. Vous pouvez demander au sous-locataire un loyer, évidemment inférieur au vôtre.

JE SUIS LOCATAIRE, QUELLES SONT LES RÉPARATIONS À MA CHARGE, EN PLUS DE CELLES INCLUSES DANS LES CHARGES MENSUELLES ?

Elles sont listées dans le décret n° 87-712 du 26 août 1987.

I. Parties extérieures dont le locataire a l'usage exclusif

a) Jardins privatifs : entretien courant, notamment des allées, pelouses, massifs, bassins et piscines ; taille, élagage, échenillage des arbres et arbustes ; remplacement des arbustes ; réparation et remplacement des installations mobiles d'arrosage.

b) Auvents, terrasses et marquises : enlèvement de la mousse et des autres végétaux.

c) Descentes d'eaux pluviales, chéneaux et gouttières : dégorgement des conduits.

II. – Ouvertures intérieures et extérieures

a) Sections ouvrantes telles que portes et fenêtres : graissage des gonds, paumelles et charnières ; menues réparations des boutons et poignées de portes, des gonds, crémones et espagnolettes ; remplacement notamment de boulons, clavettes et targettes.

b) Vitrages : réfection des mastics ; remplacement des vitres détériorées.

c) Dispositifs d'occultation de la lumière tels que stores et jalousies : graissage ; remplacement notamment de cordes, poulies ou de quelques lames.

d) Serrures et verrous de sécurité : graissage ; remplacement de petites pièces ainsi que des clés égarées ou détériorées.

e) Grilles : nettoyage et graissage ; remplacement notamment de boulons, clavettes, targettes.

III. – Parties intérieures

a) Plafonds, murs intérieurs et cloisons : maintien en état de propreté ; menus raccords de peintures et tapisseries ; remise en place ou remplacement de quelques éléments des matériaux de revêtement tels que faïence, mosaïque, matière plastique ; rebouchage des trous rendu assimilable à une réparation par le nombre, la dimension et l'emplacement de ceux-ci.

b) Parquets, moquettes et autres revêtements de sol : encaustiquage et entretien courant de la vitrification ; remplacement de quelques lames de parquet et remise en état, pose de raccords de moquettes et autres revêtements de sol, notamment en cas de taches et de trous.

c) Placards et menuiseries telles que plinthes, baguettes et moulures : remplacement des tablettes et tasseaux de placard et réparation de leur dispositif de fermeture ; fixation de raccords et remplacement de pointes de menuiseries.

IV. – Installations de plomberie

a) Canalisations d'eau : dégorgement : remplacement notamment de joints et de colliers.

b) Canalisations de gaz : entretien courant des robinets, siphons et ouvertures d'aération ; remplacement périodique des tuyaux souples de raccordement.

c) Fosses septiques, puisards et fosses d'aisance : vidange.

d) Chauffage, production d'eau chaude et robinetterie : remplacement des bilames, pistons, membranes, boîtes à eau, allumage piézo-électrique, clapets et joints des appareils à gaz ; rinçage et nettoyage des corps de chauffe et tuyauteries ; remplacement des joints, clapets et presse-étoupes des robinets ; remplacement des joints, flotteurs et joints cloches des chasses d'eau.

e) Éviers et appareils sanitaires : nettoyage des dépôts de calcaire, remplacement des tuyaux flexibles de douches.

V. – Équipements d'installations d'électricité

Remplacement des interrupteurs, prises de courant, coupe-circuits et fusibles, des ampoules, tubes lumineux ; réparation ou remplacement des baguettes ou gaines de protection.

VI. – Autres équipements mentionnés au contrat de location

a) Entretien courant et menues réparations des appareils tels que réfrigérateurs, machines à laver le linge et la vaisselle, sèche-linge, hottes aspirantes, adoucisseurs, capteurs solaires, pompes à chaleur, appareils de conditionnement d'air, antennes individuelles de radiodiffusion et de télévision, meubles scellés, cheminées, glaces et miroirs ;

b) Menues réparations nécessitées par la dépose des bourrelets ;

c) Graissage et remplacement des joints des vidoirs ;

d) Ramonage des conduits d'évacuation des fumées et des gaz et conduits de ventilation.

Ce qui veut dire que le reste est à la charge du propriétaire...

Transformer, recycler les choses

• Une table haute boîte, la transformer en table basse.

• Une table aux pieds sympas et propres et d'équerre avec un plateau moche et/ou abîmé, lui changer le plateau.

• Une table ronde en super occase alors qu'on recherche une table carrée, changer le plateau ou poser un plateau aux bonnes dimensions sur le précédent. Visser et c'est bon…

• Des étagères en recyclant des volets à claies : deux volets hauts et étroits face à face sur lesquels viennent s'accrocher des planches de bois pour faire les étagères. Il suffit de placer des crochets entre les lamelles des volets.

• Avec des palettes : des tables basses, des bacs à compost…

• Avec des rondelles pour câbles : des tables basses ou hautes suivant la taille des rondelles ; en ne gardant que le dessus, des cadres ronds pour miroirs.

• Investir ou se faire des chiffres et des lettres à utiliser en pochoir. Ludiques, pratiques, on peut transformer la fonction du meuble par un simple coup de peinture. Une armoire une porte années 1950 sans charme mais repeinte peut devenir avec de l'imagination et un pochoir :

— Peinte en gris acier avec en pochoir les mots « coffre-fort » et quelques séries de chiffres, l'armoire où l'on conserve tous les papiers de la maison : livres de comptes, garanties, relevés bancaires, carnets de santé, factures diverses…

— Peinte en rose avec en pochoir les mots « jolie princesse » et en collant des découpages de livres de contes, l'armoire d'une chambre de petite fille…

— Peinte dans la couleur de la cuisine avec en pochoir les mots « à la bonne table » ou « livre de recettes », l'armoire à provisions…

• Les sites qui donnent des idées de transformations, recyclage des objets, sont variés. Il suffit de taper l'action recherchée (peindre un meuble, commode, recycler armoire…) et des artisans ou des artistes vont donner ne serait-ce qu'une page de conseils sur leur site, mais une page précieuse : www.meublepeint.com , www.princesse camion.com, www.linternaute.com/femmes/decoration/temoignage/...

• Les revues comme *Marie-Claire Idées*…

Depuis près d'un siècle, qui dit caisse, dit recyclage !

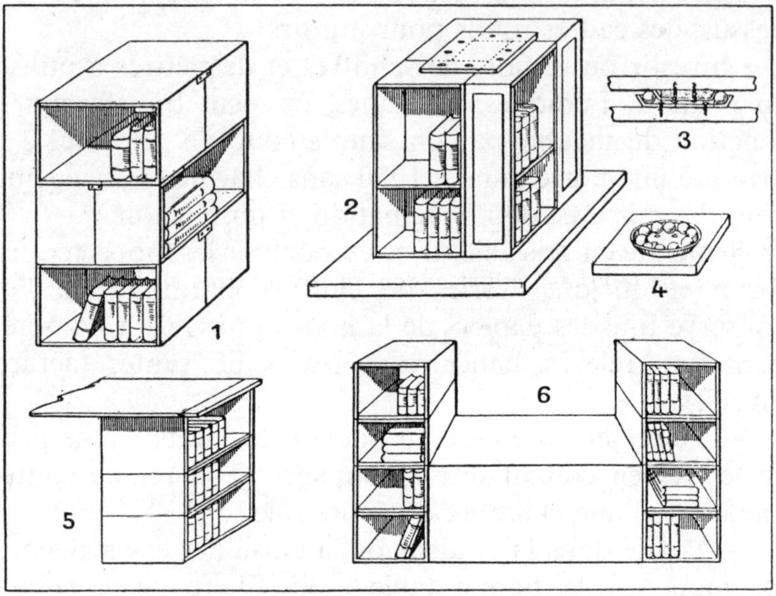

FIG. 362. — Bibliothèques faites avec des caisses d'emballage.

1. Petite bibliothèque de milieu formée de caisses superposées ; 2. Bibliothèque tournante à poser sur une table ; 3. Détail en coupe du roulement à billes ; 4. Support à billes ; 5. Côté droit d'un bureau-bibliothèque formé de caisses supportant un panneau de bois ; 6. Divan-bibliothèque.

Larousse illustré, 1926

Bricoler

• Suivre des stages de formation au bricolage dans les grandes enseignes de bricolage Castorama (« Castostages » de 2 heures, gratuits sur la pose des portes de placards, les enduits décoratifs…), Leroy Merlin, (stage de 1 à 3 heures, de 5 à 50 € suivant la formation, sur la décoration de son intérieur, la pose de parquet flottant…), BHV (stage de 1 h 30, 10 à 15 €, sur s'isoler du bruit, la vitrification, l'harmonie des couleurs…)

• S'intéresser aux matériaux naturels, moins chers et plus écologiques comme la chaux pour couvrir les murs.

• S'inscrire pour passer dans une émission de déco où on vous fera les travaux gratuitement ou contre participation : « D&co » sur M6 en téléphonant au 36 06 (0,34 €/min.

hors coût éventuel de l'opérateur), « Question maison » sur France 5 (Cedex 2076, 99207 Paris Concours).

Ça va faire des euros

Pour les nomades

Préférez les meubles que l'on peut transporter et/ou revendre individuellement aux cuisines intégrées, aux placards fixes.

Réparez

« Les femmes[1] qui attendent qu'il y ait trois prises de courant cassées, que l'aspirateur soit déboîté, que les robinets fuient pour appeler le plombier, ou bien aller acheter des prises, eh bien elles ont tort. »

Marguerite Duras, *La Vie matérielle*

Dans les vieux pots...

La peinture : quelquefois, on doit passer une première couche. On peut le faire à partir de ses vieux pots de peinture. C'est simple : mélangez l'acrylique avec l'acrylique, l'huile avec l'huile, c'est écrit dessus et allez-y, pas de problème pour les qualités, satiné, brillant, mat, tout va se mélanger ensemble. La couleur peut même être pas mal, originale et tout et tout. Assurez-vous dans ce cas, de bien mettre tous les pots ensemble pour ne pas avoir à faire de retouche si vous décidez d'en faire la couleur finale de votre objet.

Louer son logement

• Louer sa maison pour tourner un film ou une pub : en s'inscrivant dans une agence spécialisée comme Lieux de tournage (04 93 43 53 78 ou www.lieuxdetournage.fr) ou Elux (01 53 00 97 40 ou www.elux.fr) pour des lieux exceptionnels.

• Louer une chambre à un étudiant : en s'inscrivant auprès des Crous.

• Devenir colocataire : on s'engage, au même titre que les autres locataires, à louer un bien, à en assurer le loyer et le fonctionnement (eau, gaz, électricité, impôts locaux, charges diverses). À cause de la cherté des loyers, surtout

1. Et les hommes.

en centre-ville, ce système popularisé par le film *L'Auberge espagnole* et la série *Friends* prend de l'ampleur. Un « vrai » colocataire signe le bail, et ne peut ni être expulsé, ni récusé du jour au lendemain par ses co-douches. Il est aussi responsable conjointement ou solidairement du paiement des loyers. *A contrario,* un « faux » colocataire sous-loue une partie de l'appartement d'un locataire enregistré sur le bail, la plupart du temps en payant de la main à la main. Dans ce cas, les frais sont généralement inclus dans le montant du loyer (ce qui ne veut pas dire qu'il est systématiquement moins cher), mais le sous-locataire n'a aucune assurance. En revanche, s'il souhaite rester peu de temps et partir quand bon lui semble, il n'a pas non plus à donner de préavis. Les Crous, les journaux gratuits d'étudiants (type Fusac) proposent des petites annonces ainsi que des sites comme www.appartager.com ou www.colocationfrance.fr.

L'eau : petits ruisseaux font grande rivière

Selon le Centre d'information sur l'eau (C.I.Eau), la boisson (1 %) et la cuisine (6 %) représentent 7 % de la consommation d'eau des ménages. Autant dire que sur les 93 % restants, on peut réduire sa consommation (et sa facture) sans trop voir la différence. Cela ne veut pas dire moins aller aux WC (et risquer l'occlusion intestinale !), mais mieux utiliser ce qui est à notre disposition.

Traquez les fuites

Pour les identifier, c'est simple avec un compteur d'eau individuel : notez avant de vous coucher la consommation et au réveil, vérifiez qu'elle n'a pas augmenté pendant la nuit.

C'est moins simple en appartement et sans compteur individuel. Il faut vérifier poste par poste : on dépose un récipient sous le robinet dans la cuisine, la salle de bains ou la baignoire… Dans les WC, on dépose une feuille de papier hygiénique dans la cuvette, à la sortie de l'eau. Si elle devient humide, il y a fuite.

Une goutte par seconde sur un robinet qui fuit, c'est entre 100 et 140 € fichus en l'air dans l'année... et pour les WC, entre 600 et 1 000 €… Si vous tenez vraiment à donner de l'argent aux sociétés qui gèrent l'eau, achetez des actions !

Pour remédier à cela, un livre de bricolage de base acheté dans un vide-grenier (la tuyauterie n'a pas changé à ce point-là au cours des dix dernières années !) ou en librairie, une recherche sur Internet, un contact direct avec le vendeur du magasin de bricolage avec la photo du robinet, de la chasse sur un appareil numérique (si vous en avez un), l'achat d'un joint (aux alentours de 0,20 €) et vous apprendrez à changer la pièce…

En attendant de changer le joint, vous fermez le robinet général d'eau après avoir rempli une ou deux bouteilles d'eau et attendez d'en avoir vraiment besoin pour le rouvrir.

Ce qui ne coûte rien mais peut rapporter gros

Les WC

Même dans les films hollywoodiens d'aujourd'hui, on distille des messages d'économie. Qui l'eût cru ? Le personnage joué par Dustin Hoffman dans *Mon beau-père, mes parents et moi* explique à celui joué par Robert De Niro le fonctionnement de la chasse d'eau : « *Du fait que l'eau est rare sur l'île, on devra appliquer la politique du "si c'est jaune, c'est pour le trône, si c'est marron, c'est pour le siphon."* »

La chasse d'eau est l'équivalent domestique d'une chute d'eau… or avoir les chutes du Niagara chez soi entraîne un coût certain. La chasse d'eau traditionnelle consomme trop (entre 6 et 12 litres d'eau x quatre utilisations par jour en moyenne x nombre de personnes à la maison) et de l'eau trop chère car potable. On va donc essayer de diminuer au maximum son débit, même sur les toilettes anciennes, en attendant d'avoir mis l'argent de côté pour pouvoir acheter une commande à double débit (à partir de 50 € pour un bon modèle). Comment faire ? On lève le couvercle du réservoir, on ferme l'arrivée d'eau, on tire la chasse et on ouvre l'arrivée d'eau jusqu'à la moitié de la chasse, on descend le flotteur et on referme. Pour ceux qui trouvent cela trop compliqué, une bouteille, un réservoir à glaçons de camping, un sac étanche... remplis de sable ou de petits cailloux, le tout complété par de l'eau est installé dans la réserve d'eau à condition de ne pas en bloquer le mécanisme. On fait des tests : plus il y aura de volume, moins vous dépenserez d'eau, mais il faut que les matières les plus compactes puissent s'évacuer car le but n'est pas d'ouvrir perpétuellement le bloc de la chasse d'eau.

Si vous ne voulez pas changer votre chasse d'eau parce qu'elle fonctionne très bien et que vous n'avez pas l'argent en ce moment, les autres solutions consistent à adopter la méthode « Dustin Hoffman » déjà citée : on ne tire pas la chasse pour le liquide ou la méthode « tante Germaine » pour le même usage : on se sert d'un broc, habituellement 2 litres suffisent, voire une bouteille de 1,5 litre que l'on déverse dans la cuvette avant de la remplir à nouveau pour le suivant. Très pratique aussi dans les maisons où la nuit la tuyauterie aime à faire entendre sa complainte.

Le Pactole [1]

On ne peut guère faire plus gratuit que l'eau de pluie, mais la récupérer demande certains aménagements. Pas d'argent pour acheter un récupérateur d'eau et vous n'en avez pas encore trouvé d'occasion : recyclez tonneaux, vieux bidons, etc. même pour arroser les plantes d'une terrasse d'appartement. Ce n'est pas le nom qui crée la fonction, mais le service rendu par l'objet. Pensez à le recouvrir d'une grille au tamis fin pour éviter la formation de mousse, l'apparition de mouches ou moustiques, etc. et à

1. Dans la mythologie grecque, le Pactole était un fleuve qui charriait des paillettes d'or.

toujours avoir à proximité un seau ou un arrosoir. Le but n'est pas d'avoir une citerne d'eau sale et stagnante piscine à chikungunya près de chez soi, mais une réserve d'eau vivante et utilisable sans débourser un centime.

Mais au fait, la « norme », c'est quoi ?

Consommation d'eau par ménage (en mètres cubes par an)

NOMBRE DE PERSONNES	FAIBLE	MOYENNE	ÉLEVÉE
1	37	57	88
2	66	95	146
3	91	131	200
4	113	161	244
5 et plus	128	182	277

Source : l'excellent *Eco-logis, la maison à vivre*[1].

Coupez l'eau entre deux actions

Certains se gaussent des écolos qui préconisent de ne pas laisser couler l'eau lorsqu'on se brosse les dents, se rase, se lave les mains. Les moqueurs disent que ce n'est pas avec ce type d'actions qu'on sauvera la planète. Ils ne rigolent pas quand Air France diminue le poids des gobelets de quelques grammes pour gagner quelques euros sur le kérosène d'un vol Paris-Pékin. Le principe est pourtant le même : un petit geste pour changer les choses. Le choix n'est pas entre « sauver » la planète ou ne pas la sauver, ou gagner un million d'euros ou rien, il est beaucoup plus large et subtil que cela… il va de 0,0000…1 à l'infini… d'un mini-minigeste à l'apothéose. Une chose est sûre, ce geste, couper l'eau entre deux actions, allègera notre facture d'eau de quelques euros (pas d'un million), ce qui n'est pas si mal…

1. Ôko-test, éditions Könemann.

Ça va faire des euros

Coupez l'eau entre deux actions (*bis*)
Prenez des douches à deux ou plus, ça peut être très divertissant. N'oubliez pas de couper l'eau entre deux actions.

À plusieurs
Tous les enfants dans le même bain ou les uns après les autres tant que c'est possible. Même chose pour les adultes... cela ne consomme pas plus d'eau.

Douche ou bain
Douche si on n'y reste pas une demi-heure ! Réfléchir à la consommation de la douche implique deux éléments : le débit de l'eau et sa durée : une douche multijets pendant quinze minutes, c'est l'équivalent de sept baignoires... Une douche ordinaire de cinq minutes, moins lorsqu'on coupe l'eau pendant la pose du savon, c'est 50 litres d'eau, un bain, entre 110 et 200 litres suivant la taille de la baignoire, et le corps du plongeur...

Lavabo
Pourquoi prendre une douche ou un bain quotidiennement ? Vous êtes mineur de fond, agriculteur, employé dans un abattoir... le besoin peut s'en faire impérativement sentir, surtout l'été. Mais employé aux écritures ou comptable, se laver aux gants de toilette (un pour le haut, un pour le bas) et au lavabo peut être une alternative au « tout douche ». On peut réduire sa pratique des douches à deux par semaine en hiver, plus en été... À noter que les dermatologues commencent d'ailleurs à voir des dermites dues à des lavages trop fréquents.

Coupez court
Avant de partir en vacances, éteignez le chauffe-eau...

Réglez la température
Abaissez la température du ballon d'eau chaude à 60 °C. Les germes sont tués, la chaleur est préservée et le coût diminué.

Chaque goutte
Prévoyez un broc, une bassine qui récupérera l'eau qu'on laisse couler parce qu'elle a stagné dans les tuyaux avant de boire par exemple.

Tôt ou tard
Arrosez le jardin, la pelouse, les plantes du balcon, tôt le matin ou tard le soir, et le plus près possible du pied. L'eau s'évaporera moins.

Récupérez les eaux grises

Sous cette expression se cachent toutes les eaux usées moins celles des WC, qui ne sont pas recyclables. Par exemple, si vous avez une baignoire à l'étage, et une fenêtre dans la salle de bains, un long tuyau allant de la baignoire au jardin peut là aussi servir à récupérer les dizaines de litres d'eau de la baignoire. Même système que pour siphonner l'essence, il faut aspirer pour amorcer la descente… Les bricoleurs, qui ne rechignent pas à voir un tuyau dans leur cuisine, peuvent installer une sortie d'eau de la machine à laver la vaisselle ou le linge directement dans le jardin ou se lancer dans des constructions plus abouties (explications en anglais sur le site nord-américain www.oasisdesign.net). Cela demande quelques précautions : eau froide sans détergents puissants et une utilisation rapide pour ne pas que les microbes s'installent.

Et n'oubliez pas : on compte les économies sur un an, cinq ans, dix ans… pas sur cinq jours !

Avec un minimum d'investissement

Creusez

Avez-vous une nappe phréatique sur votre terrain ? Un sourcier, un trou et une pompe à eau mécanique ou électrique (à partir de 80 € neuve) et vous avez l'eau pour le jardin. Voire plus si vous faites installer un double système de tuyaux pour fournir la machine à laver le linge, la douche… mais là on entre dans l'investissement lourd.

Récupérez

En surface, on peut s'équiper d'un récupérateur d'eau de pluie, une sorte de tonneau plus ou moins imposant qui, branché sur la descente de gouttière, va dévier l'eau dans ce contenant et le restituer grâce à un robinet placé en position basse. Très bien pour arroser un jardin…

Chassez moins

Opter pour la chasse d'eau à deux entrées. Facile à installer, un modèle qui réduit effectivement la capacité de la chasse à 3 et 6 litres coûte aux alentours de 60 €, deux fois plus cher que le premier prix qui, lui, réduira au mieux de 2 litres le débit. L'autre solution consiste à placer des écoplaquettes (aux alentours de 30 €) qui sont des plaquettes en polymères que l'on place à l'intérieur du réservoir, et qui agissent un peu comme les bouteilles d'eau préconisées plus haut.

Équipez-vous

Si vous changez de robinetterie, orientez-vous vers les appareils les plus économes en eau :

— Le mitigeur thermostatique pour la douche : l'eau sort à 38 °C ou moins ou plus suivant ses goûts, et il n'y a pas besoin de la faire couler, de tâtonner, de pester pour avoir la bonne température immédiatement. Inutile sur une baignoire (qui ne fait que baignoire) parce que l'eau coule suffisamment longtemps pour qu'on ait le temps de trouver la bonne température sans perdre une goutte d'eau.

— Le mitigeur, qui d'un seul geste règle débit et température. Pas difficile, il est bien partout. Là encore, on réduit le tâtonnement par rapport au vieux robinet à deux poignées, l'une froide, l'autre chaude.

Réduisez le diamètre

Façon loft ou usine, les douches à large pommeau sont très à la mode. Même sur une douche classique, pour peu que le débit soit suffisant, un pommeau fixe de 20 cm de diamètre va larguer jusqu'à 18 litres à la minute… Une douchette économe consomme moins de 10 litres à la minute, donc acheter une douchette économe (à partir de 20 €) permet de réaliser de très substantielles économies.

Fuyez les centrales de douche

La douche multijets à double rampe de trois buses consomme environ 55 litres à la minute. En deux minutes, vous avez rempli la baignoire de 110 litres ! Un gouffre en termes de consommation d'eau et d'euros…

Les accessoires

Pas de miracles, ces accessoires restent des accessoires. Ils facilitent la démarche mais mieux utiliser l'eau reste une question d'éducation : 30 minutes sous la douche au quotidien, même avec un mousseur/limiteur/aérateur, coûteront plus cher que quatre minutes sous la douchette d'une douche toute simple… Cela facilite, mais ne remplace pas la prise de conscience. Ces accessoires agissent soit sur le débit (moins d'eau), soit sur la pression (moins fort) et sont fonction de chaque système existant :

— les économiseurs d'eau, quelquefois appelés mousseurs ou aérateurs : les moins honnêtes car ils sont déjà installés sur quasiment tous les robinets depuis des décennies. C'est la petite grille située au bout du robinet. Pas à changer si les robinets en sont déjà équipés, simplement à nettoyer de temps à autre (on dévisse, laisse tremper dans du vinaigre blanc, brosse pour enlever les résidus de calcaire et c'est reparti pour quelques années), sinon on peut en équiper ses robinets les plus anciens ou les plus bas de gamme (5 € pièce plus 3 € de recharge s'ils sont de piètre qualité tous les quatre à cinq ans). Il existe cependant des mousseurs équipés d'un disque perforé en étoile spécifique que l'on trouve chez les grossistes qui aèrent le jet d'eau, ce qui donne l'impression d'en avoir plus pour moins.

— Les limiteurs d'eau brident le débit, à condition d'avoir un débit suffisant. Si vous habitez un appartement dans une maison qui a été transformée en studio sans changer la tuyauterie générale dans les années 1970, et que votre débit d'eau est moyen, cet accessoire est inutile, il diminuera encore plus le débit, obligeant l'utilisateur à se rincer deux fois plus longtemps pour enlever le savon sur un corps par exemple. En revanche, à partir de 1 € par robinet (sauf pour la baignoire où il n'y a aucun avantage à retarder le remplissage) dans les constructions et les immeubles récents ou aux normes, c'est-à-dire là où la pression est de 3 bars sous 18 litres d'eau minimum, ils brideront le maxima d'eau et permettront de faire des économies.

— Les stop-douches : pratiques sur les douches à mélangeur (un robinet pour l'eau chaude, un pour l'eau froide), les stop-douches agissent comme un interrupteur : on peut couper l'eau sans avoir à recommencer le réglage de la température.

Ça va faire des euros

€ Le ballon
Installez le ballon d'eau chaude dans une pièce chauffée et/ou isolez-la.

€ Douche
L'été, pourquoi ne pas installer une douche solaire dans le jardin ?

€ Réduisez la pression
Installé à l'entrée du réseau d'eau, le réducteur de pression protège l'installation des problèmes dus à un excès de pression. Une baisse de débit représente une économie financière, et par la même occasion, diminue les bruits des canalisations.

€ Isolez...
les tuyaux de cuivre avec des manchons afin de prévenir les pertes de chaleur. Plus l'eau chaude circule, plus elle perd de chaleur.

Avec un gros investissement

Récupérez

On peut installer une cuve en profondeur qui récupérera les eaux de pluie qui tombent sur votre terrain pour fournir en eau les WC, la machine à laver, voire la salle de bains... Au jour d'aujourd'hui, et avec le prix de l'eau d'aujourd'hui, on estime à dix ans le retour sur investissement d'une cuve de récupération pour une eau moins calcaire. Un fournisseur de cuves et de systèmes de récupération : www.eauxdefrance.fr ou 03 20 24 30 40 qui donne des renseignements sur les conditions pour pouvoir bénéficier du crédit d'impôts et des idées pour l'autoconstruction évaluée à 1 500 € (en 2005) sur http://www.ideesmaison.com/Installer-une-cuve-de-recuperation.html.

Achetez

Comme tout, les chauffe-eau vieillissent, devenant de moins en moins efficaces. Un neuf sera évidemment plus performant en termes de consommation énergétique qu'un modèle ancien, mais évidemment, on n'emprunte pas à x % pour s'équiper… car les intérêts viendraient annihiler les économies réalisées.

Chauffez

Si on peut, pourquoi ne pas envisager le chauffe-eau solaire ? Prévoir entre 4 000 et 6 000 € pour 4 m^2 de capteurs et un ballon de 200 à 300 litres, pose comprise. Ces dépenses sont éligibles au crédit d'impôts.

Passez aux toilettes sèches

Plus besoin d'eau, les toilettes sèches, déjà bien implantées en Allemagne et dans les pays scandinaves, démarrent en France. Il existe plusieurs systèmes, avec séparation des matières ou pas, mais toujours sans les 15 000 litres d'eau potable par personne qui les accompagnent chaque année dans les égouts. Des très bons renseignements auprès de www.tdm.asso.fr ou au 04 75 26 29 98 et dans le livre de Christophe Elain, *Un petit coin pour soulager la planète* [1].

Énergie : le soleil brille pour tout le monde

Avant même de regarder si les ampoules sont basse température, si on vérifiait son contrat EDF. Est-il bien adapté à sa consommation ? La facture EDF se divise en deux parties : l'abonnement et la consommation, chacune étant modulable.

1. Eauphilane, 2007.

L'abonnement

L'abonnement EDF varie suivant la consommation d'électricité, de 3 kW à 36 kW, avec à chaque fois un coût différent, de 24,28 € par an à 1 350,77 € par an… une différence telle qu'une vérification de son contrat s'impose. En définissant ses besoins en kW, on pourra définir la puissance de son abonnement. C'est bien gentil tout cela, mais comment faire ?

Officiellement, avec les fiches techniques des appareils. Quels sont les appareils, les lumières, les moyens de chauffage que vous risquez de mettre en route ensemble. Faites le compte de leur consommation. Par exemple, inutile d'additionner la puissance nécessaire à un climatiseur et un chauffage électrique, car ils ne fonctionneront pas ensemble. Sinon pour moins de 20 €, on trouve un contrôleur de consommation électrique, qui mesure la consommation des appareils (en watts/cumul en kWh) et l'ampérage. (On se le partage ensuite entre amis ou voisins, parce qu'une fois les appareils mesurés, il n'a plus d'utilité au quotidien.)

Officieusement, lorsque les fiches techniques ont été volées par une puissance supérieure (ou perdues), la méthode efficace consiste à allumer tous les appareils électriques susceptibles de fonctionner ensemble. Si cela ne disjoncte pas, vous êtes surabonné !

En faisant travailler ses appareils électriques les uns après les autres et non ensemble (le lave-linge ou le lave-vaisselle, la cafetière ou le fer à repasser…), on peut descendre d'une catégorie de puissance, donc diminuer son abonnement mensuel.

La consommation

Trois tarifs régissent la consommation :

— L'option de base où le tarif du kWh est identique 24 heures sur 24, soit 0,1085 € le kWh à partir d'un abonnement de 6 kVA de puissance et hors abonnement.

— Le tarif avec heures creuses avec ses deux tarifs : l'un plein, à 0,1085 € l'heure de 6 h 30 à 22 h 30, l'autre réduit 0,0661 € de 22 h 30 à 6 h 30. L'abonnement annuel à ce tarif est plus cher. Pour une puissance de 15 kVA, il sera de 227,56 € pour un abonnement de base, et de 361,73 € pour un abonnement heures creuses.

— L'option Tempo propose des prix variables selon les jours et les heures d'utilisation, soit 6 tarifs en tout répartis pendant l'année. Il y a 22 jours rouges du 1er novembre au 31 mars, 43 jours blancs et 300 jours bleus.

Prix proposés avec l'option Tempo (au 15/08/2006)

JOURS BLEUS		JOURS BLANCS		JOURS ROUGES	
Heures creuses	Heures pleines	Heures creuses	Heures pleines	Heures creuses	Heures pleines
0,0456 €/ kWh	0,0566 €/ kWh	0,0931 €/ kWh	0,1104 €/ kWh	0,1728 €/ kWh	0,4833 €/ kWh

Ça va faire des euros

Un quoi ?

1 kilowattheure signifie que la consommation est de 1 000 W par heure.

Dernier couché

Les enfants étaient-ils nés lorsque vous avez signé votre contrat EDF ? Si non, savent-ils qu'en mettant en marche les machines en rentrant tard ou en se levant très tôt pour réviser (on peut rêver), ils doivent vérifier si la machine à laver le linge ou la vaisselle est pleine et l'enclencher ? Sinon, une affichette indiquant que le dernier couché met la machine en marche après 22 h 30 peut être une bonne piqûre de rappel…

Ça douille !

Une lame disjointe dans une porte extérieure, une fenêtre mal fermée, une télé qui fonctionne alors que personne ne la regarde (tout dépend de sa taille, mais un écran plasma est l'équivalent en consommation énergétique d'un convecteur électrique), une lumière allumée dans une pièce vide, un conduit de cheminée ou de poêle ouvert et c'est, à domicile, la fuite des capitaux... donc on bouche, on colmate, on ferme, on éteint, on clôt...

Ce qui ne coûte rien mais peut rapporter gros...

On pense à

— Éteindre toutes les veilles de tous les appareils.

— Débrancher les chargeurs de téléphone portable car ils continuent à consommer de l'énergie. Certaines marques commencent à équiper leurs portables de systèmes d'alerte incitant les utilisateurs à débrancher les chargeurs une fois la batterie pleine.

— Débrancher les Freebox, Livebox et autres boîtiers. La Freebox par exemple consomme 22 €/an d'électricité si vous la laissez branchée sans même l'utiliser.

— Hélas, ne pas débrancher le répondeur téléphonique... ou, youpi, s'en passer si on utilise le service gratuit de répondeur de France Télécom.

— Éteindre les veilles d'imprimantes laser, grosses consommatrices d'énergie.

— Éteindre le moniteur qui consomme plus de la moitié de l'ensemble du système informatique.

— Installer une multiprise avec interrupteur pour l'ordi et une autre pour l'imprimante et le scanner. On peut se servir de l'ordi sans avoir à imprimer ou à scanner un texte... et nul besoin de mettre en marche les appareils dans ce cas-là.

— Débrancher, si on ne peut installer une multiprise avec interrupteur, les écrans, unités centrales, boîtiers Internet, démodulateurs, transformateurs... qui consomment même éteints !

On se souvient

— Qu'un ordinateur portable consomme environ dix fois moins qu'un ordinateur de bureau. Que plus l'écran d'ordi, de télé est grand, plus il consomme d'énergie.

— Que les écrans plasma sont des dévoreurs d'énergie : 492 kWh/an en moyenne... contre 144 kWh/an en moyenne pour les écrans cathodiques.

— Que le poste audiovisuel représente en moyenne 14 % de la facture d'électricité d'un ménage.

On joue avec le feu, en été

— On ferme les volets ou les rideaux plein sud avant de partir le matin afin que la chaleur ne rentre pas dans la maison pendant la journée. Si la température extérieure est supérieure à celle de l'intérieur, on va même jusqu'à fermer les fenêtres.

— La nuit, s'il fait plus frais, on inverse : on ouvre et on ventile.

— On évite d'utiliser le four, l'ordi, la télé, le sèche-linge... bref, tout ce qui dégage de la chaleur.

On joue avec le feu, en hiver

— On se réchauffe soi plutôt que de réchauffer la maison. Cela se traduit par le fait de mettre un pull plutôt que de remonter le chauffage. 19 °C dans les pièces à vivre, 16 à 17 °C dans les chambres sont une moyenne tout à fait supportable, surtout quand on pense que chaque degré gagné fait baisser la consommation d'environ 7 %.

— On ferme les volets et les rideaux dès que la nuit tombe pour garder l'air froid à l'extérieur.

— On réduit la température dans les pièces inhabitées pendant la journée.

GUIDE TOPTEN

Avant d'acheter une télévision, des ampoules, un écran d'ordinateur, un réfrigérateur, un congélateur, un lave-vaisselle, une voiture, on peut consulter le site mis en place par l'association de consommateurs CLCV et l'ONG WWF www.guide-topten.com. Sur ce site, on trouve le classement écologique des appareils économes en énergie, avec leur prix, leur consommation énergie et eau, les émissions de bruit... de nouvelles rubriques seront ajoutées et le site est mis à jour deux fois par an.

Ça va faire des euros

Vos parents
Ils vous l'ont seriné et quelle horreur, ils avaient raison : on éteint la lumière en quittant une pièce ou lorsqu'elle est allumée trop loin de soi pour que l'on en profite. Qui plus est, l'été, cela dégage de la chaleur et réchauffe l'atmosphère pour rien.

Vos parents (*bis*)
Installez les plans de travail de la cuisine, de l'évier, du bureau... près d'une fenêtre pour profiter de la lumière du jour, tout comme installez un coin lecture près d'une fenêtre.
Si vous travaillez chez vous, installez le bureau dans la pièce la plus lumineuse et la plus chaude de la maison.

Investissez
On trouve des multiprises avec interrupteur aux alentours de 5 €. Cela permet d'éteindre d'un seul geste plusieurs appareils.

Un petit vaut mieux que...
Il vaut mieux éclairer son plan de travail plutôt que le reste de la pièce, donc une petite lampe bien ciblée plutôt qu'un plafonnier dévoreur d'énergie.

Eurêka
Pensez à dépoussiérer régulièrement les ampoules, vous gagnerez en luminosité.

Baissez un peu l'abat-jour
Les abat-jour sombres peuvent absorber entre 30 et 50 % de la lumière diffusée par la lampe.

Tirez le rideau
Les voilages, même les plus fins, diminuent la luminosité d'une pièce d'au moins 10 %. Si c'est possible, évitez les voilages ou mettez-les sur le côté à partir de 17 heures.

Tuyau pas fumeux
Quand la cheminée est hors service, on peut boucher le conduit avec un bouchon de papier journal pour empêcher les appels d'air.

Plus gêne que plaisir
Évitez les lampes halogènes, ultraconsommatrices en électricité.

Pas tous les œufs...
Il vaut mieux répartir la charge électrique sur plusieurs interrupteurs plutôt que de tout brancher sur le même.

Anticipez
Si vous avez un thermostat et des heures régulières, programmez-le 30 minutes avant le départ du matin, et 30 minutes avant l'arrivée du soir.

Ouvrez
Même en hiver, il peut être bon d'ouvrir ses fenêtres une quinzaine de minutes régulièrement lorsque le temps est sec, histoire de faire sortir l'humidité de la maison. Elle sera ensuite plus facile à réchauffer.

Fermez
Dans les régions sèches, on éteint la VMC lorsqu'on part en vacances.

Le boudin
Empêchez l'air de passer sous la porte en plaçant un boudin en tissu, un vieux tapis bien mou qui vient épouser le bas de la porte.

Vive les 75
L'utilisation d'une ampoule de 100 W est rarement justifiée. Descendez à la puissance inférieure si c'est possible.

Réfléchissez
Placez des panneaux réfléchissants derrière les radiateurs qui renverront la chaleur vers l'extérieur. On peut les fabriquer soi-même ou les acheter tout faits. Pour les fabriquer, une feuille de papier alu sur un support plat, le tout derrière le radiateur. Ça fait un peu penser au collier de nouilles de la fête des mères, mais cela peut aider en attendant.

Réfléchissez (*bis*)
Jouez avec les miroirs pour renvoyer la lumière là où elle fait défaut ; placez les lampes devant des miroirs qui augmenteront la luminosité.

Clarté
Les pièces claires renvoient mieux la lumière et nécessitent moins d'éclairage.

Avec un minimum d'investissement

Ça va faire des euros

La tablette
Poser une tablette sur un radiateur (pas électrique, sauf si c'est prévu pour) renvoie la chaleur vers le centre de la pièce, plutôt qu'au plafond. Les supports de radiateur adaptés se trouvent à partir de 15 €, sinon des équerres de base le long d'un mur font très bien l'affaire. On pose dessus ce que l'on trouve chez soi : planches, pierre...

Les doubles rideaux
Posez des doubles rideaux épais voire isolants, bien larges et longs.

Les volets battants et persiennes
Ils diminuent les pertes thermiques en hiver d'environ 50 %. Ils sont plus efficaces que les volets roulants en bois ou les jalousies extérieurs.

Le boudin de luxe
On peut isoler les bas des portes avec un stop courant d'air en caoutchouc qui s'adapte à tous les types de portes, et insérer des boudins isolants dans l'entourage des fenêtres.

Le contrat d'entretien
L'Ademe [1] l'a constaté : un contrat d'entretien pour la chaudière, c'est pour celle-ci une durée de vie multipliée par deux ou trois, cinq fois moins de pannes et 8 à 12 % de combustible consommé en moins. Le tout pour environ 100 € par an.

Les ampoules
Les ampoules incandescentes (les anciennes) et les halogènes seront bientôt interdites car trop grandes consommatrices d'énergie. Pour les remplacer, les ampoules fluocompactes ou basse consommation, de moins en moins chères à l'achat, consomment cinq fois moins que les ampoules classiques et durent dix à douze fois plus longtemps, suivant la qualité. Elles ne sont, pour le moment, pas adaptées aux couloirs ou aux WC, car elles n'aiment pas être allumées ultrafréquemment. Les modèles « Start » évitent le léger décalage entre l'allumage et l'éclairage... Les nouvelles générations d'ampoules économes s'appellent des

1. Agence de l'environnement et de la maîtrise de l'énergie, www.ademe.fr.

LED ou diodes électroluminescentes, à partir de 20 €, pour une durée de vie quasi infinie (entre 50 et 100 000 heures) et une consommation moindre.

€ Les piles
Préférez les piles rechargeables aux piles ordinaires, donc investissez dans un rechargeur de pile universel, de celui qui accepte tous les types de piles que vous avez à la maison.

€ Détection
Dans un couloir ou à l'extérieur, préférez un éclairage avec détecteur de présence plutôt qu'une minuterie branchée pour rester 1 ou 2 minutes, quelle que soit son utilité.

€ Thermostat
Cet appareil règle la température au degré voulu et s'assure de son maintien. Il peut être programmable et existe en toute taille, tout prix, tout programme, à installer sur quasiment tout type de radiateur.

€ Plantez...
Des arbres plein sud si vous habitez dans une région aux étés particulièrement chauds : l'été, ils apporteront de la fraîcheur, et l'hiver, dépouillés de leur feuillage, ils laisseront passer lumière et soleil. Plantez au contraire des arbres touffus et persistants si votre maison est dans la trajectoire des vents du nord. Même principe avec une plante grimpante sur un mur plein sud, l'été elle apporte la fraîcheur, l'hiver, dégarnie, elle laisse passer la chaleur.

€ En été
Voici, selon *Eco-Logis*[1], les moyennes de diminution de la chaleur que l'on peut espérer des dispositifs suivants :

ÉQUIPEMENTS	MOYENNE DE DIMINUTION DE LA CHALEUR
Jalousie extérieure	75 %
Volets battants et persiennes	70 %
Store entre les vitres, réfléchissant	65 %
Marquise	60 %
Volet roulant	60 %
Films	60 %
Store intérieur réfléchissant	55 %
Jalousie intérieure	50 %

1. *Op. cit.*

Eau chaude
Chauffer l'eau pour la cuisine, la salle de bains ou le nettoyage coûte beaucoup d'énergie. Avec les appareils ménagers, privilégiez les lavages à basse température ou à l'eau froide.

Et la lumière fut
Installez un système anodique de réflexion de la lumière : des miroirs, des prismes sont installés judicieusement et projettent la lumière du soleil vers la partie de la maison à éclairer. Double avantage : la lumière devient gratuite et reste naturelle.

Avec un gros investissement

Isolez

Isolez les combles, la maison de l'extérieur, surtout les murs situés au nord, et passez au triple vitrage !

Les dépenses énergétiques

Elles sont fonction de l'implantation et de la conception de la maison : super isolée avec du triple vitrage, une ventilation mécanique à double flux, trapue sur elle-même, orientée plein sud avec de bonnes fondations, abritée du vent, elle consommera moins d'énergie que son contraire ! Lors de rénovations, de constructions, ou de changements d'appareils, pourquoi ne pas envisager d'avoir recours à des énergies renouvelables comme le bois (poêle ou chaudière à bois ou aux granules de bois), le vent (implantation d'une éolienne), le soleil (panneaux solaires, panneaux photovoltaïques), l'eau (la géothermie, les pompes à chaleur), l'air (le puits provençal ou canadien), qui ont, entre autres, l'énorme avantage d'être quasi gratuites et autonomes. L'installation peut être plus onéreuse qu'une installation toute électrique ou au gaz, mais entre le crédit d'impôt et la diminution des coûts de consommation, elle est désormais rentabilisée en quelques années, et ceci sans compter une éventuelle augmentation des prix du gaz et de l'électricité…

Dans la cuisine

Pour mettre du beurre dans les épinards

Écoutez, écoutez votre voisin vous raconter l'argent qu'il a gagné en montant lui-même les meubles de sa cuisine… Il les a achetés chez un Suédois, les a montés en huit heures, deux pansements et un nombre incalculable de jurons où il était question de Vikings et de concepteurs de dépliants. Sa cuisine au nom bizarre lui a coûté 699 €. Il a fait les calculs : s'il n'était pas allé la chercher et ne l'avait montée lui-même, il aurait dû payer 95 € de livraison, plus 136,50 € de pose le mètre linéaire pour les meubles bas et 84 € pour les meubles hauts, soit pour 2,40 m de meubles hauts et bas, livraison comprise : 624,20 €. Sans parler du temps passé (car il ne compte pas les deux voyages en voiture, le parking pour décharger les éléments…), grosso modo, il a économisé 600 €, du simple au double (en passant, on remarque qu'il applique ici la règle bien connue quand il s'agit de vanter son sens de la débrouille, de minimiser le coût – 600 au lieu de 699 € – et de diminuer les charges…).

LES À-CÔTÉS DE LA CUISINE DU VOISIN À 699 €

En kit : du temps, de l'essence et du parking…	
Montée et livrée :	95 €
Plus le montage des meubles hauts 84 € x 2,40 m :	201,60 €
Montage des meubles bas 136,50 € x 2,40 m :	327,60 €
Soit un total de :	624,20 €

Il est content de lui, et il peut l'être, mais que va-t-il cuisiner dans sa belle cuisine toute neuve, le voisin ? On ouvre son réfrigérateur et on tombe sur une barquette de carottes râpées, des tranches de jambon, un sachet de salade entamé qui dessèche, un litre de vinaigrette, des desserts lactés au chocolat, et des bouteilles d'eau.

Cet homme adroit de ses mains, sachant calculer, ne se rend pas compte que, sur une année, il va gagner moins d'argent en ayant monté ses meubles qu'en mettant la main à la pâte, et en l'occurrence sur une casserole... Et pourtant le principe est le même, la cuisine en kit (des carottes, une râpe, de l'huile et du vinaigre) coûte moins cher que la cuisine toute... faite (la barquette de carottes râpées). Et la plupart du temps, l'écart n'est pas du simple au double comme pour les meubles, mais plutôt au triple ou au quadruple ou plus... Les carottes râpées toutes prêtes sont à 1,85 € les 250 g, soit 7,40 €/kg contre 1,40 €/kg au rayon légumes du même magasin, soit cinq fois le prix...

Qui plus est, les meubles de cuisine ne se montent qu'une fois et vont rester vingt ans chez lui (ils sont prévus pour vingt-cinq ans). En revanche, se nourrir, c'est plusieurs fois par jour. Ces 600 € d'« économies » sur vingt ans représentent 2,50 € par mois. En préparant lui-même chaque mois 250 g de carottes (0,35 €) et en lavant une salade (2,20 € les 200 g en sachet contre 1,40 € la fraîche de 470 g), bref, sur un demi-repas par mois, il « économisera » 3,50 €... ici, on pourrait nous opposer que l'on triche un peu car débourser 600 € d'un coup n'est pas la même chose que sortir 0,35 € pour une demi-livre de carottes. Ce n'est pas faux, mais quelqu'un qui ne cuisine pas du tout va rapidement dépasser les 600 € sur une année... L'économie telle que la conçoit le voisin, c'est calfeutrer sa porte d'entrée pour éviter les courants d'air mais en oubliant les fenêtres. Alors, il n'y a pas de mystère, direction la cuisine pour fermer les fenêtres des dépenses.

Il y en a des choses dans une cuisine !

La bonne nouvelle est que quiconque a réussi à monter un bouton sur une porte de cuisine a les compétences requises pour faire cuire des pâtes, râper des carottes, préparer une omelette, faire de la sauce vinaigrette, etc. En gros, comme pour les meubles, il s'agit de mettre A sur/dans/vers B. A étant les pâtes dans B la casserole pleine d'eau et d'attendre au lieu de visser.

Et ceux qui n'ont jamais monté de bouton ? Tout le monde ne sait peut-être pas cuisiner, mais tout le monde peut apprendre ; il n'y a aucune contre-indication connue à ce jour. Trouver la cuisine, puis l'évier, faire couler de l'eau dans une casserole, déposer deux œufs dedans, poser sur la cuisinière et faire autre chose en attendant. Dans un premier temps, vous aurez peut-être la surprise d'avoir des œufs durs au lieu de coque ou vice versa, mais au bout de deux ou trois fois, la maîtrise de l'œuf dur/coque sera complète, et vous pourrez passer à l'étape suivante… cela se passe dans la cuisine, chez vous et cela ne fera mourir personne. Si cela ne réussit pas, il suffit d'essayer une autre variante, une autre recette. Pour démarrer, il existe des livres de cuisine [1] ou si vous avez Internet, en tapant simplement le nom de l'ingrédient à préparer, une multitude de recettes s'affiche (pour avoir des explications filmées www.chefsimon.com, www.meilleurduchef.com).

La moins bonne nouvelle, c'est que cuisiner demande du temps… il n'y aura jamais plus rapide qu'une pizza commandée à l'extérieur, arrivant prédécoupée dans un carton, mais il n'y aura jamais de pizza plus chère… pour les téléphages qui n'ont pas « assez de temps » car ils manqueraient leur épisode de *Californication* ou *Plus belle la vie*, pourquoi ne pas installer une télé dans la cuisine de telle sorte que seule la personne cuisinant puisse la voir.

1. De bons vieux livres ultrasimples comme *Les Recettes faciles* de Françoise Bernard ou *Les Ficelles de Madame Cuisine* de Coco Jobar.

C'est incroyable de voir comment les adolescents arrivent alors à participer à l'épluchage des pommes de terre…

Les accumulations

Commençons par ouvrir les portes des placards et du frigo pour faire un état des lieux. Y a-t-il de la nourriture périmée ou sur le point de l'être ? Pour cela, on vérifie les dates quand il y en a. Pour le reste, on regarde et on renifle comme tous nos ancêtres qui n'avaient que leurs sens pour décrypter la fraîcheur d'un produit.

COMMENT COMPRENDRE LES DATES DE PÉREMPTION MENTIONNÉES SUR LES EMBALLAGES ?

• Sur les produits frais, vous pouvez lire une date avec un jour, un mois, voire une année. C'est une date limite de consommation ou DLC : la date annoncée correspond au jour (jour inclus) au-delà duquel le produit devient impropre à la consommation. Si vous lisez 10 mai, vous pouvez consommer le produit sans problème le 10 inclus. Les DLC concernent surtout les denrées périssables qui se conservent au réfrigérateur.

• Seuls les yaourts et seulement les yaourts, pas les desserts lactés, n'obéissent pas à cette règle. Les bactéries qui les composent détruisent en partie les mauvaises bactéries qui se forment, le caillé se rétracte, un liquide se forme, la présentation change, le goût devient très légèrement plus acide, mais il n'y a aucun problème de toxicité après avoir dépassé la DLC. On aime ou on n'aime pas, mais ça n'envoie pas à l'hôpital.

• Sur les conserves, les céréales, les légumes secs, les épices… la date est différente. Il peut s'agir d'un jour, mois, année, mais le plus souvent, on trouve la mention du mois et de l'année. Il s'agit d'une date limite d'utilisation optimale ou DLUO. En anglais, on traduit cela par *best before* ou « meilleur avant », et tout est dit. Cela veut dire que le goût est meilleur avant la date indiquée, « novembre 2010 » par exemple, mais qu'après, ce n'est pas dangereux. En avril 2011, le goût commence à perdre de sa saveur. C'est une question de papilles, pas de salubrité, donc on ne jette rien et on peut les manger… [1]

1. Pour tout savoir sur les étiquettes : *Savoir acheter*, du même auteur chez le même éditeur…

En rangeant placards, réfrigérateur et congélateur, on place tout ce qui doit être consommé rapidement sur le devant des étagères. Et si dans le frigo vous tombez sur un plat que vous n'allez pas avoir le temps de manger avant la date limite, mettez-le directement au congélateur, vous pourrez le cuisiner plus tard.

Avez-vous trouvé beaucoup d'articles inutilisables ? Chiffrez-les :

EXEMPLES	PERTE ESTIMÉE
Une salade en sachet à moitié entamée et périmée à 2,20 €	1,10 €
Un pot de sauce bolognaise d'une drôle de couleur et d'odeur	2,00 €
Des desserts lactés à 3,60 € coincés et oubliés sur l'étagère du bas du frigo	3,60 €
Une demi-baguette	0,40 €
Une plaque de 24 œufs, dont 8 périmés	1,28 €
Une boîte de cœurs de palmiers transformée en bombe prête à exploser	2,60 €
Des choses surgelées sans étiquettes et pleines de glace...	Au pif, 10 €
Total	**20,98 €**

À votre tour de faire le total de cette perte sèche :

------------------------------ €

Eh bien, oui, c'est une perte sèche, car c'est comme si vous aviez mis cet argent à la poubelle. Mais vous n'êtes pas le seul à agir de la sorte. Il n'y a pas à se sentir rassuré par cette information, mais on se rend compte que ne plus savoir acheter est malheureusement partagé par beaucoup d'entre nous. On estime à près de 30 % [1] la nourriture qui finit à la poubelle ! C'est énorme, c'est comme si près d'un sac sur trois était transporté, ses articles triés, rangés avant d'être replacés dans un sac puis jetés. Outre le temps, le transport, les escaliers à monter chargé comme un mulet, les placards débordants, les emballages à recycler et ensuite à payer par le biais des impôts locaux, c'est carrément de

1. 26 % en France, 30 % en Grande-Bretagne.

l'argent qui part en fumée. Il se passe d'ailleurs quelque chose de particulier avec la nourriture : on va râler contre les prix, vérifier le prix au kilo de tout achat, et arrivé chez soi, la traiter comme un objet sans valeur : la laisser pourrir, balancer à la poubelle tous les restes comme s'ils n'étaient pas la continuité de l'achat et n'avaient plus de valeur financière.

À la décharge du consommateur européen, il faut reconnaître que la taille des contenants a changé : nos parents allaient faire leurs courses au supermarché un panier au bout du bras avant la généralisation du Caddie ; aujourd'hui, les chariots géants sont vidés dans des coffres de voiture toujours plus spacieux, avant d'être installés dans des frigos toujours plus grands. En cinquante ans, plus le nombre d'enfants par famille a diminué, plus les chariots ont grandi ! Ceux qui n'ont pas de voiture ne peuvent acheter plus qu'ils ne peuvent porter à bout de bras ou rouler dans leur petit chariot…

Si vous avez beaucoup de nourriture périmée, quelle analyse en faites-vous ?

— Je suis fâché avec les proportions et ai tendance à voir trop grand…

— Je fais trop de réserves quitte à devoir jeter une partie de celles-ci…

— J'achète toujours trop de telle chose qu'en fait personne n'aime à la maison…

— J'ai acheté un produit cher pour une grande occasion, et j'attends toujours l'occasion…

— Autre…

Ne plus avoir de produits périmés est la façon la plus simple, la moins douloureuse et la plus rapide de ne pas gaspiller d'argent.

Pas de panique, bien acheter s'apprend. Nous allons voir ce qu'il convient d'avoir dans les placards et les proportions nécessaires pour votre maison.

Ça va faire des euros

Avant de jeter
Est-ce encore utilisable ?

Les œufs non datés sont-ils encore bons ?
On les plonge dans l'eau salée : plus ils s'enfoncent, plus ils sont frais. Ceux qui surnagent totalement sont bons à jeter...

Cl. J. Boyer.

FIG. 1492. — Œuf du jour. FIG. 1493. — Œuf de 2 jours. FIG. 1494. — Œuf de 4 jours. FIG. 1495. — Œuf de 15 jours

Larousse illustré, 1926

Le beurre rance
On le place dans un saladier rempli d'eau froide avec une grosse pincée de bicarbonate de sodium. On mélange vigoureusement. Le bicarbonate détruit les germes et enlève le goût.

La nourriture se divise en deux grandes catégories : l'épicerie (en gros tout ce qui dure) et le frais. Pour n'importe quel produit, aliment, ingrédient, la règle de base pour comparer les prix est de regarder les prix au kilo, au litre ou à l'unité.

L'épicerie

Autrefois, il existait la liste des ingrédients de base que toute cuisine et surtout toute bonne cuisinière se devait d'avoir. Marguerite Duras avait établi une liste des 37 produits de réserve à avoir toujours dans la maison et l'a publiée dans son livre *La Vie matérielle*[1]. En voici la première colonne :

« sel fin
poivre
sucre
café
vin
pommes de terre
pâtes
riz
huile
vinaigre… »

Et de commenter : « *La liste est toujours là, sur le mur. On n'a ajouté aucun autre produit que ceux qui sont là. Aucun des cinq à six cents nouveaux produits qui ont été créés depuis l'établissement de cette liste, en vingt ans, n'ont été adoptés.* »

Elle était bien loin du chiffre de « nouveaux produits » créés chaque année, mais la démarche reste valable : établir une liste des produits de base correspondant à ses habitudes. Élevée au Viêt-nam, Marguerite Duras y incluait par exemple le nuoc mam. Élevé en Bretagne, la farine de sarrasin peut être un de vos produits de référence, à chacun de lister ses besoins. La liste n'est pas là pour le plaisir de faire une liste supplémentaire qui sera oubliée dans une semaine. Elle a un double but :

— Mieux faire ses courses, en ayant le minimum de perte. Tout ce qui n'est pas sur la liste est à consommer tout de suite. Pas la peine d'encombrer son placard pendant deux ans de boîtes de cœurs de bambou… si on en a, on les mange. Si on en reveut, on en retrouvera car ils sont en vente libre… Tout produit alimentaire vieillit, de l'huile en bouteille au riz, en passant par les conserves ou le thé, et en vieillissant, perd de sa valeur nutritive. Alors, plutôt que stocker un maximum de nourriture, avancer de l'argent aux géants de la grande distribution (ils n'en ont

1. *Op. cit.*

pas besoin, ils font déjà partie des gens les plus riches de France), videz vos placards !

— Noter ses aliments de base sur son « p'tit classeur » (cf. p. 66) et surveiller leurs prix. Comme ce sont les produits que vous consommez le plus fréquemment, il peut être bon d'acheter en grande quantité lorsqu'ils sont en promo et stocker.

EN CAS DE DÉCOUVERT...

Dans la cuisine, comme ailleurs, les achats sont limités au nécessaire s'ils sont effectués à crédit. Inutile de stocker des pâtes en promotion, si pour cela on doit taper dans son crédit permanent à 20,47 % ! donc si découvert, pas ou peu de réserves...

Les listes

Voici quelques listes d'épicerie :

Une personne seule

épicerie

— Huile
— Vinaigre
— Gros sel
— Café
— Pâtes
— Lentilles
— Vin
— Thé
— Riz
— Brique de dessert au soja
— Pots en verre de compote de pommes sans sucre
— Sardines à l'huile
— Maquereaux
— Farine
— Tomates en boîte
— Une boîte de champignons de Paris
— Moutarde
— Cornichons

Une famille de cinq personnes : Dominique, Martine et leurs trois filles

— Sel
— Poivre
— Farine
— Sucre
— Lentilles
— Haricots blancs secs
— Haricots verts en boîte
— Petits pois en boîte
— Huile
— Thon en boîte
— Sardines en boîte
— Maquereaux
— Levure
— Sucre vanillé
— Pâtes
— Riz
— Tomates pelées
— Concentré de tomates
— Vinaigre
— Petits pains suédois
— Confiture
— Thé
— Café
— Bouillon cube
— Une boîte de champignons de Paris
— Moutarde
— Cornichons

On trouve aussi des listes dans certains livres de cuisine. Voici celle tirée de *Venez dîner, c'est prêt !*, de Dominique Malet, qui s'adresse à de vrais cuisiniers :

« *Les indispensables du placard :*
Boîte de tomates concassées
Boîte de sauce tomate ou bouteille de purée de tomates
Boîte ou bocal de purée d'aubergines

Riz thaï ou basmati
Pâtes : macaroni ou penne, spaghetti, fusilli, orechiette
Couscous
Céréales mélangées ou boulgour
Lentilles sèches
Huile d'olive
Huile de noix
Huile de sésame
Huile de colza
Vinaigre balsamique
Bouillon cube de volaille
Bouillon cube de légumes
Cumin en poudre
Cannelle en poudre et en bâton
Paprika
Coriandre en poudre
Noix muscade en poudre
Gingembre en poudre
Thym déshydraté
Laurier déshydraté
Romarin déshydraté
Chapelure
Maïzena
Farine
Levure
Sucre semoule et en morceaux
Sucre cassonade
Sucre vanillé
Vanille liquide ou en poudre
Poudre d'amandes
Amandes effilées
Pignons de pin
Chocolat noir de cuisine (fort en cacao)
Crème fraîche liquide longue conservation
Lait
Pommes de terre

Échalotes
Oignons
Ail »

Ces quelques questions peuvent vous aider à composer votre propre liste :

— Quels sont, pour moi, les plats les plus faciles à préparer ?

— Dans ma région, dans ma ville, quels sont les ingrédients les moins chers ?

— Quelles sont les denrées qui se conservent ?

— Quels sont les ingrédients qui permettent de valoriser les restes : le riz, les nouilles chinoises pour faire une soupe, une boîte de maïs ou de champignons pour faire des salades, des œufs pour faire une omelette…

Le but est d'avoir toujours de quoi prévoir des repas pour le foyer et des ingrédients pour accommoder les restes du frigo. La liste doit rester courte afin de ne pas transformer votre placard en filiale de supermarché. Tous les stocks représentent de l'argent déboursé et immobilisé.

La liste est en évidence punaisée à l'intérieur d'un placard que l'on ouvre régulièrement. Dès qu'un produit manque, on le met sur la liste de courses. Et qui sait, peut-être qu'un jour, comme celle de Marguerite Duras, elle sera publiée (il vaut mieux en plus avoir quelques qualités littéraires…).

Le frais

Les produits maison

Le meilleur moyen d'avoir des fruits et légumes frais est encore de les cultiver… non seulement on fait de la gym, mais en plus on a des produits non traités, de saison, peu onéreux. Le jardinage comme la cuisine s'apprend et s'enseigne. Certaines municipalités (se renseigner en mairie) proposent des cours de jardinage, tout comme les associations locales. Sinon, les livres [1], Internet et les conseils des voisins sont des ressources précieuses.

Pour jardiner, cependant, encore faut-il avoir accès à un terrain, soit chez soi, soit en location. On peut se renseigner auprès de la mairie, de la fédération nationale des jardins familiaux et collectifs qui regroupe 26 000 familles et est présente sur plus de 200 sites en France, des jardins de cheminots. Il y a aussi les jardins partagés, sur le modèle des jardins américains, animés par des associations sur des terrains mis à disposition par la municipalité.

Dès la première année, la première saison, vous aurez des résultats au moins avec les radis, la menthe et la roquette (en gros, ça pousse partout). Qui plus est, la roquette est réputée aphrodisiaque… De là à vous nourrir entièrement, il faudra quelques mois et là encore comprendre votre consommation. Si, quoi qu'il arrive, il reste trop de rhubarbe, il suffit de changer… le jardinage n'est pas gratuit : l'outillage, le temps passé mais qui peut être considéré comme une détente par certains, les graines coûtent de l'argent. Heureusement, il y a des solutions…

Les outils

On en trouve quelques-uns en braderies, surtout celles d'associations lorsque les héritiers donnent les objets délaissés d'une maison. La qualité de l'acier fait la qualité de l'outil et si son manche est cassé, pas grave, il se répare. La bonne vieille méthode consiste à poser l'outil sur le feu et à faire brûler le restant de manche. Une fois en cendres, on nettoie la partie acier et on y replace un manche neuf. On le met à tremper pour qu'en gonflant le bois y reste coincé.

---

1. Patricia Beucher, *Le Beau jardin du paresseux*, Ulmer, 2000.
Alain Baraton, *Savoir tout faire du bon jardinier*, Flammarion, 2008.
Jean-Pierre Coffe, *Le Potager plaisir*, Plon, 1998.
Internet : www.aujardin.info, http://lepotagerfacile.free.fr

Le temps

La taille du jardin se définit en fonction du temps que le jardinier (et ses apprentis) sont prêts à y passer. S'il faut être efficace et rapide, une heure par semaine suffit pour commencer à entretenir un petit jardin potager. Comme dans la maison, la question n'est pas d'avoir le plus beau jardin de tout le quartier avec des bordures impeccables, mais un jardin pratique et efficace. Le vrai problème est de savoir qui va s'en occuper pendant une absence. On peut s'arranger avec des voisins, voire établir des tournées de garde, comme on demanderait à quelqu'un d'arroser les plantes ou de garder le chat… ou se partager le travail à l'année : une semaine sur deux, un jardinier s'occupe des deux jardins.

Les graines

À faire soi-même, à acheter ou à échanger entre jardiniers… les végétaux se multiplient facilement en semis, boutures, marcottes ou greffes à partir des végétaux existants. Là encore, les livres spécialisés apportent conseils et calendriers des multiplications. On peut bien sûr acheter des graines par correspondance et en magasin spécialisé, mais attention aux végétaux protégés par celui qui les a obtenus. On les reconnaît à la lettre ® apposée à leur nom, R pour enregistré et on ne peut les reproduire. Dans ces cas-là, on peut leur préférer les variétés anciennes qui appartiennent à tous ou celles émanant d'associations œuvrant pour la biodiversité [1]. Dans tous les cas, on jette un œil sur les dates de péremption des graines mais pas deux ! On essaye même si la date est dépassée et on est surpris du résultat.

1. L'association Kokopelli (131, allée des Palmiers 30319 Alès Cedex ou www.kokopelli.asso.fr) et le réseau semences paysannes qui regroupe 39 membres (Cazalens 81600 Brens ou www.semencespaysannes.org).

Ça va faire des euros

Les astuces
Il y a tellement d'astuces dans un jardin qu'un chapitre entier n'y suffirait pas. Héritées d'une tradition, d'une mémoire, elles se passent de jardiniers à jardiniers : utiliser le marc de café, les feuilles de thé comme engrais, les coquilles d'œufs pilées pour éloigner les escargots, la fabrication du compost... etc.

Barbecue
À noter que pour bien profiter du jardin, le barbecue s'impose : un seau en fer, une casserole ou mieux un faitout inutilisable par ailleurs sur lequel on pose la grille en acier d'un vieux four et c'est parti... c'est le même système que le « bucket grill » du très chic magasin Conran (*bucket* veut dire « seau »), les 26 € en moins...

Mais si vous disposez d'un terrain, pourquoi ne pas envisager d'avoir une poule pondeuse pour les œufs, une ruche pour le miel et le pollen, des poissons dans un étang… vous savez ce qu'ils mangent, vous saurez ce que vous mangez… Ce qui n'empêche pas de poser les questions habituelles : de combien d'œufs ai-je besoin, par exemple ? Si c'est pour une personne seule, est-ce que le temps et l'argent dépensé, la contrainte d'avoir à nourrir une poule sont rentables ? Un œuf bio, l'équivalent de ce que j'obtiendrai avec ma poule, coûte 0,29 € à l'unité. Si j'en consomme six par semaine, soit 1,74 €, est-ce que ça vaut le coup ? *A contrario*, si j'en élève une, pourquoi ne pas passer à deux ou trois, ce qui ne multipliera pas beaucoup le temps dévolu à l'activité et permettra d'échanger avec des voisins ou de la famille le surplus d'œufs contre autre chose, des légumes de saison ou une soirée de baby-sitting ?

Pour ceux qui n'ont pas accès à la terre, reste les commerçants, les producteurs et les grossistes (voir p. 55).

Les autres produits

Les commerçants

Le classique du classique : on cherche le meilleur rapport qualité-prix parmi ses commerces de proximité (marché, super et hypermarchés, marchands de fruits et primeurs, soldeurs de nourriture…)

Les producteurs

— cueillette à la ferme ;

— réseaux de distribution directe comme les Amap (associations pour le maintien d'une agriculture paysanne), le réseau solidaire des Jardins de Cocagne qui sont des jardins bio et collectifs, etc. Ces associations distribuent des « paniers ». Mais tous les « paniers » ne viennent pas des associations. Certaines enseignes en ont pris le titre sans en avoir pris la philosophie : ces « attrape-couillons » sont habituellement non seulement plus chers mais ne participent en rien à la diversité de l'offre en France…

Les grossistes

Les enseignes Metro, Rungis et les autres marchés d'intérêt national. La pratique de ces lieux est ouverte à des catégories limitées de personnels : professionnels et leurs amis qui arrivent à se faire prêter des cartes…

Les saisons

Quels que soient ses goûts, la règle de base pour bien acheter est d'acheter des fruits et légumes de saison, moins chers, plus frais et n'ayant pas eu besoin de traverser la planète pour arriver jusqu'à nos assiettes…

Les saisonnalités des fruits et légumes

SAISON	FRUITS	LÉGUMES
Printemps	— Cerise — Fraise — Fin des pommes	— Fin des légumes racine d'hiver : carotte, betterave rouge, panais… — Asperge — Blette — Chou-fleur — Échalote — Endive — Épinard — Navet — Oignon blanc — Petit pois — Poireau — Pomme de terre — Radis rose — Salades

SAISON	FRUITS	LÉGUMES
Été	— Cassis — Fraise — Framboise — Melon — Mûre — Myrtille — Pêche de vigne — Poire — Prune	— Aubergine — Bette — Carotte — Céleri-branche — Concombre — Courgette — Échalote — Haricot vert — Maïs — Oignon — Petit pois — Poireau — Poivron — Pomme de terre — Radis rose — Salades — Tomate
Automne	— Châtaigne — Fraise — Kiwi — Noisette — Noix — Pomme	— Bette — Betterave rouge — Cardon — Carotte — Céleri-rave — Chicorée — Chou-fleur — Choux — Concombre — Courge — Échalote — Endive — Épinard — Fenouil — Mâche — Maïs — Navet — Oignon — Panais — Poireau — Pomme de terre — Salades — Fin des tomates — Topinambour
Hiver	— Ananas — Banane — Châtaigne — Kiwi — Noisette — Noix — Pomme	— Betterave rouge — Carotte — Céleri-rave — Choux — Courge — Échalote — Endive — Mâche — Navet — Oignon — Panais — Poireau — Pomme de terre — Salades — Salsifi — Topinambour

La liste des produits frais

Notre liste de références peut aussi mentionner les produits frais à toujours avoir à la maison :

Une personne seule

Œufs
Beurre
Oignons
Ail
Échalotes
Pain
Fromage
Pommes de terre

Une famille de cinq personnes : Dominique, Martine et leurs trois filles

Pommes ou bananes
Pesto en bocal
Légumes (poireaux/carottes en hiver, tomates/concombre en été)
Thym
Laurier
Beurre
Fromage (comté ou gruyère)
Lait
Yaourts
Œufs
Oignons
Ail
Échalotes
Jambon
Toujours du basilic et de la ciboulette au congélateur

Ça va faire des euros

Tous les produits cités sont des premiers prix, vus dans des magasins à Paris. La gamme de prix en région peut être différente, mais la démarche restera la même.

Les légumes en vrac

Ils sont vendus moins chers que les légumes en botte.

→ Relevé de prix des carottes à 1,40 €/kg, contre 1,50 €/botte, sauf que cette dernière pèse 875 g, fanes comprises. Quant à eux, les navets sont à 2,10 €/kg et à 1,70 €/botte de 375 g, là aussi fanes comprises...

Les tomates

Les tomates en grappe sont vendues plus chères que les tomates traditionnelles.

→ Tomates en grappe à 3,70 €/kg contre 3,30 €/kg pour les traditionnelles. Et en plus, on ne peut pas manger les branches...

Les légumes secs

Ils devraient être nos amis pour la vie : pas chers, naturels, faciles à stocker, et à cuisiner, la plupart du temps, de l'eau, du feu et ils se débrouillent très bien tout seuls, ils ont une excellente qualité nutritionnelle et sont sources de protéines végétales, de sels minéraux et de vitamines. Lentilles, haricots, flageolets, pois et pois chiches sont cultivés en France où ils sont pourtant dix fois moins consommés qu'il y a un siècle. Là encore, on les prépare ultrafacilement comme des pâtes ou du riz, plutôt que de les acheter en boîte. En passant rapidement devant un rayonnage, on pourrait croire que secs ou cuits, ils sont au même prix, mais pas du tout. On ne peut comparer que ce qui est comparable. Une grande boîte de 530 g par exemple de légumes secs préparés n'est pas l'équivalent de 530 g de légumes non cuits. En cuisant, ils ont absorbé l'eau, se sont gonflés et ont pris du poids.

→ Lentilles : 1 kg de lentilles sèches à 1,01 €/kg donne 2,7 kg de lentilles préparées (essai maison, à l'eau, sans adjonction d'aucun additif épaississant, et encore, impatiente d'avoir le résultat de l'expérience, elles n'étaient pas assez cuites...). Donc le kilo de lentilles cuites vaut 0,37 €. En comparaison, voici le prix des boîtes de lentilles déjà préparées :

— La grande boîte de 530 g est à 0,65 €, soit 3,3 fois plus.

— La boîte moyenne de 265 g à 0,45 €, soit 4,6 fois plus.

— Les 3 petites boîtes de 130 g à 1,39 €, soit 9,6 fois plus !

Le riz

Le moins cher s'achète, bien sûr, nature, ni parfumé ni en sachet précuit.

→ Dans le même magasin, le riz le moins cher au kilo est à 0,73 € et le riz le moins cher en sachet à 2,05 € les 500 g, soit 4,10 €/kg (3,37 € de différence ou 22 francs, ça fait cher le sac plastique !).

La barde

Acheter du rôti sans barde dans la grande distribution. Le gras est vendu au prix de la viande, alors que chez un boucher traditionnel la viande est préparée après avoir été pesée.

→ En supermarché, le rôti « tende de tranche à rôtir » est à 16,80 €/kg, cela veut dire que vous avez payé 16,80 € le gras qui l'entoure. La barde est vendue 10 mètres plus loin au rayon traiteur, dans le même magasin, à 10 €/kg (« Je n'en reviens pas, vous vendez la barde ? – Eh oui Madame, y'a plus rien de gratuit »)... chez le boucher traditionnel, elle est rarement facturée.

Au marché

Faites vos courses au dernier moment, juste avant que les marchands remballent.

Les fruits secs entiers

La poudre d'amandes ou de noisettes : les fruits secs sont beaucoup moins chers entiers que moulus et emballés. On les trouve dans les magasins biologiques et chez les grainetiers.

→ Les amandes biologiques en vrac sont à 18,74 €/kg tandis que la poudre d'amandes non biologique est à 3,40 € les 125 g sous sachet plastique ou 27,20 €/kg, soit 45 % de supplément.

→ La poudre de noisettes non biologique est à 3,01 € les 125 g, soit 24,08 €/kg contre 19,68 €/kg pour les noisettes biologiques.

Achetez en vrac

Cela permet d'acheter uniquement ce dont on a besoin.

→ Dans une recette de dessert, il est indiqué 75 g de noisettes, que va-t-on faire des 50 g restants si on achète un paquet de 125 g ? Les laisser au fond du frigo ou penser à refaire un autre gâteau ?

Les épices

Poivre, muscade... se garderont plus longtemps achetées non moulues.

Les boîtes de bouillon de légumes en poudre

Elles sont quasiment au même prix dans les magasins biologiques et dans la grande distribution.

→ 500 g de bouillon aux légumes biologique valent 9,36 € contre 2,77 € les 150 g en grande surface, soit 9,23 € les 500 g.

Sucré ou nature ?

Les produits déjà sucrés sont vendus plus chers.

→ 2,71 € les 12 yaourts sucrés contre 2,35 € les 12 non sucrés de marque ou 1,58 € sans marque. Comme un kilo de sucre en poudre coûte 0,89 €, il n'y a pas que les yaourts qui se sucrent...

Le lait

En poudre, il est moins cher et moins encombrant que le moins cher des moins chers laits UHT (conservateurs et processus pour arriver à l'UHT en moins).

→ Dans la même enseigne, 0,74 € le litre de lait UHT demi-écrémé contre 0,68 € le litre de lait en poudre. Pas difficile à stocker, pas de risque de le voir tourner, pas de perte puisqu'on délaye ce dont on a besoin, pas lourd (avec 750 g vous faites 7 litres), il se prépare facilement. On le délaye et c'est prêt. On peut le laisser au frigo pour une utilisation le lendemain.

La vente en cageot

On n'achète pas les yeux fermés sous prétexte que c'est en cageot. On calcule le prix de vente au kilo avant de savoir qui fait la bonne affaire : vous ou le vendeur. Si les fruits sont trop avancés pour les conserver plus de 24 heures, il faut pouvoir en faire des compotes, des confitures ou des coulis le jour même.

Le fromage râpé

Il se conserve moins longtemps que le fromage en morceau. Comme d'habitude, on vérifie les prix au kilo et on a des surprises :

→ Râpé, le parmesan est à 33 €/kg, en morceau à 29,98 €/kg (plus cher en râpé).

→ Râpé, l'emmental français premier prix est à 6,55 €/kg, en morceau à 7,04 €/kg, (moins cher en râpé).

→ Râpé, le Leerdamer est à 11 €/kg, en morceau à 13,20 €/kg (moins cher en râpé)...

→ Râpé, l'emmental Entremont est à 15,40 €/kg, en morceau à 12,72 €/kg (plus cher en râpé).

Le prix au kilo

Toujours vérifier les prix au kilo et ne jamais faire confiance à l'enseigne...

→ Le sac de riz premier prix de 20 kg, au Kremlin-Bicêtre en banlieue parisienne, à l'opposé pas que géographique de Neuilly, chez un Indien, est à 29,99 €, soit 1,50 €/kg, le double du prix constaté dans un supermarché de Paris limite du très chic 7e arrondissement...

Achetez en décalé

Un exemple, après Pâques, l'agneau est souvent en promotion dans les supermarchés ou dans les rayons des produits surgelés.

Comparez le comestible

Entre des abricots moyens et des grosses pêches à 4 €/kg, les pêches sont plus avantageuses. Pourquoi si c'est au même prix ? Parce que le kilo de pêches ayant moins de noyaux, il y aura plus de fruit comestible.

Les produits enrichis

Il n'y a pas de carences alimentaires en France pour la population en général, donc aucun besoin de produits enrichis.

→ Les yaourts Taillefine à la framboise sont à 1,59 € les 4, les mêmes enrichis en calcium et à la vitamine D à 2,26 €, 0,67 € de différence soit 42 % d'augmentation ! (Soit les industriels achètent leur microgramme de calcium et leur vitamine en poudre au prix de l'uranium, soit ils font des marges énormes sur ce type de produits. On ne sait quoi penser... à moins que le mot « enrichi » soit de l'humour d'industriel, il s'enrichit en vendant le produit ?) Un pot du premier apporte 25 % des apports journaliers recommandés (AJR) en calcium, un pot du deuxième 50 %. Qu'est-ce que ça veut dire ? Les AJR en calcium sont de 800 mg par jour. Du beurre au lait écrémé en passant par n'importe quel fromage ou yaourt, vous en absorberez, tout comme en mangeant du chocolat au lait, des œufs, des sardines à l'huile, du persil, des noisettes, des amandes... un croque-monsieur, une glace, de la béchamel, un mille-feuille, un éclair, du radis noir... Bref, ce n'est pas le minéral le plus farouche qui soit puisqu'on en trouve encore dans une foultitude d'autres aliments... Et à titre de comparaison, 0,67 € de lait écrémé en poudre doivent apporter au moins 150 % des AJR...

→ Quant à la vitamine D, on en manque peut-être en Laponie, mais pas en France puisque 10 minutes d'exposition au soleil, même faible en hiver sur le visage ou les mains nous assurent notre dose quotidienne sans parler du jaune d'œuf, des céréales, des champignons... Une carence en vitamine D se manifeste par du... rachitisme (ce dont, à première vue, les clients de Taillefine ne devraient pas trop souffrir...). Seules les femmes en très grande vieillesse (on ne parle pas des jeunettes de 75 ans) vivant en institution et ne sortant plus du tout pendant une longue période montrent des signes de carence !

Le pain tranché

Sauf quand la main est dans le plâtre, inutile de faire trancher son pain, il se gardera moins longtemps et cela ajoute 0,10 € à la facture.

→ Un pain tranché tous les deux jours, cela revient à 18,25 € par an, plus cher qu'un bon couteau à pain...

Les épluchures

« Entre une personne soigneuse et une qui ne l'est pas, la différence des épluchures de pommes de terre est de 12 % ; cela représente une économie mensuelle de 6 kilogrammes pour un ménage utilisant 50 kilogrammes de pommes de terre par mois. »

Larousse ménager illustré, 1926

Les poissons

Les meilleurs marchés restent ceux en conserve comme le foie de morue, les sardines, les maquereaux et les filets de hareng.

Les viandes

Elles ont l'avantage d'avoir les mêmes qualités nutritives de la tête aux pieds. Entre un bifteck et du collier, cela reste toujours du bœuf avec les vitamines du bœuf, les sels minéraux du bœuf..., mais la forme change et le prix ! On privilégiera ce qu'on appelle en France les bas morceaux comme le gîte, les basses côtes... faciles à cuisiner dans des pot-au-feu ou des blanquettes. Mais les bas morceaux des uns sont la gastronomie des autres : la queue de bœuf est un des plats de viande les plus chers en Corée du Sud, en partant du principe que sur le bœuf, il y a beaucoup de viande, mais peu de queue... Mêmes remarques (pas la dernière...) sur l'agneau, le porc, le cheval... [1]

Achetez du poulet entier, pour deux raisons...

Dans *Savoir économiser*, on met évidemment la notion de prix en premier : le poulet entier est moins cher que le poulet en morceaux, même si l'on compte le poids de la carcasse.

→ 2,95 €/kg lorsqu'il est entier, sans pattes ni tête ;
→ 4,85 €/kg pour les pilons (beaucoup d'os peu de chair) ;
→ 3,49 €/kg pour les cuisses.

Surprise : le poulet ne pousse pas en morceaux ! C'est un tout. Soit on se met la tête dans le sac et on ne se pose pas la question de l'élevage intensif, soit on s'interroge et on se demande ce que deviennent les reliquats.

Même un célibataire peut acheter un poulet entier. Premier jour, du poulet rôti, deuxième jour, du poulet froid, la carcasse pour le bouillon, et le reste, découpé en portions au congélateur...

Achetez en quantité

Sans parler de boîtes de 20 kg, on peut appliquer l'achat en « quantité » aux articles du quotidien. On vérifie cependant toujours le prix au kilo (cf. plus haut, le riz).

1. www.civ-viande.org ou le centre d'information des viandes.

→ Les 8 fromages blancs Jockey sont vendus dans un même magasin à 2,30 € les 8 pots de 100 g et à 2,25 € le pot de 1 kg. Pour gagner l'équivalent de deux pots, soit 1/5 du prix, il suffit de remplir un petit pot en verre quand on a envie d'en manger un. Et il n'y a pas qu'en psychanalyse que le transfert est important, ici aussi. Si on plonge la cuillère dans le grand pot, il est difficile de garder la mesure de ce que l'on mange, donc on transvase.

→ Le beurre d'une même marque est vendu lorsqu'il est en livre à 7,06 €/kg et à 8,96 € lorsqu'il est en plaquette de 125 g : 27 % d'augmentation alors qu'on peut faire un truc absolument incroyable avec juste un couteau : couper la plaquette en autant de morceaux que souhaité, les laisser au congélateur, sauf celui que l'on consommera immédiatement...

Conserver

Acheter la nourriture vous a demandé des efforts et du travail, soit directement en cultivant le jardin, soit en payant de vos sous les denrées. Maintenant qu'elles ont franchi le seuil de la porte, encore faut-il les conserver le plus longtemps possible, dans les placards ou au froid.

L'épicerie

Habituellement, les aliments n'aiment ni le soleil, ni la chaleur, ni l'humidité, ni les écarts de température. Donc un joli bocal transparent derrière la fenêtre plein sud n'est pas une bonne idée, pas plus que les œufs ou l'huile placés près des plaques de cuisson… En revanche, tous les pots de verre, à l'abri de la lumière, font de fort pratiques et peu chers moyens de stockage. Pas besoin d'acheter des boîtes spécifiques, le verre offre de multiples avantages : d'un coup d'œil, on sait ce qu'il y a dedans, il est hermétique à l'air et à l'humidité. Il ne protège certes pas de la lumière mais dans un réfrigérateur ou un placard, ce n'est plus un problème.

Ça va faire des euros

Les citrons
On peut, comme au Maroc, conserver les citrons en les plaçant dans un saladier recouvert d'eau. En la changeant régulièrement, ils resteront juteux.

Pourquoi ne pas réutiliser le garde-manger ?
Cette mini-armoire grillagée, placée à l'ombre, permet de conserver les fruits, les légumes, le pain... à l'abri des mouches et des moustiques, le tout à température ambiante.

Le frais

Le réfrigérateur, comme le congélateur, fonctionne en permanence et à ce titre, sa consommation énergétique est un élément à prendre en compte lorsqu'on en achète un, neuf ou d'occasion. Sur la durée de vie de l'appareil, les coûts d'utilisation vont d'ailleurs revenir plus cher que le seul achat de l'appareil. Si l'étiquette énergie est obligatoire sur les éléments neufs, la consommation énergétique n'est pas toujours indiquée sur les occasions. En téléphonant ou en écrivant au service consommateur de la marque, on pourra vous renseigner, tout comme on pourra éventuellement vous envoyer un mode d'emploi s'il a été perdu.

Dans une cuisine, on place le froid avec le froid, le chaud avec le chaud : pas de four sur un réfrigérateur, pas de congélateur près d'une cuisinière ou d'un lave-linge qui dégage de la chaleur. Pour choisir son emplacement, prenez modèle sur les chocolatiers et les fleuristes, toujours installés sur le trottoir le moins ensoleillé... si possible, installez le réfrigérateur sur le côté le moins ensoleillé de la cuisine et le congélateur, dans la pièce la plus froide de la maison, idéalement une cave si elle reste facilement accessible. En revanche, il vaut mieux éviter d'y placer un combiné réfrigérateur/congélateur s'il ne dispose que d'un seul thermostat car lorsque la température descend en dessous de 16 °C, le thermostat du réfrigérateur se mettra moins souvent en marche. Le congélateur fonctionnera moins bien et la durée de vie des aliments peut être raccourcie de plusieurs semaines.

Réfrigérateur et congélateur se placent à au moins 5 cm du mur pour que l'air circule et leur permette de refroidir plus facilement.

Quels appareils ?

La taille a de l'importance ! Deux réfrigérateurs ou deux congélateurs classés dans la catégorie énergétique A n'auront pas une consommation identique, le plus gros consommera plus, et le plus petit… moins ! Un petit congélateur classé B consommera peut-être moins d'énergie qu'un gros classé A+…

• Ce qui peut être utile

Le froid ventilé ou no-frost rend inutile le dégivrage, action qu'il faut effectuer régulièrement pour éviter la surconsommation d'énergie. On estime à 30 % l'énergie nécessaire en supplément si la couche de givre dépasse 3 mm.

• Chacun fait comme il veut, mais…

En revanche, tous les accessoires sur les réfrigérateurs style fabrication de glaçons, mise à disposition d'eau fraîche, fonction 0 °C… entraînent une consommation d'énergie plus importante.

• Quelle taille pour la maison ?

Pour définir la taille du frigo, on peut commencer par sortir ce qui n'a aucun besoin d'y aller.

En règle générale, ce qui n'est pas réfrigéré dans un magasin n'a pas besoin d'être réfrigéré chez soi. Ce qui se traduit par les évidences suivantes : boîtes de conserves, lait UHT, huiles, légumes secs… n'y entrent pas ! Pour les œufs, deux écoles s'affrontent :

— les œufs, comme dans le magasin, sont à température ambiante, mais loin des sources de chaleur : cuisinière, plein soleil, chaufferie… ce qu'ils n'aiment pas : l'alternance chaud-froid ;

— les œufs sont au frais et doivent être sortis 1 heure avant la cuisson, mais ne devront pas être remis au froid si on ne les utilise pas. Ce qu'ils n'aiment pas : même chose, l'alternance chaud-froid.

Certains fruits et légumes comme les tomates, les aubergines, les poivrons, les pommes de terre, les oignons... se conservent à température ambiante.

Une fois dégagé l'inutile, reste à définir la capacité nécessaire à ses besoins. Plus le réfrigérateur sera adapté, moins il y aura de pertes d'argent.

TYPE D'APPAREIL	POUR 1 OU 2 PERSONNES	POUR 3 OU 4 PERSONNES	POUR 5 PERSONNES ET PLUS
Réfrigérateur	100-150 litres	135-160 litres	160-220 litres
Combiné réfrigérateur/congélateur	140-180 litres	160-220 litres	200-300 litres

Source : www.milieucentraal.nl.

Les combinés réfrigérateur/congélateur consomment plus d'énergie. Par exemple, un réfrigérateur de table pour 1 ou 2 personnes, en classe A++, va consommer 84 kWh dans sa version simple et 127 kWh dans la version combinée. Reste plus qu'à multiplier cette différence par 365 jours par an par le prix de kWh... donc quand on le peut, on privilégie un congélateur indépendant que l'on place dans l'endroit le plus frais et froid de la maison.

La taille du congélateur dépend là encore des besoins : personne seule en centre-ville face à un magasin Picard ou communauté loin de tout commerce. Comme il n'est nul besoin de refroidir le carton car la place est comptée (elle représente de l'énergie donc de l'argent), il convient d'enlever tous les emballages superflus et de les remplacer par une étiquette. Pour ceux qui auraient l'impression en faisant cela de perdre le mode d'emploi, on peut les garder dans un tiroir en attendant de s'en servir. Plutôt que d'ouvrir la porte du congélateur pour savoir ce qu'il s'y trouve (réchauffement du congélateur et perte d'énergie), on ouvre le tiroir avant de se décider.

Les modèles coffres (la porte s'ouvre par le haut comme dans les magasins) sont ceux qui consomment le moins d'énergie.

Ça va faire des euros

- On ne glisse pas d'aliments chauds au réfrigérateur. On les laisse refroidir à l'extérieur.

- La veille de son utilisation, on sort un produit du congélateur pour le placer dans le réfrigérateur. Double avantage : il refroidit le réfrigérateur qui a donc moins besoin de produire du froid et au moment voulu, il nécessite moins de temps de cuisson.

- On ne recongèle jamais un produit congelé.

- Un congélateur consommera moins d'énergie s'il est plein. Si tel n'est pas le cas, on remplit aux trois quarts des bouteilles d'eau (pas en entier, l'eau devenant glace ferait exploser la bouteille). Ces bouteilles de glace contribueront à abaisser la température.

- Avant de partir en vacances, on commence à vider frigo et/ou congélateur. Le jour du départ, on les ouvre, les laisse dégivrer et on débranche la prise. Cela permet de faire le point dans ses achats, d'arrêter la production de givre, gros consommateur d'énergie, et d'éviter de payer l'électricité. Sinon, on dégivre au moins une fois par an son congélateur car plus la couche de givre est importante, moins l'appareil est efficace.

- On nettoie l'arrière du réfrigérateur, la grille noire.

- On vérifie le joint d'étanchéité.

- La température conseillée d'un réfrigérateur oscille entre 1,7 et 3,3 °C (un degré en moins, c'est 5 % d'énergie en plus), celle du congélateur doit être réglée à –18 °C.

- Dans le réfrigérateur, on essaie de placer les aliments pour qu'ils ne se touchent pas. Cela évite les contaminations croisées.

Cuire

Gaz, électricité, bois, charbon de bois, soleil (marmite norvégienne, four solaire)... les appareils de cuisson sont souvent dictés par le précédent locataire, l'emplacement de la maison ou ses habitudes de cuisine. La cuisine fonctionnait au gaz, on continue. La maison n'est pas branchée sur le gaz, on reste avec nos plaques électriques.

Cuisiner au gaz ou à l'électricité se conçoit rarement isolément. On n'a pas une maison entièrement solaire et autonome et paf, une ligne et un compteur électrique, uniquement pour une cuisinière. Il arrive en revanche que l'on garde le gaz de ville uniquement pour la cuisinière. Il est bon de calculer alors ses dépenses en énergie. Imaginons une consommation pour cette cuisinière de 179 kWh, l'équivalent d'une bonne grosse bouteille de gaz de 13 kg par an, vendue en moyenne 33 €, hors consigne.

Si on garde l'abonnement au gaz de ville uniquement pour la cuisinière, la dépense va être de :

— Abonnement annuel (l'abonnement dépend de la facilité d'implantation. Ici, il s'agit du tarif le moins cher, pratiqué en ville, grandes ou petites) : 29,75 € pour l'année.

— Prix du kWh (tarif officiel, sans contrat préférentiel) : 0,7977 €. Soit pour 179 kWh = 14,28 €

Avoir le gaz de ville uniquement pour la gazinière reviendra à 44,03 € par an, soit 11,03 € de plus par an que la seule bouteille... Sur dix ans, cela permet de mitonner quelques centaines de pot-au-feu supplémentaires...

Ça va faire des euros

Pour chauffer plus efficacement :

- Les plaques des cuisinières électriques ou vitrocéramiques doivent être propres, et pour le gaz, les brûleurs nettoyés. Plus le gaz passera facilement moins il y aura de déperdition.

- Adaptez la casserole ou la poêle au diamètre de la plaque, qui chauffera mieux et plus rapidement. Pas la peine de réchauffer l'air !

- Les fonds de casserole doivent être parfaitement plats, sans creux ni bosses.

- Utilisez une bouilloire électrique, plus efficace et plus rapide pour chauffer l'eau.

- Nettoyez le joint d'étanchéité de la porte du four : pas de débris, pas de gras... une fuite de chaleur indique qu'il faut le changer.

- Éteignez l'électricité quelques minutes avant la fin de la cuisson, car les plaques, elles, vont continuer à diffuser tranquillement. Faites l'essai chez vous, avec votre propre appareil pour vérifier combien de temps (et d'énergie) vous pouvez gagner.

- Ouvrez le moins possible le four pendant la période de préchauffage et celle de cuisson. Si le four ne possède pas d'éclairage intérieur (le bon côté est que : éclairage = consommation d'énergie, donc pas d'éclairage = pas de consommation), laissez une lampe de poche près du four.

Si vous cuisinez à l'électricité, les plaques à induction, plus chères à l'achat, consomment moins que les plaques classiques. Elles obligent néanmoins à avoir des récipients magnétiques adaptés à l'induction. Pour vérifier leur compatibilité avec une plaque à induction, on les teste avec un aimant. Il adhère à la partie, c'est bon. Sinon, le récipient est exclu.

Les fours à pyrolyse sont gourmands et fragiles au niveau de l'isolation, ceux à gaz plus économes.

Pour chauffer de l'eau, prenez l'habitude de verser d'abord l'eau dans la tasse, dans la théière, bref dans le contenant utilisé par la suite, avant de la reverser dans la casserole ; seul le volume nécessaire sera chauffé et il n'y aura pas de perte d'eau.

Dans le four, pensez à chauffer plusieurs plats en même temps : le poulet laisse la place à un cake, qui laisse la place à un gâteau. Dans une cuisinière, c'est le four, le dévoreur d'énergie. À la fin, par temps froid, laissez la porte du four ouverte pour profiter de sa chaleur.

S'il y a plusieurs fours, utilisez-les en fonction de la taille de l'aliment à chauffer… pas la peine de brancher le four de la cuisinière quatre feux s'il s'agit de réchauffer une quiche individuelle de 7 cm de diamètre ou un reste de purée. On les met dans un minifour ou sinon dans une poêle, recouverte d'une cloche ou de quelque chose faisant office de cloche, voire d'un papier d'emballage de plaquette de beurre si cela semble sec, et on laisse réchauffer à feu très doux.

OH SOLEIL, SOLEIL

Tenté par la cuisson solaire ? Il existe des paraboles vendues à partir de 310 €, des fours solaires à partir de 150 €, des cuiseurs thermos à partir de 85 €, chez www.boliviainti-sudsoleil.org ou Bolivia Inti-Sud-soleil au 02 51 86 04 04, chez Atao au 02 40 59 93 68 et plus commercial chez www.idcook.com. Bolivia et Atao proposent aussi de l'autoconstruction.

La soif

L'eau du robinet est potable ! C'est la moins chère, la plus écologique des eaux de table : pas de transport pour aller la chercher, pas de bouteilles en plastique à recycler, pas de perte, puisqu'on n'a pas besoin de jeter une bouteille entamée et oubliée. Si c'est une question de goût – le chlore vous rappelle la piscine scolaire – sachez qu'il s'évapore à l'air. On place l'eau dans une carafe et la laisse 12 à 24 heures tranquille. Son goût devient neutre.

L'eau d'une carafe non consommée se jette dans les fleurs, dans une bassine, un broc… mais pas dans l'évier !

La faim

Les placards sont raisonnablement approvisionnés, et au meilleur prix, reste à préparer tout cela.

Pour préparer n'importe quel plat, on va devoir évaluer la quantité nécessaire. Pas besoin d'acheter trop d'endives, d'en cuire trop et de devoir soit en manger pendant une semaine, soit, quelle horreur, les jeter à la poubelle. On note que ceux qui s'obligent à finir les restes ont souvent une meilleure notion des proportions que les autres (eh oui, trois jours de repas à base d'endives cuites ça peut devenir monotone…). Pour éviter cela, on va évaluer les proportions.

Les bonnes proportions

Au Royaume-Uni, une formidable campagne a été lancée par le Wrap (Waste & Resources Action Programm) sur le thème « J'aime la nourriture, je déteste le gâchis ». Le constat est le suivant : un tiers de la nourriture achetée finit à la poubelle. Comment éviter ce gâchis ? La première étape commence par acheter selon ses besoins. Le Wrap a défini les proportions nécessaires pour les adultes et les enfants qui ne sont ni au régime, ni en train de compter leurs calories, mais se nourrissent normalement. Cette base est bien pratique aussi quand on a des invités : combien ajouter de pâtes quand trois adultes supplémentaires viennent dîner ?

Adieu le calcul au pif, adieu les cures d'endives cuites, vive la maîtrise des proportions.

La dernière colonne du tableau permet à chacun d'inscrire les besoins de son foyer.

ALIMENTS	PROPORTIONS		
	POUR UN ADULTE	POUR UN ENFANT	ET À LA MAISON ?
Abricot et abricot sec	3	3	*Ex : pour 2 adultes et 3 enfants : 15 abricots*
Ananas	1 tranche large ou deux petites	1 tranche large ou deux petites	
Banane	1 moyenne	1 moyenne	
Bœuf	140 g	100 g	*Ex : pour 2 adultes et 3 enfants : 580 g*
Brocoli	2 têtes	2 têtes	
Carotte en rondelles	3 grosses cuillerées à soupe	3 grosses cuillerées à soupe	

ALIMENTS	PROPORTIONS		
	POUR UN ADULTE	POUR UN ENFANT	ET À LA MAISON ?
Céleri	3 branches	3 branches	
Cerise	14	14	
Chou	3 grosses cuillerées à soupe	3 grosses cuillerées à soupe	
Chou de Bruxelles	8	8	
Clémentine	2	2	
Courgette	1/2 grosse	1/2 grosse	
Datte	3	3	
Épinards frais	1 bol	1 bol	
Fève	3 grosses cuillerées à soupe	3 grosses cuillerées à soupe	
Figue sèche	2	2	
Flageolet	3 grosses cuillerées à soupe	3 grosses cuillerées à soupe	
Fraise	7	7	
Framboise	20	20	
Groseille	1 poignée	1 poignée	
Haricot mange-tout	1 pleine poignée	1 pleine poignée	
Haricots rouges	3 grosses cuillerées à soupe	3 grosses cuillerées à soupe	
Kiwi	2	2	
Laitue	1 bol	1 bol	
Lentilles	3 grosses cuillerées à soupe	3 grosses cuillerées à soupe	
Mandarine	2	2	
Mangue	2 tranches	2 tranches	
Melon	1 quart	1 quart	
Mûre	1 poignée	1 poignée	
Myrtille	1 poignée	1 poignée	
Nectarine	2	2	
Oignon	1 moyen	1 moyen	
Orange	1	1	
Pamplemousse	1/2	1/2	
Panais	1 moyen	1 moyen	
Papaye	1 grosse tranche	1 grosse tranche	
Pâtes	100 g	100 g	
Pêche	1	1	
Pêche sèche	2 demi	2 demi	
Petits pois	3 cuillerées à soupe	3 cuillerées à soupe	
Poire	1 moyenne	1 moyenne	
Poireau	1/2 blanc et vert confondus	1/2 blanc et vert confondus	

ALIMENTS	PROPORTIONS		
	POUR UN ADULTE	POUR UN ENFANT	ET À LA MAISON ?
Poisson	140 g	100 g	
Poivron	1/2	1/2	
Pomme	1 pomme moyenne	1 pomme moyenne	
Porc	140 g	100 g	
Poulet	140 g	100 g	
Prune	3	3	
Purée de pommes de terre	2 grosses cuillerées à soupe	2 grosses cuillerées à soupe	
Radis	10	10	
Raisin	1 poignée	1 poignée	
Raisin sec	1 grosse cuillerée à soupe	1 grosse cuillerée à soupe	
Rhubarbe	2 grosses cuillerées à soupe	2 grosses cuillerées à soupe	
Riz	75 g	75 g	
Spaghetti	75 g	75 g	
Tomate pelée entière en boîte	2	2	
Tomate	1 moyenne	1 moyenne	
Tomate séchée	4	4	

Le poids préconisé pour une ration de fruits ou de légumes est de 80 g, à diminuer pour les enfants en dessous de 5 ans.

Il existe des mesures à spaghetti mais plutôt que d'en acheter, n'importe quelle forme, un rond de serviette, un pot de yaourt, un anneau de rideau peut convenir à vos besoins. Pesez le poids des spaghetti nécessaires à votre consommation, 2 personnes, 200 g, et trouvez un contenant dans lequel ils entrent, un minipot de confiture de chambre d'hôtel par exemple. Pour la prochaine soirée spaghetti, on verse les pâtes dans le minipot de confiture et il n'y aura pas de restes…

Le gratuit

Certains aliments sont gratuits, ceux qui résultent de la cueillette ou du glanage. La cueillette suit les saisons : champignons [1], pissenlits, mûres, châtaignes, orties, noi-

1. *Champignons de France et d'Europe occidentale*, Marcel Bon, Flammarion, 2004.

settes… et la géographie : fruits de mer, escargots, myrtilles, épine-vinette, argouse… Elle est autorisée à partir du moment où elle est sur le domaine public : des fruits qui tombent d'un arbre sur la route, c'est ok. Des fruits qui tombent de l'arbre dans un champ privé, c'est pas ok… Des maquereaux et des thons pêchés en mer, c'est ok, des maquereaux et des thons au bord d'une piscine, c'est pas ok.

Glaner signifie « ramasser dans les champs après la moisson les épis qui ont échappé aux moissonneurs » [1] et par extension, ramasser ce qui est laissé après une activité comme le marché, la fermeture d'un magasin, etc. Le glanage est illustré par le célèbre tableau de J.-F. Millet exposé au musée d'Orsay à Paris *Des Glaneuses* ou plus récemment par le film d'Agnès Varda *Les Glaneurs et la glaneuse.* Dans la droite ligne de certains témoignages du film d'Agnès Varda, on trouve aujourd'hui les « freegans ». Le freeganisme se caractérise par « un régime alimentaire déchétarien ». Les Freegans (www.freegan.fr) cherchent leur nourriture dans les poubelles et en tirent trois conclusions : la nourriture est gratuite, on réduit le gaspillage alimentaire, c'est sain car cela permet de développer son système immunitaire. Ce mouvement plus politique que diététique n'est cependant pas conseillé aux personnes dont les défenses immunitaires sont affaiblies : bébés, nourrissons, femmes enceintes, personnes très âgées, malades…

Cuisiner

Avant toute chose, quiconque s'occupe de nourrir des enfants ou une communauté a intérêt à bien vérifier que nulle part, sur aucun mur de SA cuisine dans SA maison, n'est affiché « restaurant-menus à la carte » ou « restaurant gastronomique ». Si oui, enlevez les pancartes tout de suite. Il y a ce qu'il y a, un point c'est tout !

1. Le Robert.

Vous avez les ingrédients, trouvé des recettes, ne reste plus qu'à s'y mettre. Pour un ou pour quatre ou pour quatre ou pour huit, l'effort étant le même, on peut cuisiner plus pour travailler moins. On place au congélateur les plats en trop qui serviront lors d'une prochaine occasion.

Pour ceux qui trouvent que cuisiner est une perte de temps, voici quelques exemples. Ils montrent comment « gagner » entre 25 et 75 % là, tout de suite et se donner du cœur à l'ouvrage…

La vinaigrette

Achetée dans un magasin, une vinaigrette à l'huile d'olive vierge extra (13 %) et au citron Leader Price 50 cl à 1,12 €. Voyons un peu ce qu'il y a là-dedans. On lit la composition : « eau, vinaigre, huile d'olive vierge extra (13 %), huile de tournesol (12 %), amidon modifié, sel, sucre, protéines végétales, épaississant : gomme xanthane, jus de citron, acidifiant : acide citrique, colorant : lutéine (extrait de tagète), arômes. » Rien que des bonnes choses… mais qu'est-ce que ça nous dit si on cherche à reproduire la vinaigrette ?

L'ingrédient le plus présent dans la bouteille est l'eau, puisqu'il arrive en premier, suivi du vinaigre, et ensuite on va trouver 6,5 cl d'huile d'olive vierge extra (13 %) et 6 cl d'huile de tournesol (12 %).

Combien est-ce que cela coûterait à reproduire en prenant les produits de même qualité dans le même magasin ?

Imaginons 7 cl de vinaigre (0,30 € le litre) = 0,02 €

6,5 cl d'huile d'olive (3,99 € le litre) = 0,25 €

6 cl d'huile de tournesol (1,45 € le litre) = 0,09 €

Sans l'eau, l'ingrédient de base, il y en a pour 0,36 € de liquide… 0,40 € avec la goutte de citron, le soupçon de sel et de poivre en voyant large… On ne va pas regretter les arômes artificiels et les additifs présents comme le E 415 (un épaississant et stabilisant), le E 330 (un correcteur d'acidité, un antioxydant, un séquestrant) et le E 161b (un colorant).

Faire sa vinaigrette revient à un tiers du prix pour un produit disons (pour être gentille) plus naturel…

RECETTE DE VINAIGRETTE MAISON

Pour préparer sa propre vinaigrette, la recette de base est la suivante : 2 cuillerées à soupe d'huile pour une fois le vinaigre, saler, poivrer. On peut la « moutarder », l'assaisonner avec échalote ou ail, remplacer l'huile par le citron quand ils sont à bas prix et en saison... on peut essayer tout ce qu'on veut, il n'y a aucun risque...

Des pommes de terre écrasées

Vu un « écrasé de pommes de terre à l'huile d'olive » en deux portions individuelles à 4,04 € les 350 g (2 x 175 g).

Composition : pommes de terre, huile d'olive à 7,8 %, sel fin, poivre blanc. Ce qui veut dire :

322 g de patates, 27 g [1] d'huile d'olive et 1 g environ d'assaisonnement. Dans le même magasin, nous cherchons les ingrédients : pommes de terre à 1,20 €/kg et prenons la même huile d'olive que précédemment, qualité vierge extra à 3,99 € le litre. Cela nous coûtera 0,37 € de pommes de terre et 0,15 € d'huile, soit 0,52 € ou 13 % du prix...

UN ÉCRASÉ DE POMMES DE TERRE MAISON

Pour préparer son « écrasé de pommes de terre à l'huile d'olive » et ici on peut même ajouter sur le menu « comme à la maison » (ça fait encore plus chic), il suffit de faire cuire des patates dans l'eau salée (si on a déjà fait cuire des pâtes, on a les compétences requises pour faire cuire les patates, c'est le même principe), de prendre une fourchette et de les écraser avec ce qu'on a chez soi, de l'huile, du beurre, de la crème...

Un simple menu

Pour un même menu ultrasimple, suivant qu'on l'a bricolé ou pas (ici on ne peut pas parler de cuisine : faire chauffer de l'eau et y plonger divers ingrédients ou enfour-

1. Pour simplifier le calcul, on a utilisé en masse volumétrique de l'huile 1 kg pour 1 l.

ner un plat, s'apparente plus au bricolage qu'à la cuisine), on peut dîner pour un coût allant du simple au…

Comparaison des coûts entre un repas acheté tout fait et un repas cuisiné

POUR DEUX PERSONNES	TOUT PRÊT	FAIT MAISON
Carottes râpées (250 g)	1,85 €	0,35 € de carottes 0,05 € de vinaigrette
Tranche de rôti de porc (250 g)	3,87 € (achetée cuite au rayon traiteur à 15,50 €/kg)	2,17 € (8,70 €/kg)
Écrasé de pommes de terre (350 g)	4,04 €	0,52 €
Salade et vinaigrette 200 g	2,20 € en sachet 0, 30 € vinaigrette industrielle	0,90 € lavée et séchée 0,10 € vinaigrette maison
Un fruit	Même prix	Même prix
Total	**12,26 €**	**4,09 €**

Eh oui, du simple au… triple !

Cela a pris du temps, environ 20 minutes sans se presser, mais cela a fait « économiser » 8,17 € en 20 minutes (12,26 – 4,09 € = 8,17). En une heure, trois fois 20 minutes, le temps de travail du cuisinier/bricoleur est valorisé à 24,51 €, net (8,17 € x 3). Quiconque gagne moins de 24,51 € net de l'heure, transport et impôts déduits, a intérêt à se mettre à ce bricolage-là rapidement…

Et puis question subsidiaire, le repas « tout prêt » est-il trois fois meilleur que celui fait à la maison ?

COMMENT LIT-ON UNE ÉTIQUETTE ? [1]

Voici quelques éléments de base à connaître lorsqu'on achète un produit alimentaire. Les informations les plus importantes sur l'étiquette sont la dénomination commerciale, le poids et la liste des ingrédients.

La liste des ingrédients présente le produit tel que vous l'achetez, dans l'ordre d'importance des ingrédients. Si vous lisez sirop de glucose-fructose, farine de blé et fraise, cela veut dire que le produit comporte plus de sirop de glucose-fructose que de farine de blé, et plus de farine de blé que de fraise. Lorsqu'un ingrédient

1. *Savoir acheter*, op. cit.

est mis en valeur, son pourcentage doit être indiqué. Si vous lisez gâteau à la fraise en titre du produit, votre liste d'ingrédients devra afficher le pourcentage de fraises.

Prenons l'exemple d'un plat tout préparé au poids net de 300 g : le « Calamar farci, concassée de tomate et riz camarguais ». Déjà tomate au singulier est soit de l'humour, soit une indication... mais combien achète-t-on de calamar, de tomate et de riz lorsqu'on achète un plat comme celui-là ?

En partant du principe énoncé plus haut, on sait que les trois ingrédients cités devront être chiffrés. En regardant vite la liste, en effet après leur nom, on lit les pourcentages :

Farce 40 %
Calamar 35 %
Tomates 34 %
Riz de Camargue cuit 82 %

Soit un total de 191 % ! Ce produit m'en donne vraiment plus, mais comme ce n'est pas possible, on regarde (avec une loupe car c'est écrit tout petit en noir sur fond orange brun) le détail de la composition. La voici telle quelle :

« Ingrédients :

Calamar farci en sauce (200 g) : farce (40 %) : viande de veau (25 %), épaule de porc (24 %), oignon (oignon, huile d'olive, acidifiant : acide citrique), eau, carotte, champignons de Paris (champignons de Paris, eau, sel, acidifiant : acide citrique, antioxygène : acide ascorbique), protéines et amidon de blé, fond de sauce aromatisé (maltodextrine, arômes naturels – contient blé, orge –, eau, dextrose, légumes – tomate, champignon), colorants : caramel ordinaire, curcumine, extrait de paprika, acidifiants : acide citrique, acide malique, sel, oignon, céleri, poivre, laurier, thym), persil, sel, poivre ; calamar (35 %) ; sauce : coulis de tomate (42 %) (tomates, huile de tournesol, oignon, sucre, sel, basilic), tomate (34 %) (tomate, jus de tomate, affermissant : chlorure de calcium), fond de sauce aromatisé (maltodextrine, arômes naturels – contient blé, orge –, eau, dextrose, légumes – tomate, champignon –, colorants : caramel ordinaire, curcumine, extrait de paprika, acidifiants : acide citrique, acide malique, sel, oignon, céleri, poivre, laurier, thym), farine de blé, huile d'olive vierge extra, ail, persil, sel poivre, piment de Cayenne.

Accompagnement (100 g) : riz de Camargue cuit (82 %), échalote, huile de tournesol, sel, poivre. »

Sans parler des additifs multiples, regardons les chiffres.

Le produit est divisé en deux, d'une part les calamars farcis à la tomate qui représentent les 2/3 du produit (200 g sur 300 ou

66 %), d'autre part, l'accompagnement ou riz. Les pourcentages de chaque ingrédient sont présentés non pas par rapport à la totalité du produit mais en faisant référence à sa présence dans l'une ou l'autre partie.

Si l'on devait chiffrer en grammes les ingrédients qui nous sont présentés en pourcentage, voici ce que cela donnerait :

Viande de veau : ce n'est pas 25 % de 300 g, soit 75 g, mais 25 % de 40 % (la farce) de 66 % (la partie calamar farci) de 300 g, soit 19,8 g...

Savoir lire l'étiquette permet de ne pas payer les 70 g de calamars au prix du caviar...

Ça va faire des euros

La barre pas trop haute
Il y a des jours avec et des jours sans. Si vous commencez à cuisiner, tous les repas ne seront peut-être pas dignes d'un trois étoiles, mais tant que vous n'empoisonnerez personne, donnerez une nourriture saine, du plaisir de temps à autres aux gourmets, personne, et surtout pas vous, n'avez à vous en vouloir.

Menu du jour
Établissez vos menus à la semaine ou à la quinzaine, discutez-en en famille et affichez-les dans la cuisine, même si ce n'est que le plat principal. Notez en bas de la page qu'ils peuvent être modifiés du jour au lendemain en fonction des impératifs des cuisiniers.

L'un par l'autre
Dans les recettes, remplacez un ingrédient cher par un plus abordable de la même famille, un poisson comme le cabillaud par exemple par du lieu noir, des amandes par des noisettes ou vice versa, du parmesan par de l'emmental, une viande précise par une autre moins chère... cela se pratique depuis toujours !

De moins en moins
Essayez les recettes et faites comme dans l'industrie alimentaire, diminuez les ingrédients chers jusqu'à ce que la recette soit savoureuse en minimisant les coûts.

Combien me coûte la recette ?
Dans les livres d'éducation ménagère, on le faisait déjà. Par exemple, vous voulez faire un potage : de l'eau, du sel, et des légumes. Suivant les légumes, le prix du potage ne sera pas le même...

8. Soupe aux oignons.

	Fr.	Prix total	Prix par tête		Durée de cuisson
1/2 k. oignons à 12 c. le k.	0,06			3 l. d'eau. Sel, poivre.	
1/2 k. pommes de terre	0,03				
Branche de céleri	0,02				
50 gr. graisse	0,07				1 h. à
Biscuits	0,05	**0,23**	**0,04**		1 1/2 h.

Premier procédé. — 1° Découper les oignons et les faire roussir dans la graisse. — 2° Ajouter les légumes, les épices et l'eau. — 3° Passer le tout et laisser recuire 15 minutes. — 4° Avant de servir, ajouter 2 ou 3 biscuits.

	Fr.	Prix total	Prix par tête		Durée de cuisson
1/3 k. oignons	0,04			3 l. d'eau. Sel, poivre	
100 g. de farine 40 c. le k.	0,04				
50 gr. graisse	0,07	**0,15**	**0,025**		3/4 h.

Deuxième procédé. — 1° Faire un roux brun. — 2° Ajouter les oignons découpés, les épices et l'eau.

On peut ajouter les déchets de viande.

Notions d'économie domestique, 1897

Frais accessoires
Entre un ingrédient bon marché mais qui nécessite beurre, crème, huile... pour être préparé et un ingrédient un tout petit peu plus cher à l'achat mais qui se consomme tel quel, là encore, on s'interroge pour savoir combien coûte la recette.

Quand il y en a pour deux, il y en a pour trois...
Si vous cuisinez un plat, faites-en pour plusieurs repas. Vous économiserez en temps (un seul plat à préparer), en eau (une seule casserole à laver), en énergie (un seul plat à cuire).

Faire son beurre

Plus besoin de se déplacer, pas de courses à faire, pas d'emballage à aller porter à la benne, moins d'euros dépensés, c'est à portée de main et c'est facile à faire...

Des fines herbes en hiver

Faites germer un oignon dans une carafe évasée. Placez les tiges dans l'eau, le bulbe à l'air libre. En quelques jours, des tiges vertes vont sortir parfaites pour rafraîchir une salade en hiver. On coupe, ça repousse. Magique !

Faire son pain

Pas besoin de machine spéciale si on a un four… puisqu'il suffit d'eau, de farine ordinaire, de sel, de levain et de la poigne.

RECETTE DU PAIN MAISON

Recette lue (et essayée) sur le paquet de levain bio fermentescible Priméal.

— Dans un saladier, mélangez la farine, le levain (42 g/kg de farine), le sel (20 g/kg de farine) et de l'eau tiède (environ 60 % du poids de farine).

(Pour 100 g de pain : 4,2 g de levain, 0,2 g de sel, 60 cl d'eau)

— Laissez reposer quelques instants pour hydrater la farine, puis pétrissez en repliant les bords vers le centre pendant une dizaine de minutes pour obtenir une boule de pâte souple et bien lisse qui ne colle plus.

— Laissez reposer 30 minutes dans un saladier couvert à une température de 22 °C environ.

— Reprenez le pâton en chassant légèrement l'air qui est entré puis formez votre pain.

— Laissez-le reposer une nouvelle fois pendant 60 à 90 minutes pour permettre à la pâte de gagner en volume et en arômes.

— Mettez à four chaud (200/230 °C) pendant 45 minutes environ.

Faire ses yaourts

Avec une machine (on en trouve encore d'occasion dans les braderies d'associations ou neuves aux alentours de 60 €), la remise est d'environ 1 € par fournée de 8 yaourts. Donc 60 utilisations rentabiliseront une yaourtière neuve, 5 une d'occasion à 5 €…

Sans machine, à réserver pendant les journées d'été quand l'air est chaud ou au cœur de l'hiver dans une pièce où la température ne baisse pas : on laisse un pot de yaourt avec du lait cru frais dans un saladier ou une jarre dans un endroit chaud et le lendemain matin, miracle, un litre de yaourt…

Faire son vinaigre

Ultrasimple, la seule difficulté étant de savoir si on le fait à partir de cidre, plus doux, ou de vin. Dans les foyers où on ne crache pas sur le jaja, la deuxième proposition sera la plus économique, à condition qu'il y ait des fonds de bouteilles… Dans l'un ou l'autre cas, le vinaigre se fait tout seul à condition d'avoir une mère, la chose visqueuse qui se forme naturellement au fond d'une bouteille de vinaigre oubliée depuis longtemps. On place la mère dans un vinaigrier (neuf en grès aux alentours de 43 € les 3,5 l de contenance ; d'occase dans les vide-greniers) ou une jarre opaque que l'on couvre d'une assiette. Dans ce cas, on prend le vinaigre à la louche, sinon, sur le vinaigrier, un robinet permet de retirer le vinaigre sans risque d'avoir à « tuer » la mère. On ajoute les restes de bouteille de vin pour faire du vinaigre de vin, et de cidre, pour le cidre ! Pour mémoire, le vinaigre de vin Leader Price est vendu 0,80 € les 75 cl et le cidre Amora, 1,31 € les 75 cl.

Aromatiser les vinaigres, huiles, sucres, sels

Et à quel parfum voulez-vous vos ingrédients ? Du vinaigre à l'estragon ? Pas de problème, on laisse une branche d'estragon dans le vinaigre (en magasin, le vinaigre de vin à l'estragon est vendu 1,31 € les 75 cl). Du sel aux herbes ? On alterne une couche de sel, une couche d'herbes fines… À chaque fois, on laisse reposer…

Faire son lait caillé

Du foin d'artichaut dans un petit sac placé dans un litre de lait cru à température ambiante pour obtenir du lait caillé. Comme en Grèce… à mélanger avec des herbes ou du miel et des raisins…

S'IL N'Y EN AVAIT QUE CINQ...

Les ustensiles essentiels dans une cuisine économe sont :

– La casserole et son couvercle : bien sûr, mais ça, votre mère vous l'a dit, toujours faire chauffer un récipient avec un couvercle. Ça va plus vite et on consomme moins d'énergie.

– Un épluche-légume ou « économe » !

– Une spatule en caoutchouc pour nettoyer les plats, les pots de confitures et de compotes, la sauce de salade... jusqu'à la dernière goutte.

– Une bassine pour moins utiliser d'eau. On la laisse dans l'évier, si quelques gouttes tombent elle les ramasse. On s'en sert pour se laver les mains, c'est plus écologique que d'utiliser une lingette.

– Un balai : ça ne consomme pas d'énergie, contrairement à l'aspirateur.

Le « rattrapage »

Rattraper est un terme qui n'est plus guère employé et qui consiste, lorsqu'on rate un plat, à lui donner une seconde chance avant de le manger (s'en séparer ? niet !). Un beau mot…

Rattraper une mayonnaise

On verse la mayonnaise ratée dans un récipient propre dans lequel on a mis soit une cuillerée à café de moutarde soit un peu de vinaigre.

Rattraper un plat trop salé

On a eu la main trop lourde et la soupe est immangeable ? Une demi-pomme de terre crue va absorber le sel en excès.

Rattraper une crème aux œufs trop cuite

Dès que les grumeaux apparaissent, on la retire du feu et on la verse dans une bouteille, qu'on agite quelques minutes. Elle redevient aussi lisse qu'avant.

Rattraper une confiture

La confiture maison moisit ? Cela veut dire qu'elle n'a pas cuit suffisamment longtemps. On enlève le moisi, et on la fait cuire à nouveau.

La confiture est trop cuite ? On ajoute de l'eau bouillante sur le dessus. On patiente le temps que le sucre fonde et on mélange.

La confiture est cristallisée ? On ajoute un jus de citron ou une cuillerée à soupe de vinaigre de cidre par 500 g de fruits et on la fait cuire à nouveau, mais pas trop longtemps.

VOUS AVEZ ESSAYÉ ET ÇA NE VOUS PLAÎT PAS ?

Pas grave ! Il n'y a pas mort d'homme... Il suffira d'essayer une autre manière de faire une autre fois.

Ça va faire des euros

La sauce
Pas sûr de la quantité nécessaire pour la salade ? Présentez la sauce à part et chacun assaisonnera à sa guise, sinon cela « cuit » les feuilles qui sont immangeables le lendemain.

Dernières gouttes
Lorsque les bouteilles d'huile semblent terminées, on les bascule la tête en bas dans le saladier qui servira pour la prochaine salade. On laisse le temps aux dernières gouttes de se déposer. On est étonné par tout ce qui peut tomber si on lui laisse le temps...

Gros paquets
Transformez les énormes paquets (moins chers) en petits paquets : les chips se conservent très bien en bocaux hermétiques.

De la salade en sachet, en barquette, en récipient...
On la prépare soi-même à l'avance. Lavée, séchée et placée dans un récipient, elle se conserve plusieurs jours. Pas de gaz pour la conserver et c'est moins cher...

Fromage râpé
Lorsque le fromage en morceau est moins cher que le râpé, on le râpe et on le met en sachet. On est sûr de la qualité de son produit et on peut le mettre au congélateur.

€ Pas de petit pot pour bébé
En regarder un de près et voir le prix... une courgette, une carotte, 10 g de poulet et vous avez le repas... à mettre dans des anciens pots de yaourt en verre pour se donner une idée de la contenance...

CHACUN FAIT COMME IL VEUT MAIS...

On peut peut-être se passer de :

— Balance à piles (7 € pour changer la pile de la balance et en plus ça pollue). On préfère une balance mécanique, souvent moins chère à l'achat.

— Cafetière à filtres achetée à 20 ans, entraîne 60 ans d'achat de filtres (un filtre par jour pendant 60 ans à 1,02 la boîte de 40 = 558,45 €. Voui, voui, vous avez bien lu, plus de 500 €...), 60 ans de déchets... sans même parler de la cafetière à dosettes ! Soit on passe au filtre à grille plastique, lavable, soit on opte pour la cafetière italienne ou à piston.

— Sacs poubelles : on vide la petite poubelle dans une plus grande qui est relevée, ou utilise tous les emballages en sa possession.

— Désodorisants pour canalisations (5,21 € le flacon !). Et pourquoi pas pour les égouts de la ville pendant qu'on y est...

— Faire couper son pain (0,10 € à chaque fois).

— Lingettes ! De bons vieux chiffons en coton découpés à la taille voulue et qui finiront en machine à l'occasion. On peut en prévoir des piles, comme dans les grands restaurants où des petites serviettes sont mises à disposition des clients avant d'être jetées dans un panier à linge sale.

Les restes

« L'utilisation des restes : ne rien jeter de bon,
ne rien manger de mauvais. »

Petit guide de la ménagère

Sauf à avoir une calculette géante dans le crâne et un don de deuxième vue pour prévoir que le petit dernier n'a pas faim ce soir, on a beau planifier, il reste toujours (ou au moins souvent) des restes... Avant, la méthode consistait à avoir son évacuateur de restes à la maison, à savoir sa mère ou sa grand-mère qui vivait en décalage, mangeant le mardi les restes du lundi et le mercredi ceux du mardi, etc. et en silence, je vous prie… Heureusement, les temps ont changé, et maintenant on partage la fraîcheur et les restes.

Comme on ne jette rien, on sait qu'ils sont l'un des indices d'une maison bien gérée. Encore faut-il les arranger pour un autre repas.

L'ART DU JIFOUTOU

« Ma mère faisait un "jifoutou". J'ai mis des années à comprendre que cela voulait dire "j'y-fous-tout". C'était une sorte de plat en cocotte dans lequel elle mettait tous les restes. On adorait ça quand on était gamins. »

Thierry

Les grandes catégories

— Ceux qu'on laisse dans le frigo et qui seront cuisinés rapidement : on peut prévoir un pot pour les restes de légumes, un pot pour ceux de viandes, un pour ceux de poisson, un pour le salé, un pour le sucré… cela évite les mélanges trop bizarres.

LES RESTES DE FROMAGE

- Restes de morceaux de fromage à pâte cuite trop secs : les entourer dans un morceau de tissu imprégné de vin blanc et laisser reposer.
- Restes de fromage à pâte molle du même lait : on ajoute la moitié de leur poids en crème fraîche ou en fromage blanc ou en petit-suisse. On mélange le tout au mixeur. On forme des boulettes que l'on roule dans la chapelure ou les fines herbes…

Attention cependant : certains légumes, une fois cuits, s'oxydent rapidement et deviennent toxiques comme l'artichaut, les carottes cuites… Ils se repèrent à leur changement de couleur. S'il y a des restes, on les met au congélateur.

— Ceux qui iront directement au congélateur : des bananes vont mûrir avant que vous ayez eu le temps de les finir… pelez-les, découpez-les en tranches et direction congélateur ; une viande fraîche, un plat est sur le point de dépasser sa date de péremption, *idem*, on le congèle.

— Ceux qui peuvent être transformés tout de suite : du pain sec et rassis, on profite de la prochaine utilisation du four pour le mettre à dessécher avant de le broyer pour faire de la chapelure. Si on a un mixeur, au mixeur, sinon, en le mettant dans un sac plastique fermé et en passant dessus le rouleau à pâtisserie. Toute prête, la chapelure est vendue 0,48 € les 125 g [1].

L'ART ET LA MANIÈRE DE PRÉSENTER LES CHOSES

« Comment as-tu fait ce café glacé aussi rapidement ?
Version 1 : « Ce sont les restes de café mis dans un bac à glaçons.
— Beurk, c'est dégueulasse… »
Version 2 : « Un matin, j'ai fait un peu plus de café et je l'ai mis dans des bacs à glaçons.
— Génial ! »

— Les liquides font des glaçons parfaits : tout ce qui est en sauce, en liquide, peut être acheté en grande quantité (coulis, sauces…) et coulé en glaçons mais aussi les restes de jus de fruit, de café, de thé… Le reste étant mis dans les moules à glaçons et servira quand nécessaire : sauce tomate, sauce béchamel… Ce sont aussi de bons moyens d'avoir des fines herbes à n'importe quel moment de l'année. Quand il en reste, on les hache, les met dans le moule à glaçons, on verse de l'eau dessus et on aura les herbes nécessaires pour parfumer un ragoût, une soupe, un pot-au-feu… en hiver. Des restes de soupe glacés, de vin rouge ou de vin blanc viendront parfumés une potée, un civet, des moules…

1. www.coursengo.fr.

Accommoder les restes

> *« L'utilisation des restes est non seulement un art, mais c'est aussi une source d'économie pour le budget d'un ménage. »*
>
> *Larousse ménager illustré*, 1926

Voici quelques idées pour que tout le monde profite des restes régulièrement (et pas uniquement l'« évacuateur familial » !) :

— L'omelette : ultrapratique, elle accueille tous les restes salés, légumes, viandes, féculents, fromages…

— Les pâtes : même fonction à laquelle on peut ajouter les restes de légumes pour faire une salade de pâtes, les restes de poisson…

— La quiche : au cas où quelque chose aurait besoin d'être assoupli, humecté, le lait ou la crème, en cuisant, rempliront parfaitement cet office. Parfait pour recycler les restes de légumes.

— Une salade : géniale ! Elle accepte à peu près tout. En cas de doute sur les accords entre tel et tel ingrédient, les présenter dans deux saladiers différents. Peut se faire à base de riz, de pâtes, de pommes de terre, de salades vertes, de lentilles, de haricots… suivant ce qu'il y a à « finir »…

— Des « jifoutous » ou ragoûts ou potées : pour laisser parler son imagination… on met à cuire dans une sauce pour un ragoût, dans un bouillon pour une potée.

— Des soupes : même constatation, accepte à peu près tout…

— Des cakes : pas compliqué et ça a le mérite d'empêcher quiconque d'identifier les restes de champignons, de poireaux… de la veille, en version salée ou de fruits, morceaux de confiseries… en version sucrée.

— Faire une soirée « buffet » à la maison : sur une table, on pose en tas les assiettes, les verres et les couverts et on commence à sortir les restes plus ou moins préparés (pas tous, sinon, tout le monde va se précipiter sur la part de pizza restante et laisser la salade) et chacun se sert. Si on veut être vraiment sûr que tout disparaisse, on peut présenter cela sous forme individuelle, par exemple, faire cinq verrines (de vulgaires verres de cuisine ou des pots de yaourts, cela ne changera rien pour les enfants) de salade, chacun étant invité à en prendre une…

— Un repas « chinois » : du riz blanc avec tous les morceaux restants servis dans un bol avec des baguettes et de l'eau ou du thé dans des tasses… on peut aussi le faire l'hiver avec des nouilles chinoises… mais là, les baguettes ne servent à rien !

QUE FAIRE AVEC DES RESTES DE PAIN ?

Dans *Les Recettes faciles*, Françoise Bernard propose de faire :
— une croûte au pot gratinée ;
— une panade fine ;
— du pain perdu ;
— un pudding au pain.
On peut aussi en faire :
— de la chapelure (cf. plus haut) ;
— des quenelles ;
— des croûtons frottés d'ail ;
— les mettre dans une farce ;
— et en exclusivité mondiale la recette de la « soupe au lait d'enfants » de ma maman : « rhâân, mais tu ne sais pas faire de la soupe au lait d'enfants… mais il n'y a pas à noter quoi que ça soit… c'est tellement simple… des morceaux de vieux pain dans l'assiette, on verse le lait bouilli, on laisse tiédir, une ou deux cuillerées à soupe de sucre que l'on saupoudre et c'est tout… tu ne vas quand même pas me dire qu'il faut noter ça ! Surtout avec les quantités que vous avez avalées petits… »

Il existe une variante plus soupe, moins sucre. On fait revenir quelques oignons au beurre. On incorpore en une seule fois le lait, on sale, poivre, on laisse cuire à feu doux, on verse sur des morceaux de pain rassis. En toute objectivité bien sûr, c'est moins bon !

C'est quand même mieux que d'en faire du pain pour la poubelle, non ?

Les épluchures

Toutes les épluchures ne sont pas bonnes à jeter, certaines sont bonnes à manger ! Les plus connues, citées dans presque tous les livres de cuisine, sont les fanes de radis ou de navets traitées en potages.

POTAGE AUX FANES DE RADIS

Éliminez les fanes jaunes ou flétries, lavez le reste, faites fondre un oignon dans un corps gras, ajoutez-y les fanes égouttées, une pomme de terre coupée, de l'eau, du sel et du poivre. Quelques minutes d'attente, un coup de mixeur et c'est prêt.

Mais il y a aussi ce qu'on peut faire avec le vert des poireaux coupé ultrafinement, comme dans les restos chinois, les épluchures d'asperge, les queues de cerise (pour faire des infusions diurétiques), les graines de potiron, les peaux d'aubergine, les gousses de fèves, les queues d'artichaut, les écorces d'orange, de citron confites…

ÉCORCES D'ORANGE CONFITES

Les acheter bio car les pesticides ne s'en vont pas au lavage.

Prévoyez le poids des écorces en sucre. Commencez par blanchir les écorces. Mettez-les dans l'eau froide, faites bouillir 5 minutes et recommencez deux fois. Faites un sirop avec le poids en sucre et le poids en eau, dès que ça frémit, plongez-y les oranges découpées en languettes. Laissez frémir 5 minutes ; éteignez, recommencez deux ou trois fois. Laissez reposer une nuit ou une journée et le lendemain, un dernier coup de chaud jusqu'à ce que les oranges deviennent translucides et c'est fini.

Avec des peaux d'orange et 0,50 €, on obtient de délicieuses friandises que l'on peut enrober de chocolat…

Les épluchures propres et lavées mélangées au mixeur peuvent faire de très bons veloutés de légumes… n'hésitez pas à faire des essais, au début en ajoutant systématiquement une ou deux pommes de terre, histoire d'épaissir et de lisser le goût…

Dans son livre *Les Épluchures, 10 façons de les préparer*[1], Sonia Ezgulian présente dix façons sophistiquées de les accommoder : écorces de melon vinaigrées aux oignons grelots, plats réalisés à partir de cosses de petits pois, de tiges de plants de tomates, de peau de pêche, de queues de persil… *Über smart*, non ?

1. Éditions de l'Épure, 2003.

Le nettoyage

Excellente nouvelle : trop nettoyer n'est pas bon pour le moral. Chaque semaine, devant la tâche à accomplir, vous le subodoriez mais désormais, vos intuitions sont confirmées par la faculté : des chercheurs anglais (*God save the Queen*) ont démontré que les bactéries ont un effet bénéfique sur notre humeur et qu'à trop faire le ménage, donc à les détruire, on affaiblit notre bonne santé mentale et physique. L'étude du professeur Lowry et de son équipe de neurochirurgiens « a été mise au point après que des patients cancéreux traités par les fameuses mycobactéries vaccae (qui vivent dans la poussière et dans la boue) ont fait part d'une amélioration de leur qualité de vie » nous dit Emmanuèle Peyret, dans *Libération* [1].

Hélas, « trop » nettoyer ne veut pas dire plus nettoyer, car entre l'application quotidienne d'eau de Javel et la vermine grouillante, il y a des nuances. Nettoyer avec mesure, sans obsession, en s'organisant et en répartissant les tâches est le quotidien d'une maison où il fait bon vivre.

1. « La poussière, nid de bonne humeur », *Libération*, 17/04/07.

Propre comme un sou neuf

Le ménage a un rôle préventif : non seulement il empêche la formation de bourrelets autour de la taille (c'est sportif), mais surtout, il permet lors d'un grand nettoyage annuel de vérifier l'état de la maison : fissures, décollage de papiers peints dus à une minifuite d'eau, invasion de mites, prise électrique qui se descelle… des réparations faciles à effectuer et à moindre coût lorsqu'elles sont prises tôt qui se transforment vite en catastrophes si on les néglige.

Avant de passer sous la douche, on se dévêt. À la maison, le principe est le même : avant de la laver, on la déshabille… que vous l'appeliez feng shui, nettoyage de printemps ou relooking, votre maison va prendre un coup de jeune et d'air en se débarrassant du trop-plein. Imaginez-vous à la télé, un coach arrive pour transformer votre maison, son premier geste : vider la maison du surplus, pour gagner de la place ou faire de l'argent (réveillez-vous, le rêve est fini ! Personne ne va le faire à votre place…). Moins il y aura de choses, plus vous aurez de temps libre : moins de ménage à faire puisqu'on n'a pas à épousseter la marquise en porcelaine qui est restée dans le magasin et pas à travailler plus pour la payer toujours.

Là encore, le but n'est pas de vivre dans un espace à la japonaise entièrement dénudé si on n'aime pas cela, mais d'avoir un intérieur qui correspond à son style de vie, avec des objets utilisés ou regardés. Quelquefois, on accumule tellement de choses qu'on en arrive à oublier qu'on les a même achetées et où elles sont (cf. p. 351). Alors autant les remettre dans le circuit : don, vente, troc…

Trier, c'est déjà commencer le rangement et presque le nettoyage. En triant, on définit mieux ce qu'il y a à faire :

— Si je donne des vêtements, je les lave par respect pour les personnes qui auront à les trier mais ne les repasse pas, car il y a de grandes chances que l'association les lave à nouveau et les repasse.

— Si je les vends : je les lave, les recouds, les repasse. Ils partiront plus vite et plus cher.

— Si les vêtements ne sont pas récupérables, je regarde leur composition :

• En coton, je les lave et les recycle en morceaux à la taille du patchwork que je suis en train de réaliser, en chiffon, en « lingette » écolos… je récupère les boutons s'ils me sont utiles par la suite (pour faire par exemple des bracelets en boutons, une housse de coussin avec une application de cœur remplie de boutons, des petits sapins à accrocher dans l'arbre de Noël, voire même, oh extravagance, remplacer un bouton manquant…), la fermeture Éclair si besoin...

• En laine, je les lave et les garde pour cirer les chaussures, pour lustrer les meubles, pour détricoter et recycler la laine si possible…

• Pas en matière naturelle, donc peu absorbants, je n'ai même plus besoin de les laver, je m'en sers une dernière fois pour retirer la graisse d'une grille de barbecue… et direction la poubelle.

Trier peut même devenir synonyme de rangement absolu : dans la chambre du petit dernier, quand tous les jouets sont dans la même boîte, la pièce est définitivement rangée ! Quand tous les journaux, les bouteilles vides ont été rangés dans les containeurs adéquats, tri égale rangement.

Et n'oubliez pas : ne jamais, jamais refuser une offre d'aide…

La liste

La maison est plus ou moins dépouillée de sa carapace, à la douche et au lavage…

Les produits d'entretien coûtent cher, mais avantageusement, on peut leur préférer des versions bon marché, écologiques, presque toujours aussi efficaces et moins agressives. Depuis 2004, le « règlement détergent » [1] oblige le fabricant à mettre à disposition du consommateur, habituellement sur Internet ou en téléphonant au numéro vert du fabricant, la liste de tous les composants d'un produit qui annonce une fonction de lavage et/ou de nettoyage. Par exemple, en cliquant sur le site du fabricant Henkel, vous apprenez que le Décap four confort est composé :

— d'eau ;
— de carbonate de potassium ;
— de PPG-2 méthylether ;
— d'éthanolamine ;
— de butane ;
— de propane ;
— de carbonate de calcium ;
— de cocamide MonoEthanolAmine ;
— de gomme de xanthane ;
— de silicate de magnesium ;
— d'isobutane ;
— de parfum.

Un lave-vitres, une crème à récurer pour les surfaces modernes, une poudre à récurer pour les casseroles, un liquide pour la vaisselle… sont composés de dizaines d'ingrédients. Si un produit d'entretien issu de la chimie de synthèse n'est *a priori* pas nocif pour son utilisateur (il est testé et retesté), on ne sait pour le moment pas grand-chose des interactions entre les différents produits, et les différents composants de certains produits. Pour tenter d'y voir un peu plus clair, depuis le 1er juin 2007 la réglementation Reach (enregistrement, évaluation, autorisation et restrictions relatifs aux substances chimiques) est entrée en vigueur au niveau européen. Pendant onze ans, elle va

1. N° 648/2004.

enregistrer et évaluer quelque 30 000 substances chimiques. En attendant les résultats, pourquoi ne pas opter pour un minimum de produits compatibles, moins nocifs pour la nature et qui ne grèveront pas le porte-monnaie ?

Mais ouvrons les placards, et voyons les listes de produits de nettoyage faites par nos deux témoins et qui complètent celles des ingrédients de la cuisine.

Entretien
Une personne seule
— Papier toilette
— Bougie
— Allumettes
— Savon de Marseille
— Éponge avec grattoir
— Mir en berlingot
— Vinaigre blanc
— Bicarbonate de sodium
— Une vieille brosse à dents
— Coton
— Piles électriques

Une famille de cinq personnes
— Papier toilette
— Liquide vaisselle
— Éponge avec grattoir
— Piles
— Bougies
— Produit récurant genre Cif
— Javel
— Pâte d'argile

Suivant la configuration de la maison, parquet ou moquette, meubles en bois ou en mélaminé, chacun peut écrire la liste des produits nécessaires et suffisants à l'entretien de son habitation. À vous de jouer…

« Rien ne semble plus simple que de dresser une liste, en fait c'est beaucoup plus compliqué que ça n'en a l'air : on oublie toujours quelque chose, on est tenté d'écrire etc., mais justement, un inventaire, c'est quand on n'écrit pas etc. »

Georges Perec, *Penser/classer*

Mais, si en ouvrant vos placards, vous vous trouvez devant une multitude de produits spécifiques, utilisez-les, en diminuant le plus possible les doses ! Là comme ailleurs, stocker ne sert à rien, les produits de nettoyage seront encore en vente demain et après-demain ! Le nettoyant spécial spécial surfaces modernes peut servir sur les surfaces anciennes… celui spécial carrelages de salle de bains dans la cuisine… il suffit de tester sur une petite surface. Le but est d'utiliser ce que l'on a en réduisant sa consommation ultérieure à des produits bon marché et multiusages. On gagnera de la place et de l'argent…

Les indispensables

Voici quelques articles efficaces, pratiques car répondant à des usages variés et surtout, *Savoir économiser* oblige, à prix modique.

• **Le vinaigre blanc**

Pour 0,40 €/l environ, le vinaigre blanc, pur ou dilué, est le meilleur allié de l'homme de ménage (tout le livre est au masculin. Il n'y a pas de raison qu'ici il n'en soit pas de même). Il désinfecte, désincruste, blanchit, détartre à peu près n'importe quoi.

Les arguments sonnants du vinaigre blanc

PRODUIT	COÛT	À REMPLACER PAR...	GAIN
Détartrant	2,05 € les 250 ml à utiliser par flacon ou demi-flacon à chaque détartrage	— Lave-linge et lave-vaisselle : faire un cycle court avec 1 l de vinaigre blanc. — Cafetière : moitié eau, moitié vinaigre blanc dans le réservoir d'eau. On fait passer en laissant un filtre dans la machine, puis on rince avec un passage d'eau et un nouveau filtre. — Bouilloire : on fait bouillir 75 cl de vinaigre blanc et on laisse agir. On rince à l'eau froide. — Pommeau de douche, robinets : on les laisse tremper dans un mélange d'eau et de vinaigre blanc. — Fer à repasser : remplir le bac de vinaigre blanc, mettre sous tension, rincer à l'eau, laisser s'évaporer.	Entre 0,85 et 1,85 €
Assouplissant	2,99 € le litre	25 cl de vinaigre blanc à la dernière eau de rinçage.	1 €
Lave-vitres	1,28 € le spray + 0,98 € la recharge de 200 ml	10 ou 20 cl de vinaigre blanc dans une bassine ou un spray.	0,88 €
Déboucheur d'évier	2,81 € pour deux utilisations	70 g de bicarbonate de soude dans le tuyau suivi de 25 cl de vinaigre blanc. Une fois la mousse partie, on verse un verre d'eau chaude, puis 5 minutes après, on laisse couler l'eau froide.	1,50 €
Dégraissant	Entre 1,89 et 3,49 € les 500 ml	Dégraisser avec une éponge imbibée de vinaigre blanc et du bicarbonate de soude.	1,50 €
Détachant anti-rouille	3,45 € les 100 ml	Enlève la rouille sur les vêtements, les outils (laisser tremper plusieurs jours).	3,35 €

• **Le bicarbonate de soude (ou de sodium)**

Curieusement, il est moins cher en pharmacie 2,60 € les 250 g qu'en droguerie (3,45 €) pour une qualité dite alimentaire. Biodégradable, non toxique, cette base qu'est le bicarbonate de soude produit une réaction chimique, une petite effervescence, lorsqu'il est mélangé à l'acide qu'est le vinaigre blanc. On ne mélange donc pas dans un récipient ces deux composants pour préparer à l'avance quelques potions miracles. Voici quelques-unes de ses fonctions :

— Désodorisant : laisser une coupelle avec du bicarbonate de soude dans le réfrigérateur ; saupoudrer le fond du lave-vaisselle en cas d'odeur tenace et laisser agir ; même chose pour la poubelle ou la litière pour chats ; 2 ou 4 cuillerées à café dans une vieille chaussette nouée à placer dans l'endroit à « sauver » : les chaussures, le tiroir, le placard…

— Décapant : bicarbonate au fond des casseroles brûlées, quelques gouttes d'eau pour faire une pâte et laisser agir ou faire bouillir 1 verre d'eau, 1/2 verre de vinaigre, 1 cuillerée à café de bicarbonate.

— Nettoyant : en mélange avec la poudre de lave-vaisselle (on utilise alors moitié moins de détergent) ou à la place d'une demi-dosette ; 1/2 tasse de bicarbonate de soude saupoudré sur la cuvette des WC, additionnée de 1/4 de tasse de vinaigre blanc, ça pétille, on laisse agir, on frotte, c'est propre et débarrassé des microbes… et les exemples sont sans fin puisque presque tout peut passer au décapage de cette poudre blanche.

En plus, et pour le même prix, le bicarbonate de soude :

— appliqué sur une brosse à dents blanchit les dents ;

— mélangé à la pâte, aide à faire gonfler les gâteaux ;

— agit sur la digestion (ce qui explique sa vente en pharmacie).

NICKEL !

• Le balai et son ramasse-bourrier (pelle en français).

• Le balai serpillière avec son seau serpillière ou le balai-brosse et sa wassingue (serpillière en français).

• Le plumeau électrostatique blanc si possible (pour voir à quel moment il convient de le laver à l'eau savonneuse).

• Des éponges.

• Chiffons faits main (dans du coton, de la laine, de la soie, du lin…).

• Un produit qui fait tout, style mini Mir.

• On peut ajouter le savon de Marseille, un produit multi-usage qui peut servir en dépannage à se laver soi, mais aussi le linge à la main ou râpé façon paillettes, en machine.

Les trois dispensables

• Les lingettes : hors de prix, et pas du tout écologiques.

• Les produits à l'ammoniaque, à l'eau de Javel, au vinaigre… autant acheter le litre du produit mis en avant et le diluer soi-même… cela coûtera au minimum dix fois moins cher pour la même proportion d'ammoniaque, de Javel ou de vinaigre…

• Les purificateurs ou autres « ambianceurs » d'odeur, surtout ceux à brancher sur la prise électrique qui envoient 24 heures sur 24 des parfums de synthèse…

Quelques arguments sonnants

PRODUIT	COÛT	À REMPLACER PAR	GAIN
Lingette	15 lingettes pour le sol à 3 €, soit 0,20 € par lavage de sol.	Une serpillière et de l'eau chaude, et de temps en temps, quelques gouttes de produit multi-usage quelconque sur les taches, en alternance avec un bouchon de vinaigre blanc en rinçage.	1,95 €
Produit parfumé	De 4,31 à 7,50 € le diffuseur + de 4,31 à 4,69 € la recharge.	De l'air, des plantes, éventuellement en cas de mauvaise odeur ponctuelle du bicarbonate ou une allumette brûlée.	De 4,31 à 7,50 € + De 4,31 à 4,69 €

PLANTES DÉPOLLUANTES

Les plantes humidifient et purifient l'air, certaines ont en plus la capacité d'absorber les différents polluants.

— Anthurium, avec ses fleurs roses, est un excellent filtrant du xylène et de l'ammoniaque.

— Le palmier *Areca*, du formaldéhyde et du xylène.

— Chlorophytum, avec ses deux tons de vert, du monoxyde de carbone.

— *Dracaena marginata*, ou dragonnier, du trichloréthylène.

— *Ficus benjamina*, du formaldéhyde.

— *Nephrolepis exaltata*, ou fougère de Boston, du formaldéhyde et du xylène.

— *Phoenix roebelenii*, du formaldéhyde et du xylène.

— *Rhapis excelsa*, de l'ammoniaque.

— *Spathiphyllum*, du formaldéhyde et du trichloréthylène.

Source : www.plantairpur.fr.

Ça va faire des euros

Classez par genre
Toutes les chaussures d'une même personne au même endroit, tous les parapluies regroupés, toutes les assiettes ensemble, ranger par type d'articles est la base pour ne pas avoir de doublons...

Quelques minutes de gagnées
Pour ne pas y passer des heures : le ménage se fait de haut en bas, car la poussière se dépose. Donc on commence par attaquer tout ce qui est en hauteur, les étagères, les cadres... avant de faire laver le sol, les marches du haut de l'escalier avant celles du bas ! Évidemment, il y a une exception : si les murs se dépoussièrent de haut en bas, ils se lavent de bas en haut.

Noir, c'est noir
Le savon noir nettoie les sols et aide à détacher le linge taché ou sali avant de le mettre en machine. On en badigeonne le col de chemise par exemple, les poignets, les coudes et, hop, en machine...

Entre les mains
Pour faire durer le plumeau électrostatique, le frotter entre ses mains avant la première utilisation.

Pattes en l'air
Les vieux collants sont pratiques pour dépoussiérer les plafonds, enfilés sur un balai. Ils ramassent toiles d'araignée et poussières déposées.

Il y a le ciel, le soleil et...
L'air, le soleil et l'eau sont les meilleurs des nettoyants, aérateurs et hygiénistes...

Les paillettes
Râpez un peu de savon de Marseille ou des restes de savon. Cela permet d'avoir sous la main de quoi faire une machine rapidement... on peut mettre les restes dans un vieux collant ou une housse à pastilles de lavage, on fait un nœud et on l'accroche au robinet intérieur ou extérieur. Toujours avec les restes, on peut fabriquer son savon : 100 g de savon râpé, 3 cuillerées à soupe d'eau ou d'eau de lavande ou d'eau de fleur d'oranger ou d'eau de rose, 5 g d'essence de citron ou de bergamote, du miel. On mélange les restes de savon râpé et les ingrédients et on fait chauffer (four à micro-ondes ou bain-marie) à feu très doux jusqu'à dissolution

complète. On verse le liquide obtenu dans des moules huilés et on laisse refroidir. Et c'est reparti pour un tour...

Lire l'avenir de la tuyauterie
Le marc de café (sans les filtres !) peut se jeter de temps à autre dans les canalisations. Cela nettoie les canalisations et prévient les remontées d'odeurs. Ne pas oublier de faire couler de l'eau ensuite, même de vaisselle pour que cela ne crée pas un bouchon tout sec.

Ça se lave
Oui, les éponges se lavent et ne se jettent pas dès qu'elles deviennent grises. Elles passent en machine pour celles de la cuisine et de la salle de bains (hors WC) ou on peut les laisser tremper une nuit dans un 1/2 litre d'eau et 25 g de sel.

Pile ou face
Pour prolonger la vie de son matelas, qu'il ait ou non une face hiver, une face été, on le retourne tous les six mois, en pensant à l'inverser au maximum : le côté gauche se retrouve à droite, le haut en bas. Pour s'y retrouver lorsqu'il n'y a pas de marques, on peut lui en faire une ou deux, un soleil ou un E pour été, un nuage ou un H pour hiver...

Les vitres

En janvier 1941, « alors simple soldat dans un Northumberland enseveli sous la neige, j'appris la nouvelle en frottant les carreaux du mess des officiers à l'aide d'un exemplaire vieux d'une semaine du Daily Mail. *Elle figurait en première page, éclipsée comme il se doit, par les bombardements de Plymouth.*

– Grands dieux, James Joyce est mort.

– Qui diable ? demanda un sergent.

*– Un écrivain irlandais. L'auteur d'*Ulysse.

– Ah ! c'est un livre cochon. Au boulot. »

Anthony Burgess, *Au sujet de James Joyce, une introduction pour le lecteur ordinaire*

Comme l'ont expérimenté les troufions sous toutes les latitudes, le meilleur accessoire du laveur de vitres est la boule de papier journal. Et journal ne veut pas dire magazine publicitaire ultracoloré distribué dans les boîtes aux lettres. On prend une feuille, la trempe comme une éponge dans un mélange d'eau et de 1 ou 2 cuillerées à soupe de vinaigre blanc par bassine, on l'essore toujours comme une éponge, et à l'attaque. Les vitres sont parfaites et les mains noires, mais il suffit de les laver au savon pour faire disparaître les marques. Pour ceux qui ne lisent pas, on peut faire un mélange eau + vinaigre blanc dans un vaporisateur et s'en servir avec un chiffon en coton. Le produit vitres hard discount en 1 l est en moyenne à 1,40 €. Le produit à vitres maison écologique et sans emballage ni transport revient à quelques centimes...

€ Le four à micro-ondes
Une éponge imbibée d'eau et avec quelques gouttes de produit multi-usage ou vaisselle. On met en marche pendant 2 minutes, le temps que la vapeur se dégage et envoie les particules sur les parois du four puis on lave.

€ La goutte de lait
Pour finir un cirage desséché, versez-y quelques gouttes de lait tiède. La pâte redeviendra souple et s'étalera facilement.

€ Immangeable
Le très vieux bois étant très sec, les vers à bois ne peuvent l'attaquer. Il n'y a donc guère besoin de le traiter.

€ « La rouille aurait un charme fou
Si elle ne s'attaquait qu'aux grilles »
(Maxime Le Forestier)
Pour éviter que la rouille ne se propage, dès qu'il y a une éraflure sur le frigo, le lave-linge, le lave-vaisselle... on couvre d'un petit peu de peinture. Les pointilleux iront jusqu'à polir avec un produit le lustrage.

€ Se faire brosser
Les vieilles brosses à dents servent pour nettoyer les endroits impossibles à joindre : derrière les robinets, entre les rails des radiateurs, les chaussures en toile... elles sont bonnes à tout.

Le grand ménage

De temps en temps, il y a « grand ménage », ce que l'on appelait au temps jadis le grand nettoyage de printemps. Pendant ces deux ou trois jours, la maison est sens dessus dessous, aérée aux premiers rayons de soleil, nettoyée et revigorée. On en profite pour inspecter les literies, les contenus des placards, ranger les vêtements d'hiver et retrouver ceux d'été... comme il y a beaucoup de boulot, tout le monde doit participer, car il n'y a pas de loi qui stipule qu'une femme qui travaille toute la journée doit en plus faire le ménage pendant tout un pont en mai. Les enfants sont en général contents de faire des activités avec leurs parents. Là, cela en est une ! Plus ils y auront participé tôt, plus cela leur paraîtra une évidence à ne pas remettre en cause (pas avant l'adolescence en tout cas). On peut essayer de transformer cette épreuve sportive en événement sinon joyeux, au moins agréable. On peut décider de pique-niquer dehors ou avec des sandwichs à l'intérieur, autoriser le non-lavage pendant deux jours (sauf les dents), se dire que chacun dort où il veut, qu'on regardera un film tous ensemble dans une pièce qui n'aura pas été rangée, salle de bains ou cave, grenier ou entrée et qui sera découverte ainsi pour la première fois. On peut faire une raclette ou une fondue, un truc pas compliqué qui marque la fin de la saison de ce type de plats… on en profite pour faire le tri dans les vêtements, se débarrasser de ce qui est devenu inutilisable, pour commencer à pratiquer les échanges entre membres de la famille… (Ne pas oublier le salon avec les CD, les DVD, les livres…) et orienter vers le don, le troc ou la vente…

La vaisselle

« Un cauchemar ?
La vaisselle, c'est le cauchemar de nombreuses ménagères. Mais si vous savez vous organiser, vous ne redouterez plus cette besogne inévitable… »

Petit guide de la ménagère

Alors machine ou pas ? Les différentes associations environnementales donnent quelques chiffres sur la consommation de l'eau : à la machine, enfin sur une machine récente, la consommation est de l'ordre de 30 litres d'eau, voire sous les 10 litres pour les ultrarécentes et à la main, de 40 litres. Alors vainqueur la machine ? Non, les 40 litres d'eau correspondent à une vaisselle lavée sous le débit de l'eau courante, pas en bassine, car là, la consommation tombe à la taille de la bassine ! Sans parler de l'énergie, ni de l'investissement (600 € pour une machine économe contre 6 € pour deux bassines).

À la main

Le bon ordre : la vaisselle à la main économe demande deux récipients, soit deux bassines, soit deux bacs, soit un bac, une bassine. L'un pour le lavage, l'autre pour le rinçage. Dans la première, on lave les verres sous l'eau qui remplit la bassine (à ce stade, on n'a pas besoin de détergent, ce qui tombe bien, car les verres sont en contact direct avec la bouche) puis on met quelques gouttes de détergent dans l'eau et on continue par les soucoupes, tasses, assiettes, couverts et on y laisse les plats, puis les casseroles à tremper, bref on va du moins sale au plus sale ou du moins gras au plus gras. Dans la deuxième bassine ou bac, on rince dans le même ordre, sauf les verres qui n'en ont pas besoin.

À la machine

En cas d'achat neuf, il convient de prendre en compte les dépenses énergétiques et en eau des lave-vaisselle (cf. www.guide-topten.com déjà cité), et si le compteur EDF a une programmation heures creuses ou Tempo, de bien vérifier qu'il possède une commande à démarrage différé.

On se souviendra de :

— Vérifier que le lave-vaisselle est plein avant de le mettre en marche et de choisir le cycle approprié à la tâche, voire opter pour le cycle « Séchage à l'air » si la machine en est équipée.

— Ne pas rincer la vaisselle avant de la placer dans le lave-vaisselle. Les nouveaux modèles ne requièrent pas cette précaution.

— Penser à nettoyer régulièrement le filtre : il durera plus longtemps et consommera moins d'énergie.

Le linge

La lessive

Elle dépend de plusieurs facteurs : la dureté de l'eau, la nature des taches, la température de l'eau… quand on achète un appareil neuf, on nous donne souvent un petit testeur, une languette de papier à tremper dans l'eau et dont la couleur se modifie suivant la dureté de l'eau, charge alors d'adapter sa consommation de détergent à celle-ci.

Essayons de regarder d'un œil neuf la lessive, eh oui, même la lessive. Vous utilisez telle marque parce que votre mère l'utilisait, parce que la pub vous a plu, parce que la boîte est jolie… oubliez ! Vous suivez à la lettre les indications sur le paquet de lessive et mettez deux pastilles dans votre lave-linge… oubliez.

Là comme ailleurs, vous allez tenter de nouvelles expériences : changer de lessive pour une moins chère, diminuer les doses jusqu'à trouver celle qui convient à votre type de linge… C'est vous seul qui êtes juge de ce qu'est un vêtement lavé pour vous. Par exemple, là où le fabricant préconise deux pastilles, on a vu des cas où 1/4 de pastille fonctionnait pour l'entière satisfaction de la maîtresse de maison qui avait un linge moins raide.

Pourquoi ne pas non plus essayer les noix ou les boules de lavage, voire les balles de tennis usagées qui pour certains font très bien l'affaire… Là encore, il suffit d'essayer ! Évidemment, sur un maillot taché de sang, d'herbe, de goudron, de café et de vin et abandonné depuis six mois au fond du panier à linge, une lessive à 30 °C avec 1/4 de pastille ou les seules noix de lavage, cela ne donnera pas un blanc éclatant, mais il est rare que vous alliez pique-niquer sur l'herbe non loin d'un site de marée noire, en vous coupant le doigt pour déboucher une bouteille de vin rouge, tout en faisant tomber le thermos de café qui écrase l'œuf… changez d'activité, pas de méthode de lavage…

La lessive d'une même marque se présente sous plusieurs formes, mais pas au même coût unitaire (les minidosettes de liquide ne sont pas référencées ici parce qu'elles ne sont pas économiques d'utilisation, à chaque lessive, on est obligé d'en mettre une entière et on ne peut pas les doser...). Sur une année, avec par exemple 0,10 € de différence et multiplié par 2 machines par semaine, cela fait 10,40 € de gain pour cette marque-ci si on utilise le concentré liquide plutôt que la tablette. Et sur 6 machines par semaine, 31,20 €...

EXEMPLE AVEC LA MÊME MARQUE DE LESSIVE	PRÉCONISÉE POUR	PRIX DE VENTE	PRIX D'UNE LESSIVE	% D'AUGMENTATION PAR RAPPORT AU 1er PRIX
Liquide	25 lessives	9,18 €	0,36 €	
Recharge liquide	20 lessives	7,12 €	0,36 €	
Concentrée liquide	20 lessives	7,42 €	0,37 €	+ 2 %
Poudre	27 lessives	11,98 €	0,44 €	+ 22 %
Lessive en tablette	16 lessives	7,49 €	0,47 €	+ 30 %

Ça va faire des euros

Température
Une grande partie de l'énergie est utilisée pour chauffer l'eau. C'est donc chauffer l'eau qui coûte cher : à 90 °C, la machine consomme trois fois plus qu'à 40 °C et c'est bien souvent inutile. Si c'est une question de bactéries, 60 °C suffisent pour les éradiquer.

Prélavage
Pas de prélavage = 15 % de consommation d'énergie en moins.

Heures creuses
Avec un tarif EDF Tempo ou heures creuses, affichez les horaires pendant lesquels faire tourner la machine coûte moins d'argent... le samedi, le soir ? En faisant basculer d'une journée on peut gagner quelques dizaines d'euros en fin d'année.

Usure du linge
Plus l'eau est chaude, plus il y a de détergent, plus le linge s'use rapidement.

Pesez
Gardez une vieille balance (sans piles) près du lave-linge et pesez votre linge pour remplir au maximum. Mieux vaut attendre un jour pour être sûr d'avoir un minimum de 5 kg que de faire une machine à 4 kg... surtout si elle n'a pas de touche écocharge. Donc prévoir deux ou trois tee-shirts supplémentaires pour patienter jusqu'à la prochaine machine...

Lavez plié
Cela permet de mettre plus de linge dans le tambour et il sera moins difficile à repasser.

Machines à chargement frontal
Elles consomment en général moins d'énergie.

Textiles délicats
Placez les textiles délicats dans une taie d'oreiller pour ne pas les abîmer.

Fermetures
Fermez les fermetures Éclair pour que les deux côtés se détendent de la même manière.

Filtre
N'oubliez pas de nettoyer le filtre du lave-linge.

Détachez
En cas de taches importantes, on peut les traiter avant de passer à la machine (avec du savon noir par exemple, écolo et bon marché) ou faire tremper son linge.

Claudel a oublié l'essentiel
Pour nettoyer les souliers de satin, il faut les frotter successivement avec deux tampons de coton imbibés d'alcool avant de les essuyer.

Noir, c'est noir
Pour conserver la couleur noire des vêtements, trempez-les avec des feuilles de lierre ou de noyer ou ajoutez quelques gouttes de décoction de ces feuilles dans l'eau de rinçage.

Et le pressing ?

Au pressing, on peut non seulement faire nettoyer vêtements et tapis mais aussi laisser du linge à laver au poids qui sera rendu soit simplement séché (aux alentours de 3 € le kg lavé/séché), soit séché et repassé.

À noter qu'une chemise d'homme coûte moins cher à faire nettoyer qu'un chemisier de femme ou un corsage, 3,80 € contre 6,70 €, tandis qu'un costume coûtera plus cher qu'un pantalon et une veste dépareillés, 12,50 € contre 12,40 € ! Vérifiez les prix auprès de votre pressing.

Sécher le linge

Gratuit

Séchez les vêtements sur une corde à linge à l'extérieur, c'est écologique, gratuit, cela donne une bonne odeur et en cas de soleil, c'est une désinfection assurée. L'hiver, surtout si l'air de la maison est très sec, on peut suspendre le linge au moment du coucher, il humidifiera l'air ambiant et contribuera au confort de la maison.

Pour se faciliter le travail :

— Claquez le linge avant de le suspendre et étirez-le, il nécessitera moins ou pas de repassage.

— Retournez les vêtements de couleur à l'envers avant de les faire sécher au soleil et placez ceux aux couleurs délicates à l'ombre.

— Ajoutez une poignée de gros sel à la dernière eau de rinçage pour empêcher le linge de devenir tout raide sur le fil.

Payant

Si vous avez absolument besoin d'une machine sèche-linge (vous vivez sans fenêtre, sans balcon, sans cour, sans jardin, sans cabine de douche… tous les endroits où on peut installer un bon vieil étendoir), les machines à évacuation consomment moins que celles à condensation. De toute façon, les sèche-linge sont beaucoup plus gourmands en énergie que les lave-linge, deux à trois fois plus en moyenne, surtout pour les modèles anciens où on ne parle plus de gourmandise mais de voracité.

Ça va faire des euros

€ Essorez le linge au maximum.

€ Nettoyez le filtre régulièrement.

€ Remplacez la lingette adoucissante par un carré d'éponge trempé dans un mélange d'adoucissant et d'eau. On le tord pour qu'il ne soit pas détrempé avant de le placer dans le sèche-linge et on recommence...

€ Récupérez l'eau du sèche-linge comme eau déminéralisée pour le fer à repasser.

Repassage

« N'oubliez pas que toute action matérielle bien conduite doit se traduire, en définitive, par une économie d'argent. L'économie de temps, l'économie des forces, sont en réalité aussi des économies d'argent. »

L'Art ménager, 1963

Bonne nouvelle, on n'est pas obligé de le faire debout ! Rebonne nouvelle, le repassage est à la portée de n'importe qui. Rerebonne nouvelle, on n'est pas obligé de tout repasser (« l'économie de temps, des forces sont en réalité des économies d'argent ») : si certains veulent des draps sans l'ombre d'un pli, expliquez où se trouve le fer à repasser. Aucune compétence particulière n'est exigée pour tenir la poignée d'un fer à repasser et le faire circuler de haut en bas et/ou de bas en haut sur un morceau de tissu plat...

Ça va faire des euros

De plus à moins
Si le fer met longtemps à s'échauffer ou à se refroidir, on profite de la mise en route et de la fin pour repasser les tissus fragiles.

À l'envers
Repassez les vêtements à l'envers pour moins les abîmer, les ourlets ne marqueront pas, le velours et les broderies seront mieux dessinés.

Humide
Repassez le linge encore souple de l'humidité (ce qui ne veut pas dire trempé), le repassage durera moins longtemps et demandera moins de force pour aplatir les plis.

Le dessous de la pile
Pliez et rangez le linge en dessous de la pile. Cela permet de faire faire une rotation au linge. Si vous portez toujours la même chose, cela vous montrera l'inutilité de vos précédents achats...

Dans les placards : vêtements, toilette, réserve à cadeaux

L'armoire à vêtements

Par le vêtement, se sont longtemps affichés le niveau de vie, le rang dans la société, le pouvoir et la fonction. Si cela reste vrai pour certains, la grande majorité peut faire avec des vêtements de base, corrects et discrets au quotidien : les jeans sont acceptés partout, ceux d'occase aussi bien que ceux à 300 € pièce et il est devenu de bon ton de mélanger les genres : du classique avec une pièce fantaisie, du sobre avec de la couleur, du neuf avec du vieux, du très vieux avec du moins vieux.

Ah, si les vêtements n'étaient pas aussi liés à la séduction, comme la raison serait plus facile à garder devant une jupe, une veste ou un costume quelconque…

La nature ayant, paraît-il, horreur du vide, plus les armoires, les dressings, les placards... sont spacieux et nombreux, plus on a tendance à acheter de choses pour pouvoir les remplir ! Avant d'acquérir un rangement supplémentaire, si on faisait le tri ?

PIQÛRE DE RAPPEL

Une douzaine de questions avant de succomber aux charmes d'une veste en daim à franges, d'une étole en cachemire ou d'une robe de grande marque pour une fillette de 4 ans...

— Est-ce que je ne l'ai pas déjà ?

— En ai-je besoin ?

— Est-ce que je peux utiliser, réparer ou customiser ce que j'ai déjà ?

— Puis-je faire autrement ?

— À quand remonte la dernière fois où j'ai regretté de ne pas avoir cet objet ?

— Est-ce que cela va me faire gagner de l'argent ?

— Est-ce que cela me coûte de l'argent de ne pas acheter ?

— Combien est-ce que ça me coûte de l'acheter ?

— Si j'achète, est-ce que je pourrais le revendre facilement ?

— Est-ce que j'ai l'argent ?

— Combien de temps de travail cela représente-t-il ?

— Quelle part de mon budget loisirs (hors maison, nourriture, transport, impôts, assurances, éducation, santé) cela va-t-il représenter ?

Reprenons quelques points...

Est-ce que je ne l'ai pas déjà ?

On fait le tour des placards ! Une bonne façon de redécouvrir les merveilles de ses armoires est de les classer autrement. Plutôt que de ranger les manteaux avec les parkas, les pantalons avec les pantalons et les pulls avec les pulls, une manière différente d'appréhender sa garde-robe est de la ranger, comme dans les boutiques, par couleur. En prévoyant un peu de temps pour ne pas transformer l'exercice en course contre la montre, la méthode la plus efficace consiste à sortir les vêtements des placards et à en faire des tas, quel que soit l'article, avant de les suspendre à nouveau couleur par couleur. On arrive ainsi à mieux cerner les tons vers lesquels on est naturellement attiré, *a contrario* à isoler ceux qui ne nous conviennent pas (non, ce pull caca d'oie porté deux fois et oublié n'était pas une bonne idée). On redécouvre l'ampleur de sa garde-robe, constate qu'on est attiré souvent par le même type de tenue. Alors, plutôt que d'acheter un xième tee-shirt rouge, sa couleur préférée même d'occase, on hésite et on pense qu'un blanc serait plus judicieux. Cela permet aussi de redonner un coup de jeune aux contenus des armoires en imaginant de nouvelles associations, de nouveaux mélanges de tons. C'est un moyen tout simple de découvrir de « nouvelles » tenues, sans avoir à dépenser un centime.

Si on a réussi à isoler une teinte préférée, pourquoi ne pas teindre les pièces aux couleurs passées et les erreurs d'achat (ouaips, ce pull caca d'oie) dans la même tonalité ? Naturellement en préparant ses propres décoctions ou en utilisant du colorant type Dylon ou Idéal. On peut aussi en profiter, par exemple, pour appareiller des draps qui n'avaient pas grand-chose en commun et leur donner un fond de ressemblance ou raviver une housse de canapé…

On en profite, bien sûr, pour se débarrasser par les moyens habituels (don, échange, vente) de ce dont on n'aura plus l'utilité.

En ai-je besoin ?

« Je n'ai rien à me mettre » ne veut pas dire « j'en ai besoin » ! (mantra à répéter le plus souvent possible)

Lorsqu'on économise, on cherche à limiter ses achats. Avant d'acquérir ce drap en super soldes, savez-vous combien vous en avez ? Et de combien vous en avez besoin pour faire tourner la maison proprement ? Lorsque les internes partaient en pension, on leur remettait la liste du trousseau de base pour tenir une année. La place dans les tables de nuit étant limitée, l'uniforme de rigueur, le linge lavé une fois par semaine ou tous les quinze jours, chaque pièce de tissu se devait d'être efficace. Pourquoi ne pas s'en inspirer pour visiter ses propre armoires ?

Le trousseau de base en linge de maison

Le trousseau de base en linge de maison pour une personne est relativement simple. En partant du principe que ce qui n'est pas utilisé est soit au lavage, soit dans l'armoire, les articles nécessaires sont simplement à multiplier par deux.

Pour une personne
— 2 serviettes de toilette
— 4 gants
— 2 serviettes de table
— 2 taies d'oreillers
— 2 draps de dessus ou housses de couette
— 2 draps de dessous ou draps-housses
— 1 ou 2 couvertures et/ou couette

Pour un couple partageant le même lit
— 4 serviettes de toilette
— 8 gants
— 4 serviettes de table
— 4 taies d'oreillers
— 2 draps de dessus ou housses de couette
— 2 draps de dessous ou draps-housses
— 1 ou 2 couvertures et/ou couette

Si les placards en abritent plus, deux solutions :
— On les met à part, pour les redécouvrir et les utiliser ultérieurement. Se pose alors la question existentielle : « J'use d'abord les moches pour garder les beaux ou je profite des beaux maintenant avant de finir les moches ? » Un conseil : utilisez les beaux en premier, les goûts (et la mode) changent…
— On les utilise en alternance. Comment ? Après chaque lavage, on place le linge propre en dessous de la pile et non au-dessus. Il se fera une rotation naturelle, capable d'assurer l'utilisation de tous les articles. En plus, le poids du linge repasse quasi naturellement celui de dessous. C'est magique !

Du stock de linge va dépendre la rotation des lessives, mais dès que la famille est nombreuse, on peut diminuer sa quantité de linge de maison.

Avec cinq paires de draps pour quatre enfants, au lieu des deux par personne préconisés, on peut changer les draps de tous régulièrement, tout en s'octroyant une semaine de battement pour le lavage, séchage. Et puis quand on est à la recherche du moindre espace libre dans une maison exiguë, cela fait trois paires de moins à entreposer dans les placards !

Imaginons que nous devions équiper les lits de quatre enfants, et ce en changeant les draps une fois toutes les quatre semaines (le système est le même pour toutes les fréquences, quinzaine, trois semaines, deux mois...), voici ce que cela donnerait.

La rotation de la literie

	S 1	S 2	S 3	S 4	S 5	S 6	S 7	S 8	S 9	S 10	S 11	S 12	S 13	S 14	S 15	S 16	S 17	S 18	S 19	S 20	S 21	S 22
Mélanie	1	1	1	1	2	2	2	2	3	3	3	3	4	4	4	4	5	5	5	5	1	1
Justine	4	5	5	5	5	1	1	1	1	2	2	2	2	3	3	3	3	4	4	4	4	5
Jonathan	3	3	4	4	4	4	5	5	5	5	1	1	1	1	2	2	2	2	3	3	3	3
Eugénie	2	2	2	3	3	3	3	4	4	4	4	5	5	5	5	1	1	1	1	2	2	2

S = semaine
Ex. : S 6, il s'agit de la sixième semaine.
1 à 5 désignent les 5 parures de lit utilisées par les quatre enfants sur 5 mois.

On peut se créer sa propre liste de « trousseau » pour les vêtements d'hiver et d'été. Elle facilite grandement la tâche et permet de partir de ses besoins, ni des « occasions à saisir », ni de l'envie, ni de la mode. Une fois que l'on aura défini que le garçon de 10 ans peut tourner avec quatre pantalons, on se pose moins de questions.

« Je n'ai rien à me mettre » ne veut pas dire « j'en ai besoin », pour ceux qui auraient oublié de lire la première ligne de ce paragraphe.

Et pour le travail ?

On peut avoir besoin de tenues bien spécifiques, éloignées de celles que l'on aime porter chez soi. Dans ce cas, autant minimiser leur importance pour pouvoir s'orienter vers les vêtements qui plaisent le plus.

Comment faire avec le minimum pour changer tous les jours d'apparence ? Avec :

— deux costumes ou tailleurs coordonnés : noir et gris par exemple ;

— 2 paires de chaussures noires ;

— un jean, accepté dans presque toutes les entreprises (lorsqu'il est combiné avec un blazer ou une veste habillée, celle du costume ou du tailleur) ;

— un pantalon ou jupe à motifs noirs, blancs ou gris (rayures discrètes pour les pantalons, géométriques pour les jupes afin qu'on ne la remarque pas trop, ce qui est bien le premier jour, difficile les centaines de jours suivants…) ;

— quelques chemises : bleues (ciel, franc, pétrole…), blanches, aux couleurs coordonnées ;

— quelques pulls à col roulé pour l'hiver ;

— quelques écharpes, foulards, cravates… et pour les femmes, bijoux ;

On peut y arriver.

Au chapitre *Où acheter ?* (voir p. 45), on trouvera quelques pistes pour remplir ses placards, mais on peut signaler aussi quelques sites de vêtements de marque à prix réduits : www.brandalley.fr et www.rushcollection.com classés par type de produits, www.yoox.com classés par marque… et se souvenir que les prix des catalogues ne sont pas ceux auxquels on achète les articles ! Il suffit d'attendre la promo et elle vient toujours pour bénéficier de 20, 25, 50 % sur une partie des articles, sur la commande…

Est-ce que je peux utiliser, réparer ou customiser ce que j'ai déjà ?

En sortant les vêtements des placards et en les classant par couleurs, on les a regardés sous un nouveau jour, on s'est peut-être même recréé des tenues. On persiste avec les accessoires. Peut-on leur trouver une nouvelle destination ? Se servir d'une broche en pendentif en la faisant tenir sur un lien ? Mélanger des bracelets sur un thème de couleur, ou de forme ? Oser une boucle d'oreille trop chargée en

S'habiller pour le bureau

SEMAINE 1					SEMAINE 2				
LUNDI	MARDI	MERCREDI	JEUDI	VENDREDI	LUNDI	MARDI	MERCREDI	JEUDI	VENDREDI
Veste noire	Veste noire	Veste grise	Veste noire	Veste Noire	Veste grise	Veste grise	Veste noire	Veste grise	Veste grise
Haut blanc	Haut gris	Haut noir	Haut gris	Haut noir	Haut blanc	Haut noir	Haut couleur jean	Haut blanc	Haut couleur jean
Pantalon ou jupe noir	Pantalon ou jupe noir	Pantalon ou jupe noir	Pantalon ou jupe gris	Jean	Pantalon ou jupe gris	Pantalon ou jupe gris	Jean	Pantalon ou jupe noir	Pantalon ou jupe gris
Chaussures noires	Chaussures noires	Chaussures noires	Chaussures noires	Chaussures noires	Chaussures noires	Chaussures noires	Chaussures noires	Chaussures noires	Chaussures noires

broche ? Bref, approcher différemment sa boîte à bijoux. Pour trouver des idées dans l'air du temps, les catalogues de vente par correspondance et les magazines féminins font de bonnes sources, et pour le reste, imitez Jean-Paul Gaultier ! Il l'a dit à longueur d'interviews : son inspiration c'est la rue, alors on fait comme lui, on regarde ce qui se porte (www.styleandthecity.com), et surtout ce qui nous plaît dans ce qui se porte…

Le mot réparer a différents synonymes : repriser, recoudre, refaire… Même les plus mauvais élèves pourraient apprendre à faire une reprise, seule la taille des doigts pourrait être un obstacle. C'est ultrasimple. Ça permet de doubler la vie des chaussettes et de s'occuper les mains devant la télé…

> *« D'ailleurs, ce n'a jamais été bien, de raccommoder des vêtements. Jetez-les quand ils ont des trous, et achetez-en des neufs. "Plus on reprise, moins on se grise." c'est bien ça, n'est-ce pas ? Raccommoder c'est antisocial. »*
>
> Aldous Huxley, *Le Meilleur des mondes*

2. — Reprise croisée sur trou.

Larrousse ménager illustré, 1926

Avant de programmer la mort d'un vêtement, surtout d'un basique que l'on aime bien, a-t-on essayé toutes les techniques de réanimation possibles ?

La remise à la taille

Rétrécir ou élargir un vêtement pour suivre au mieux les courbes de son propriétaire, rallonger un pantalon, une jupe… quelques sites pour apprendre le b.a.ba de la couture : http://leconscoutureenl.canalblog.com/ et en anglais http://www.sewing.org/ avec patrons, explication des points de base… et les magazines comme *Modes et Travaux*, *Prima*, *Burda*…

La customisation

Customiser veut dire personnaliser un objet quelconque : du vieux tee-shirt aux couleurs fanées au jean en passant par la saharienne, le meuble de cuisine ou les bottes en caoutchouc. Pour ne pas dépenser plus d'argent en accessoires de customatisation, perles, rubans, pochoirs, peintures spéciales, écussons, boutons fantaisie… on se constitue d'avance ses propres réserves. Comment ? en conservant les boutons, les rubans en tissu entourant les cadeaux offerts, des morceaux de tissu aux jolies couleurs, une boucle d'oreille rescapée d'une paire, une broche cassée, des perles de colliers sans fermoirs, de vieux badges… bref, tout ce qui peut se recoudre, recoller quelque part, car le but n'est pas dépenser des fortunes dans des merceries sophistiquées en perles, plumes et colifichets. Avec des aiguilles, du fil, de la colle, on donne ainsi un coup de jeune à sa garde-robe à moindre frais. Pour trouver des idées, un livre, *Customiser tout ce qu'il y a dans mon placard*[1], d'Anne Hubert et Pauline Ricard-André et un site : http://glamcusto.canalblog.com.

La teinture

Cf. plus haut.

1. Marabout, 2005.

Puis-je faire autrement ?

Oui, si la question complète est : puis-je faire autrement que d'acheter neuf ? Prenons l'exemple d'un nouveau-né, le premier d'une famille, sans héritage de la garde-robe complète d'un aîné. Il faut bien le vêtir et souvent ! Il va changer cinq fois de tenue en treize mois, de 0 à 3 mois, de 3 à 6 mois, de 6 à 9 mois, de 9 à 12 mois, de 12 à 18 mois, au prix du neuf, cela représente, entre les sous-vêtements, les grenouillères, etc. et les rechanges, un budget conséquent, même si l'on achète au prix plancher. La solution la plus économique est de récupérer des vêtements d'occasion ou d'arpenter un vide-grenier où les vêtements sont vendus entre 0,50 € et 1 € pièce.

Pour un adulte évidemment, la réponse est la même. Oui, on peut faire autrement que d'acheter neuf et, la plupart du temps, d'acheter tout court. Il suffit d'ouvrir les placards.

Combien est-ce que ça me coûte de l'acheter ?

Un vêtement nécessitant le pressing coûte plus cher que celui qui se lave en machine à 30 °C et un vêtement clair se salit plus vite qu'un foncé. Comme le but de l'achat est quand même de porter, et le plus souvent possible, le vêtement en question, on n'oubliera pas que le pantalon beige en soldes risque de coûter plus cher en entretien que le pantalon marine lavable en machine et pas en soldes !

Ça se lave tous les combien le linge ?

Plus on utilise, plus on use, moins on fait d'économies.

Donc, plus j'utilise et use les muscles de mon cerveau, moins j'économise ?

Faux, faux, archi-faux !

C'est même l'inverse : plus on utilise son cerveau, sa mémoire, ses muscles, plus on fait d'économies, mais plus on utilise les choses, plus on les abîme, moins elles se conservent… ça ne s'use que si l'on s'en sert !

Certains vont laver leur jean tous les jours [1], soit à 600 g en moyenne le poids du jean, par sept jours, 4,2 kg de vêtements par semaine… Oui, vous avez bien lu, ce pantalon en coton épais, à l'origine vêtement de travail et de protection pour les ouvriers et les fermiers américains, traité comme de la lingerie en contact direct avec les fluides corporels ! Sans parler des dépenses d'eau, lessive, énergie pour la machine et le repassage éventuel, voire sèche-linge, de l'achat et du stockage d'un nombre conséquent de jeans pour pouvoir faire la rotation, de leur usure accrue… Imaginez la perte de temps, totalement improductive, que toutes ces actions entraînent… Et à fréquenter des gens qui n'en changent que tous les dix-quinze jours, voire beaucoup plus, vous sentirez que justement, ils ne dégagent pas d'odeur particulière !

Il y a les sous-vêtements qui demandent un lavage fréquent, et les vêtements portés à même la peau, plus précisément à même les aisselles et pour certains à même les pieds (dans les années 1920, il était recommandé de laver les bas deux fois par semaine en hiver, trois fois en été) ; et le reste. Lorsqu'il n'y a pas de taches, pas d'odeurs, pas de poussières… il n'y a pas de raison à se fatiguer à changer de gilets par exemple ou de jean. Il n'y a pas non plus de raison de ne pas les suspendre en entrant, l'un sur un cintre ou au dos d'une chaise pour qu'il ne se déforme pas, l'autre à un cintre pour que les plis s'estompent…

Une machine en moins, une heure de repassage en moins, c'est autant d'argent (eau, énergie, matériel) et de temps récupéré pour faire autre chose.

Est-ce que j'ai l'argent ?

On n'achète pas quand on n'a pas l'argent ! La règle de base des achats « plaisir » est gravée encore plus profond dans le marbre lorsqu'il s'agit de vêtements. « *La jeune fille n'achètera qu'au comptant et ne portera que des toilettes*

1. On ne parle pas ici de ceux qui ont des métiers salissants et l'utilisent comme vêtement de travail.

payées. Acheter d'abord et songer ensuite à se procurer de l'argent pour payer, c'est le premier pas vers la ruine » serinait le manuel *Notions d'économie domestique* au début du XXe siècle. Un siècle plus tard, cela reste vrai aussi bien pour les filles, jeunes ou moins jeunes que pour les garçons. Dépenser de l'argent, pourquoi pas, sauf si à un moment ou un autre, ça crée des problèmes, ça empêche de dormir et ça mène à « la ruine » !

Faire un crédit revolving ou utiliser la carte de crédit d'un magasin à 15 ou 20,57 % pour faire les soldes qui proposeront des articles avec 30 % de remise est une manière inélégante (le manque de réflexion n'est pas élégant) de perdre de l'argent ! En règle générale, les vêtements ne sont jamais, mais alors là jamais un « investissement », sauf pour attraper un(e) milliardaire dans un hôtel de luxe, mais cela se fait rembourser au titre de frais professionnels par des professionnels !

Ça va faire des euros

Dans de beaux draps

Une soirée, un grand repas familial, pensez à de vieux draps pour faire des nappes, éventuellement teints... ou dans les vide-greniers, regardez ce qui est le moins cher des draps ou des nappes...

Eh oui, une de plus

Faites une liste des articles manquants avec leur taille éventuellement. Exemple : je cherche des serviettes de table en coton, couleur bleu ou n'importe quelle couleur mais avec des fleurs... cela permet de pouvoir à chaque fois que l'on passe devant un magasin, repérer les prix et faire son étude de marché.

Faire des échantillons de couleur

Vous cherchez à faire un rideau de 1,20 x 1,60 m pour aller dans une chambre de fille au mur peint en rose, soit vous peignez un carton avec le restant de rose du mur, soit vous trouvez sur une pub d'un magazine, d'un prospectus... le rose le plus approchant. À garder précieusement.

€ Le coup de...
Les meilleurs torchons viennent des draps en lin trop usés, puis des draps en coton trop usés.

€ Taillez dans le vif
Si les housses de couette pour enfant sont trop chères, essayez les draps hors normes pour adultes, pour lit de 1,80 m par exemple, pendant les soldes des magasins d'usine. À partir d'un drap de dessus, on peut faire une housse de couette, un oreiller et quelques accessoires... et le tissu est souvent de meilleure qualité.

€ Customisons
Un « accident » sur l'extérieur de la housse de couette ? Des taches d'encre ou de stylo ? Cela se couvre par des boutons pour les taches, et des rubans, des écussons, des appliqués pour les traînées... ou au marqueur spécial tissus, en se servant de l'accident pour démarrer un dessin, bref, cela se customise.

€ Des miettes dans le lit
Une housse de couette bariolée peut faire de jolies serviettes de table.

€ Écolo
Les mouchoirs en tissu sont ultrabradés dans les vide-greniers et les braderies... Les non brodés sont vendus quelquefois à 0,50 € les 10, moins cher qu'un paquet de mouchoirs jetables acheté à l'unité...

€ De l'air
On utilise les chaussures de manière alternative, un jour sur deux. Cela leur permet de sécher de la transpiration et de s'aérer.

€ Gratuit
En pliant les pointes des cintres en fil de fer, on obtient des cintres de vêtements pour enfants...

€ Une de perdue, 10 de retrouvées
On achète des chaussettes identiques par 4 ou 10 ou... Si on en perd une, on ne perd pas la paire...

€ Un classique
Le classique se démode moins vite que le fantaisie, l'uni moins vite que l'imprimé...

À moins de vivre dans un dressing...

Avant d'acheter un nouveau vêtement, posez-vous la question : où vais-je le ranger ? Si je n'ai pas de place, quel vêtement va-t-il remplacer ?

Razzia chez les vieux

Une très bonne source de vêtements vintage est l'armoire des parents, des grands-parents... Ces derniers finissent généralement par avouer que, c'est vrai, ils ne porteront plus le chemisier pelle à tarte et fleuri de leurs années torrides...

La connaissance paie

Comme ailleurs, si on sait reconnaître la qualité du tissu, on sort gagnant... Mieux vaut acheter un drap en coton longues fibres qu'un drap de « marque »... Seule la qualité du tissu, des coutures, de la teinture sont les signes d'un bon achat.

Rien de moins que la ruine des familles

« La ménagère achètera simplement le strict nécessaire, au fur et à mesure des besoins ; car les vêtements sont, plus que le linge, soumis au caprice de la mode. C'est un grave abus de dépenser des sommes folles pour se vêtir ; outre que ces dépenses constituent un capital improductif, elles amènent souvent la ruine des familles. »

Notions d'économie domestique

Pour éviter la ruine, la ménagère et le ménager se souviendront que, par essence, la mode se démode. Pour les fashion addicts au budget serré, il faut mieux éviter de succomber à une avalanche d'accessoires ou de pièces en une seule virée shopping. Elles et ils pourraient se sentir frustrés de ne plus être à la mode les 364 autres jours de l'année, car le budget serait dépensé.

Que faire de ses ex ?

Les jeans se portaient ourlet à racler le sol et la mode n'est plus à l'effiloché ? Ça tombe bien, le jean au bas déchiré devient un pantalon trois quarts, un bermuda ou un short suivant affinités... S'il est perdu pour toute transformation vestimentaire, le tissu peut être utilisé. On garde ceux de toute la famille et un jour, on en aura assez pour faire, des coussins, un vide-poches (en agrafant les poches de différents jeans sur une plaque de contre plaqué tendue de jean), voire des rideaux ou un dessus-de-lit... pour une chambre d'ado.

Sur mesure

Il n'y a guère plus d'une cinquantaine d'années que le prêt-à-porter a supplanté le sur mesure. Avant, et bien avant, on se faisait faire

des vêtements chez la modiste, la couturière, le tailleur… ou on les faisait soi-même. Le tomber est incomparable, les défauts physiques estompés, les qualités mises en valeur, l'originalité assurée et pour les adeptes du commerce équitable, les couturiers respectés. Évidemment, cela a un coût, mais pour une belle pièce, entre un manteau italien vendu neuf à 800 € et en soldes à 560 € (30 % de remise), et un manteau fait à sa mesure pour 200 à 300 € sans le tissu, le sur mesure est compétitif.
À Paris, on peut trouver des couturiers à la mesure qui proposent des jupes (autour de 95 €), des pantalons (autour de 130 €), des vestes, des manteaux… [1]

À vue de nez
Des branches de sauge placées dans les chaussures aident à diminuer les odeurs fortes, tout comme le bicarbonate de soude placé dans un petit sac en tissu.

L'armoire de toilette

Les cosmétiques au sens large englobent les produits d'hygiène, de soins, de maquillage et les parfums. Les règles de base du bon achat s'appliquent ici aussi, encore faut-il pourvoir comparer ce qui est comparable. Dans la plupart des cas, les cosmétiques doivent afficher la liste de leurs ingrédients, en anglais, latin ou français, donc pas si facile à déchiffrer, sauf pour les trilingues ! Cette liste, comme dans l'alimentaire, est classée par ordre décroissant : l'ingrédient le plus présent apparaît en premier. Par exemple, dans la plupart des produits liquides, *aqua* (ou eau en latin) arrivera en premier. Il y a d'autres points communs avec l'alimentaire que l'acheteur vigilant repérera vite : on regarde le prix au poids, eh oui, et on n'oublie pas de finir les restes !

Les prix

Dans une crème de soin, en moyenne, 90 % du produit est constitué par les cinq premiers ingrédients : eau + exci-

1. Adrienne Ribes-Tiphaine, *Paris sur mesure*, Parigramme, 2003.

pients ou bases. La qualité du produit se fait sur ceux-là qui hydratent, nourrissent et assouplissent l'épiderme. Le « à la bergamote, à la prêle des bois, à l'huile d'argan... » représente un pourcentage minime. Quelle peut donc être l'efficacité de 2 % de « fleurs des bois » sur un pot de 30 ml ? pas grand-chose ? Oh que si, ça augmente le prix !

La goutte au prix du litre

Prenons l'exemple d'une huile « Argane à l'huile d'argan » vendue 29,90 € les 30 ml, soit 997 € le litre ! En regardant de près sa composition, on se rend compte que l'argan arrive en septième position. On aurait pu appeler le produit Argane à l'ethylhexyl palmitate que cela aurait été plus vrai... vu que c'est son ingrédient principal.

Partons dans un magasin biologique chercher une bouteille d'huile d'argan. La plus chère coûte 22 € les 250 ml pure, soit 88 € le litre.

Dans le premier cas, j'ai quelques gouttes d'huile d'argan payées 997 € le litre, de l'autre un litre pur plus de dix fois moins cher. Si tous les principes actifs sont dans l'huile, pourquoi ne pas l'utiliser telle quelle et se l'appliquer en mélange eau/huile ou en mélange crème de nuit/huile tranquillement chez soi ?

Comparer les fonctions

Les laboratoires Pierre Fabre, ceux-là même qui fabriquent des produits dermatologiques comme Avène, Ducray, Klorane, Galenic... commercialisent toujours en pharmacie, un très bon produit de base, le Dexéryl (4,36 € le gros tube de 250 g en pharmacie) qui a une base commune à bien des produits vendus nettement plus chers (Glycérol, Vaseline, Paraffine liquide, monostéarate de glycérol, acide stéarique, huile minérale/alcools de lanoline...). Cette crème remplace avantageusement les crèmes pour les mains, les crèmes hydratantes pour le corps... elle est même recommandée pour les enfants et remboursée par la Sécurité sociale en cas de problèmes de sécheresse de peau. Le litre revient à 17,44 € (4 tubes à 4,36 €) alors que la crème pour les pieds Neutrogena antidesséchante vendue 11,73 € les 100 ml coûte 117,30 € le litre !

Il est à combien, le litre de crème ?

Toujours regarder les prix au kilo, au litre, du shampoing à la crème en passant par le dentifrice ou le gel douche, surtout que les contenants sont panachés, pot, flacon, bouteille et leur contenu de toutes tailles : en ml, en cl, en l, en g…

Trouvons le prix au litre de deux crèmes hydratantes :

— la crème cellulaire hydratante intensive de La Prairie est vendue 144,20 € les 30 ml. Dans le magasin, l'étiquette précise soit 480,67 € les 100 ml. Mais 100 ml ne sont pas un litre, alors on multiplie par 10 et on obtient le prix au litre, soit 4 806,70 € ! le prix d'un lifting !

— la crème peaux sèches à ultrasèches, certifiée Nature et Progrès, un des labels bio les plus exigeants, de chez Cosmo Naturel, est vendue 16 € les 50 ml, soit 320 € le litre.

La première crème est vendue plus de quinze fois plus chère que la seconde. Est-elle quinze fois plus efficace, rend-elle quinze fois plus belle ou plus beau ?

Liquide ou solide ?

Comparons deux produits d'une même marque, l'un sous forme solide, la savonnette ; l'autre liquide, le gel douche. Même s'ils portent le même nom et revendiquent le même ingrédient, l'huile d'amande, leurs compositions ne sont pas identiques. Le gel douche n'est pas du savon additionné d'eau.

UN EXEMPLE	SAVON CRÈME HUILE D'AMANDE NOURRISSANTE CRÈME SOFT NIVEA	LAIT DE DOUCHE HUILE D'AMANDE NOURRISSANTE CRÈME SOFT NIVEA
Ingrédients dans l'ordre décroissant, du plus important en poids, au plus infime	Sodium tallowate Sodium cocoate Sodium palm kernelate Aqua (eau) Glycerine Parfum Octyldodecanol Sodium chloride Sodium thiosulfate Prunus dulcis Tetrasodium etidronate Lanolin alcohol Disteardimonium hectorite Methylbenzoate CI 77891	Aqua (eau) Sodium laureth sulphate Cocamidopropyl betaine PEG-7 glyceryl cocoate Parfum PEG-40 hydrogenated castor oil PEG-200 hydrogenated glyceryl palmate Sodium benzoate Polyquatemium-7 Sodium salicylate Styrene/acrylates copolymer Citric acid Prunus dulcis Sodium chloride Methylparaben
« à l'huile d'amande »	Prunus dulcis ou huile d'amande est le 10e ingrédient	Prunus dulcis est le 13e ingrédient.
Testé pour vous	+ de 28 douches (le savon n'est toujours pas terminé...)	26 douches avec une utilisation modérée
Taille	125 g	250 ml
Prix	0,84 €	2,56 €

Le gel douche est trois fois plus cher à l'achat que la savonnette pour une durée de vie inférieure (le livre sera terminé avant que le test du nombre d'utilisations de la savonnette le soit !).

Donc avant d'acheter, on compare !

Ça va faire des euros

Éponge végétale

Pour ceux ou celles qui appliquent démaquillant et tonique, remplacez le coton démaquillant (0,99 € les 60 disques) par une éponge végétale (3 € les deux) passée sous l'eau entre deux applications. Lorsque le lait ou le tonique sont appliqués sur le coton, on consomme plus car le coton absorbe les ingrédients. Il est préférable d'appliquer le lait directement sur la peau et de masser, et de vaporiser le tonique avant que de passer le coton ou le linge délicat.

Jusqu'aux dernières gouttes
Lorsqu'on arrive à la fin d'un produit en flacon de plastique, on peut le découper au cutter au milieu et en diagonale. Cela permet d'aller chercher le reste de crème coincé dans le fond et dans le col. Cela permet aussi d'emboîter les deux parties l'une dans l'autre pour que les reliquats ne se dessèchent pas.

Et les restes ?
Comme dans la cuisine, faites le tour des tiroirs et « finissez » les tubes de temps en temps, une fois par trimestre par exemple, dites-vous qu'avant d'acheter une nouvelle crème pour les mains, vous allez finir celle pour les pieds, les échantillons de contour des yeux, le reste de lait de toilette... soit tout ce qui serait resté à dessécher au fond de son tube en attendant sagement la date de péremption. Les mains n'y verront pas la différence, ne tomberont pas, ne s'écailleront pas plus ou moins qu'avant et des poils ne pousseront pas.

En voyage
Faites vos propres flacons de voyage en recyclant un petit contenant plastique ou verre et en le remplissant du produit nécessaire pour un ou deux jours.

Savons d'hôtel
Garder les dosettes de shampoing et de savon données dans les hôtels ne sert à rien, sauf si l'on s'en sert !

Achetez en quantité
Le shampoing acheté au litre est moins cher. On le verse dans différentes bouteilles en plastique (pas de verre avec les enfants en cas de bris) pour autant de salles de bains.

Prolongez le rideau de douche
Dans un vrai de vrai rideau de douche, les trous dans lesquels passent les anneaux se fendent. C'est mathématique. Au début, on renforce avec du scotch puissant, puis ça recasse, on coupe la partie abîmée et refait des trous cinq centimètres plus bas.

Les produits maison

Ingrédients à disposition, pas de colorants, pas de conservateurs, pas de parabènes… faire ses produits de soin à la maison peut être une solution naturelle, festive et bon marché. Il n'y a pas grand risque à essayer :

— si cela ne plaît pas, on ne recommence pas ou on essaie un autre parfum ;

— si on n'utilise pas tous les ingrédients, on peut recycler les restes dans le prochain pot-au-feu…

Les gommages

Lorsque les cellules mortes de la peau s'en vont comme les traces d'un crayon de bois avec une gomme, on parle de gommage ou d'exfoliage. Pour obtenir ce résultat, on mélange une base à de petits grains qui vont jouer le rôle d'abrasif. On frotte délicatement la surface, les cellules mortes s'en vont, laissant la peau lisse et douce. On trouve bien sûr des crèmes gommantes dans le commerce, mais elles sont tellement faciles à reproduire à moindre coût et de manière naturelle qu'il serait dommage de s'en priver. En base, on a le choix parmi les laits hydratants, les gels douches, les huiles émulsionnées (mélangées à l'eau), les yaourts de base qui sont déjà dans la maison. À noter que l'huile de sésame, vendue au litre dans les magasins bio, est l'huile de base des massages ayurvédiques indiens.

Un petit grain, tout le monde en a, y compris dans sa cuisine : le marc de café, le sel, le sucre, la poudre d'amande, la poudre de noix de coco… On mélange le tout jusqu'à l'obtention d'une texture souple et applicable et on frotte gentiment.

• Parfum amande ou noix de coco : pour le visage, mélangez avec une base douce comme un demi-yaourt. La « mousse tendre gommage » avec de l'amande amère est en revanche vendue 25 € le pot de 50 ml, soit 500 € le litre !

• Parfum café : pour le corps, la moins chère des préparations consiste à mélanger du marc de café au gel douche et à frotter doucement. La caféine a bonne réputation dans la lutte contre la cellulite.

• Parfum sel ou sucre : à réserver au soin du corps. Mélangez à parts égales du sel et de l'huile de sésame ou d'amande douce, ou du sucre et de l'huile. Massez légèrement en petits cercles avant de rincer à l'eau tiède.

• Parfum plage : pour le corps, profitez d'un séjour à la plage pour vous frotter la peau du corps avec le sable (non, pas les galets !).

• Parfum « gant » : le loofah, ou loufa, est une éponge tirée d'une plante. Employée sous la douche en frottant doucement, elle a une action exfoliante (aux alentours de 3 €).

Les masques

Les plus connus de ceux fabriqués à la maison sont le masque au concombre (de fines rondelles que l'on applique sur le visage), au miel pour les peaux grasses (un miel à température ambiante qu'on laisse reposer en couche fine pendant une dizaine de minutes en massant légèrement) et à l'abricot spécial peaux sèches (on mixe des abricots frais avec quelques gouttes d'huile d'amande douce ou d'olive si on n'a que ça pour obtenir une pâte onctueuse et on applique 10 minutes).

Le masque à l'argile est aussi très facile à faire : 1 cuillerée à soupe d'argile, 1 cuillerée à café d'huile d'amande douce, de germe de blé, de… 1 cuillerée à café d'une autre huile. On mélange le tout avec juste un peu d'eau, histoire d'obtenir une pâte facile à étaler. On laisse sécher 5 minutes et on rince à l'eau avant que l'argile ne sèche.

Les émulsions

Pas du tout compliquées à faire, c'est un mélange huile/eau. D'un côté, l'huile d'amande douce, de sésame, d'olive, d'argan… suivant les propriétés de chacune, un peu d'eau, et on frotte les deux composants dans le creux de ses mains. Lorsqu'on l'utilise tout de suite, par exemple au sortir de la douche ou en application sur la peau, il n'y a pas besoin de fixateur.

Comme les produits frais ne se conservent pas ou très peu, il est recommandé de n'en faire que pour une application, voire deux en la laissant au réfrigérateur.

Ça va faire des euros

Les dents

Pour blanchir les dents, rien de tel que l'indispensable bicarbonate de soude ! On trempe la brosse à dents humide dans la poudre blanche et on s'en frotte doucement les dents. Idéal aussi pour ceux à l'haleine forte...

L'odeur

En parlant d'odeurs justement, la pierre d'alun est un déodorant naturel et qui pour moins de 10 € s'utilise pendant des mois... Pour des besoins ponctuels, le talc appliqué avec un morceau de coton absorbe l'humidité. Se souvenir aussi que l'hiver, lorsqu'on porte des matières naturelles comme le coton, et que l'on ne vit pas dans un environnement surchauffé, il n'y a guère besoin d'utiliser de déodorant.

Les ongles

En cas de taches, le citron blanchit les ongles. On trempe le bout de ses doigts dans un jus de citron et ils s'éclaircissent.

Les cheveux

Pour faire briller les cheveux, on les rince à l'eau froide et dans la dernière eau on prépare dans un bol un mélange vinaigre/eau (on n'applique pas le vinaigre pur). Pour les nourrir, on applique un ou deux jaunes d'œufs. On laisse poser 3 à 5 minutes et on rince à l'eau froide (pas à l'eau chaude, sinon on obtient un début d'œufs brouillés sur la tête)...

Le bain

Pour parfumer un bain, on peut au choix y verser un ou deux verres de lait, 1 ou 2 cuillerées à soupe de bicarbonate, quelques gouttes de teinture de benjoin achetée en pharmacie (5,50 € les 10 ml), du son disposé dans un petit sac que l'on met à tremper dans la baignoire. Ces ingrédients adoucissent l'eau et la peau.

Ne jetez pas bébé avec l'eau du bain

Dormir, boire et évacuer sont les trois grandes activités du nourrisson. Les deux premières ne sont pas salissantes, donc pas besoin de crème, de savon, de lait spéciaux pour le corps. Pour la troisième, un peu de savon doux ou de crème (pour être convaincu, lisez la liste des ingrédients !) appliqué avec une cotonnade douce à préférer aux lingettes chères et non recyclables. Même chose pour les cheveux qui ne sont ni gras ni pelliculeux et pour lesquels un peu d'eau de temps en temps suffira.

Tout couleur
On vous recommande de jeter maquillage et produits de beauté au bout d'un an, voire de six mois. Et si vous vous fiiez à vous plutôt qu'à une date fixe ? Testez sur votre peau : pas de cloques, pas de bubons, pas de rougeurs, pas de démangeaisons ? On continue...

Peinture
Pour finir les rouges à lèvres, lorsqu'il n'y a plus rien à sortir du tube, attaquez le reste au pinceau fin.

L'épilation

Les trois épilations les moins chères :

• La pince à épiler.

• L'épilation à l'indienne : ultrasimple, elle nécessite un fil et, pour ce qui n'est pas à portée de main, une copine. On prend un fil à coudre solide d'environ 40 cm. On fait un nœud pour rejoindre les deux extrémités. On passe index et pouces dans cette grande boucle fermée après avoir fait une dizaine de tortillons qui se retrouvent au milieu. On écarte pouce et index de chaque main. On place le fil sur la jambe, le poil à tuer à l'embouchure du tortillon et on fait passer celui-ci de droite à gauche et de gauche à droite en remuant ses petits doigts. Totalement indolore, c'est un coup à prendre qui une fois maîtrisé est parfait pour les jambes et est très utilisé en Inde pour le visage.

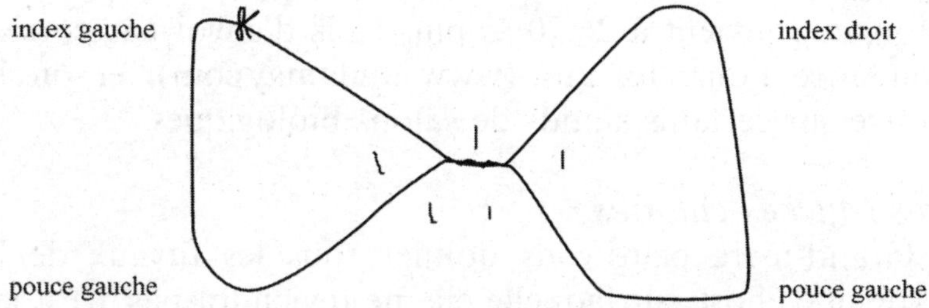

• L'épilation au sucre : dans une casserole, mélangez 4 mesures de sucre, 1 d'eau, 1 de jus de citron et 1 cuillerée à soupe de miel. Quand le mélange devient doré, avant qu'il ne cuise complètement, versez la pâte sur un plan de travail. Quand il a suffisamment refroidi pour le toucher sans se brûler, malaxez comme une pâte brisée, et faites-en une boule. Elle doit être souple, mais pas « scotchante ». Étalez-la sur la zone voulue et tirez d'un seul coup dans le sens inverse de la pousse des poils. Si des rougeurs apparaissent, passez tout de suite les zones sous l'eau froide.

Jetable ou lavable ?

Les serviettes et tampons

Une femme va utiliser environ 10 000 protections dans sa vie. En calculant serré, cela fait environ 1 560 € en serviettes et ou tampons (625 paquets de 16 à 2,50 €), en calculant large, le double. Celles qui sont habituées aux serviettes, peuvent s'orienter vers les serviettes périodiques lavables (2,80 € les deux) et celles qui préfèrent les tampons vers une coupe en silicone comme Mooncup, la plus connue ou Divacup. De forme d'un petit entonnoir et en deux tailles, cette coupe collecte les flux menstruels qui seront vidés quotidiennement. Elle peut être gardée 4 à 12 heures suivant l'importance du flux, mais encaisse sans problème les flux très abondants. Elle ne perturbe pas la flore vaginale, ne laisse aucune fibre et une seule de ces coupes est prévue pour dix ans d'utilisation. Il est raisonnable de prévoir deux jours d'adaptation mais cette solution ultra-écolo rencontre de plus en plus d'adeptes. La Mooncup revient à 26,70 € plus frais d'envoi par correspondance pour dix ans (www.laudamay.com), et on la trouve sur certains stands de salons biologiques.

Les couches-culottes

Grand-mère peut vous donner tous les tuyaux de la terre, une chose sur laquelle elle ne reviendra pas, c'est les couches jetables. « Tu ne sais pas ce que c'est de laver les couches de quatre gosses à la main ! » Non, parce qu'entre les souvenirs de mamie et vous est apparue une invention merveilleuse : la machine à laver ! Et une contrainte : l'éloignement des commerces de son domicile. Les supermarchés sont en périphérie des villes, il faut prendre la voiture, arpenter les allées, apporter les paquets de couche du linéaire au chariot, du chariot à la caisse, de la caisse au coffre de la voiture, du coffre de la voiture à la table à langer, puis de la table à langer à la poubelle, puis descendre la poubelle… le carburant est cher, le temps précieux, la taxe d'enlèvement des poubelles en augmentation, alors pourquoi ne pas revenir aux couches-culottes lavables ?

Les vendeurs de couches-culottes lavables estiment le gain d'argent entre 900 et 1 500 € pour le premier enfant. Évidemment, dès le deuxième, avec la réutilisation des couches du premier, le gain est encore plus important. À noter que certaines crèches les acceptent.

L'armoire aux surprises

Une révélation : Noël revient tous les 25 décembre, pas le 12 juin ou le 14 juillet, mais le 25 décembre, bref, cela laisse douze mois pour anticiper et ne pas avoir à faire de crédit pour ce jour-là. Autre révélation, les anniversaires (les impôts, l'EDF, le téléphone…) obéissent aussi à la même règle ! Alors, plutôt que de se retrouver à acheter n'importe quoi à n'importe quel prix, dans la précipitation des fêtes, on anticipe pour se donner le temps de comparer les prix ou de faire quelque chose de ses propres mains.

Pour offrir sans se mettre sur la paille

Voici quelques idées.

Sur nos ondes

Toute la famille enregistre un livre sur un support audio, enfants sachant lire et ados compris. On découpe le livre en autant de lecteurs, on se passe l'appareil enregistreur et le bouquin dans un ordre prévu et on l'offre à ses parents ou grands-parents, ravis d'avoir la voix de tous leurs enfants. De leur côté, les grands-parents peuvent enregistrer une cassette d'histoires pour leurs petits-enfants à écouter le soir avant de s'endormir.

Nos meilleurs moments

Pour fêter un proche, on passe un cahier entre tous ses amis, chacun écrivant ou dessinant quelque chose pour fêter l'anniversaire par exemple. Le texte peut rester secret si tous les participants agrafent, cousent, scotchent (mais ne les collent pas !), bref ferment « leurs » pages deux à deux ou quatre à quatre… On peut donner un thème : les pires gaffes que l'on a vécues avec cet ami : cuisine, voiture, voyage… notre première rencontre…

On peut faire la même chose en vidéo, interviewant les uns les autres autour d'un thème donné.

La mémoire en images

Offrir un album de photos à un parent divorcé. L'un des deux parents a gardé les photos et l'autre n'a plus rien. Faire des photocopies ou scanner les photos sur son ordinateur avant de les lui envoyer.

Des « bons cadeaux » pour les enfants

Offrir des bons donnant droit à des cadeaux comme par exemple, un « bon » :

— pour décider du menu un jour donné ;

— pour passer son tour de vaisselle ;

— pour rester debout une nuit après l'heure habituelle de coucher ;

— pour utiliser l'ordinateur familial deux heures de suite ;

— pour passer deux heures avec papa ou maman en tête à tête ;

— pour une nouvelle peinture sur un vélo, un bureau…

Des « bons cadeaux » pour les parents

Le ciel est la limite, comme disent les Anglais…, et ils ne parlent pas du septième.

Dans la boue

Cela plaît aux enfants, aux parents et aux grands-parents… que demander de plus ? On pose un papier gras ou alu ou une feuille de plastique sur une surface plane, on définit un cadre avec quatre morceaux de bois, même abîmés puisqu'ils ne servent qu'à délimiter une surface et on emplit l'espace d'argile, de plâtre… dans lequel les enfants viennent laisser la marque de leurs mains. On peut ajouter une étoile, pour faire comme à Hollywood, *the walk of fame*, la rue où toutes les stars (les étoiles) viennent laisser leurs empreintes. On laisse sécher en ayant pris soin d'insérer un morceau de fer recourbé (un cintre fait très bien l'affaire) qui servira d'attache.

IDÉAL POUR LES JEUNES QUI S'INSTALLENT

Offrir une trousse d'urgence, une simple boîte de n'importe quoi avec un couvercle. On la peint en blanc, et on y dessine une grosse croix rouge. On y place les éléments de base de toute bonne trousse : une bande, de l'alcool à 70 ou 90°, un peu de coton, des pansements de différentes tailles, un rouleau de sparadrap, quelques épingles de sûreté, des compresses stériles…

Pleins pots

Pendant l'année, on met de côté les bocaux relativement larges et identiques. Une fois lavés, on dessine de jolies étiquettes indiquant la fonction du pot et on peint le couvercle. On peut offrir une série de pots pleins…

Une lampe facile à faire

Vous pouvez fabriquer une lampe en récupérant les pièces sur différentes lampes ou en trouvant de quoi les faire dans un magasin de bricolage. Cela permet soit de mettre en valeur un objet qui sinon n'aurait pas grande mine soit de faire une lampe personnalisée en mettant dans un grand cylindre transparent les objets préférés de la personne à qui on l'offre.

Vous pouvez ensuite faire un abat-jour pour aller sur la lampe.

Abat-jour faciles à faire. — Voici deux procédés

FIG. 5 et 6. — Deux modèles d'abat-jour : *a*, avec point de surjet ornemental ; *b*, en papier plissé retenu par une cordelière.

pour fabriquer de fort jolis abat-jour très simples, d'un prix inférieur aux modèles de bazar les meilleur marché, lesquels sont en général peu artistiques.

1er PROCÉDÉ. Employez les papiers huilés ou parcheminés que l'on trouve facilement dans le commerce en toutes nuances, unies ou ombrées. Procurez-vous une carcasse d'abat-jour de forme et de taille correspondant à celles de la lampe ; disposez ces papiers, soit tendus en cylindre en épousant les cercles supérieur et inférieur de la carcasse, soit en formant de petits panneaux (*fig.* 5) que vous assemblez avec un point de surjet ornemental, fait avec un petit lacet ou une ganse fine. Ce point de surjet doit contourner les bords de chaque panneau. Le lacet pourra être en soie, d'un coloris vif, ou en métal or ou argent. Cet abat-jour de papier est maintenu sur la carcasse de deux manières : soit par le point de surjet lui-même enlaçant en même temps les tiges de la carcasse, soit à l'aide de quelques petits crochets.

2e PROCÉDÉ. On peut également faire d'élégants abat-jour de forme conique presque droite, dite « empire », en utilisant un papier un peu rigide, que l'on plissera en accordéon en formant un large cylindre ; près de la partie supérieure, les plis successifs seront percés d'un petit trou bien net à l'aide d'un emporte-pièce ; une cordelière passée dans ces trous permettra de serrer le papier plissé, juste assez pour qu'il tienne sur la carcasse (*fig.* 6). V. APPLIQUE, LANTERNE, PLAFONNIER.

Larousse illustré, 1926

Une toise pour enfant

Ultrafacile à faire pour le premier anniversaire du premier enfant, on marque les centimètres sur un morceau de bois peu épais ou de carton fort épais, de 4 à 5 cm de large. On commence à indiquer la hauteur 10 cm avant la taille de naissance du bébé. Il mesurait 54 cm à la naissance, on commence à marquer à 40 cm au cas où un petit frère ou une petite sœur d'un gabarit poids plume lui succéderait. On note toutes les dizaines, 50, 60, 70, 80… jusqu'à 1,50 m par exemple. On peut coller des dessins, des photos, illustrer la toise sur sa longueur pour la personnaliser. Elle sera à mettre dans la chambre et transportable en cas de déménagement.

Planter

Un arbre, un arbre fruitier… dans le jardin au nom d'un enfant, d'un parent, même très âgé.

Le plaisir de recevoir autant que le plaisir d'offrir

Pensez à la situation financière des personnes qui reçoivent les cadeaux

• Une personne âgée casanière qui vit du minimum vieillesse : peut-être pas un coffret maquillage en pensant : « Elle ne peut pas se l'offrir et si elle avait à sortir, elle l'aurait » ! mais plutôt un assortiment sucré qui peut mélanger produits de plaisir (confiture, miel…) et produits de base (sucre), plutôt un panier avec un gâteau (fait maison pourquoi pas), des biscuits qui se conservent, quelques recettes personnelles, mais aussi du sucre, de la farine…, plutôt un bon pour un an de cakes si elle n'habite pas trop loin et une fois par mois, on lui dépose un cake de saison, ce qui peut être une manière délicate de prendre de ses nouvelles et de rompre son quotidien.

• Offrir utile plutôt qu'inutile si on connaît la définition de l'« utilité » pour celui qui va recevoir. Un dixième pantalon peut être utile pour quelqu'un qui a une vie mondaine et pas de problèmes financiers, et être archi inutile pour un autre.

Limitez les cadeaux

Vingt cadeaux d'un coup (dont quinze inutiles ?) lors d'une grande assemblée familiale ? Même aux enfants, cela fait à peine plaisir. Non seulement cela coûte un argent fou ou/et du temps, mais après, il faut repartir avec et le stocker ! Demandez à chacun d'apporter un cadeau et un seul, avec un dessin indiquant s'il est destiné à un enfant ou un adulte. On les place dans deux paniers différents. On tire au sort et le premier enfant vient chercher son cadeau au hasard dans le panier d'enfants, puis le premier adulte dans son panier d'adultes. On peut s'échanger ce que l'on veut. Chacun repart avec un cadeau et l'échange fait tout l'attrait de la soirée parce que tout le monde se parle, essaie de convaincre, d'amadouer, d'élaborer des stratégies pour avoir le cadeau qu'il aurait voulu et n'a pas eu.

Donnez une consigne

Tout le monde doit suivre la consigne avec l'interdiction formelle de faire un autre cadeau sous peine de repartir avec…

— écrire un compliment, offrir un livre de poche et c'est tout ;

— offrir un cadeau à moins de 15 €,

— faire un cadeau qui ne peut pas être acheté en magasin : une plante que l'on a fait pousser, un gâteau et sa recette écrite sur une jolie carte, quelque chose vous appartenant.

En déplacement

À pied, à cheval ou en voiture… oublions le cheval et les pieds, et examinons de plus près les économies réalisables sur une voiture.

Pour acheter un billet de train, d'avion ou une voiture, la règle de base est désormais bien connue : on compare, on compare et on compare. Pour le reste, Pierre qui roule n'amasse pas mousse, François ou Amédée non plus… car augmentation du prix de l'essence oblige, rouler coûte de plus en plus cher…

Le carburant

Le ministère de l'Économie et des Finances a ouvert un site de comparateur de prix d'essence sur le territoire français. Il permet de comparer le prix de l'essence dans sa commune, ou sur le département et aussi sur un itinéraire. C'est neutre, non commercial et les entreprises n'ont pas à payer pour y être inscrites… www.prix-carburants.gouv.fr.

Ce qui augmente la consommation d'essence

	CONSOMMATION SUPPLÉMENTAIRE	SI CARBURANT À 1,50 €/LITRE
Filtre encrassé	3 %	0,09 €
Pneus sous-gonflés	1 à 3 %	De 0,03 à 0,09 €
Climatisation	10 à 20 %	De 0,15 à 0,30 €
Galerie	10 % de plus	0,15 €
Total		Entre 0,42 et 0,63 € de surcoût

Et ceci sans compter la surconsommation due à une surcharge ou la conduite agressive en ville qui augmente aussi la consommation…

MOULES FRITES ? NON, ROULE FRITE

Il est interdit de téléphoner en conduisant, tout comme il est interdit de mettre de l'huile dans son réservoir quand on a une voiture qui roule au diesel. On peut, par curiosité, voir alors comment ça fonctionne sur www.roulemafrite.org. Le litre d'huile y est vendu à 0,65 €/litre (0,40 € si vous ramenez de l'huile végétale usagée).

Le parking

Vous partez en voyage et devez prendre l'avion à Paris. Vous arrivez en voiture à l'aéroport et avez besoin de vous garer à proximité, histoire de débarquer famille et bagages sans trop de heurts. À côté des parkings des aéroports gérés par ADP (aéroports de Paris), il en existe d'autres, gérés par des sociétés indépendantes. Situés entre 10 et 30 minutes du site, ils sont surveillés, ouverts 24 h sur 24 h et vous assurent une navette (gratuite ou non suivant les entreprises) à la demande vers l'aéroport desservi : Airautopark (01 60 11 66 01 ou www.airautoparc.fr) et Transparc (01 34 29 01 43 ou www.transparc.com).

DURÉE DU STATIONNEMENT	PARKING « VACANCES » D'ADP	AUTRE PARKING (EN MOYENNE)
De 4 à 6 jours	120 €	De 40 à 82 €
Une semaine	124 €	63 €
Deux semaines	152 €	111 €
Trois semaines	180 €	141 €
30 jours	180 €	177 €

L'amortissement des trajets

Le colivoiturage

Vous faites un trajet régulier ou non entre Argenton-sur-Creuse et Colombelles avec le coffre vide ? Pourquoi ne pas en profiter pour y transporter un colis et diminuer un peu vos frais ?

Habitant Besançon, vous venez de vendre par Internet un ballon de foot dédicacé par Zidane à un acheteur de Limoges ? Pourquoi ne pas épargner sur l'envoi d'un paquet en le faisant transporter par un automobiliste au coffre vide.

Le conducteur va demander une participation aux frais et l'expéditeur accepter ou non le tarif proposé. Cela fonctionne par Internet et concerne toutes les communes françaises. Un système simple, pratique et convivial : http://www.colis-voiturage.fr.

L'autopartage

Cela ne veut pas dire que l'on partage avec soi-même quelque chose ! Mais que l'on partage une auto avec les autres, bref on fait « caisse commune », du nom d'une des sociétés pionnières dans le domaine. Cela fonctionne un peu sur le modèle du fameux Vélib' parisien : on prend une voiture à une « borne » pour la durée que l'on souhaite et on l'y redépose.

Le client réserve par téléphone ou par Internet la voiture de son choix, à partir de la station de son choix et pour une durée déterminée (à partir d'une demi-heure pour certains. La centrale de réservation programme la voiture pour qu'elle ne soit accessible que par lui et seulement lui pendant cette période grâce à un « pass » (carte, code…). Le conducteur passe prendre la voiture à la « borne » et la remet, une fois qu'il n'en a plus besoin. Il paie l'utilisation à l'heure et au kilomètre, sans avoir à s'occuper de l'assurance, de l'entretien, et du parking lorsqu'il ne s'en sert pas… Il existe différentes formules d'utilisation, ponctuellement ou par abonnement suivant les entreprises.

Exemple de prix auprès de Libre auto Narbonne.

	JOUR	NUIT
Abonnement mensuel	1	0 €
Prise en charge (montant forfaitaire dû à chaque course)	2,5 €	1,25 €
Par heure réservée	2,5 €	1,25 €
Par kilomètre effectué	0,33 €	0,33 €

L'autopartage est surtout réservé aux habitants des grandes villes comme :

Bordeaux, www.autocomm.org ou 05 56 31 10 66 ;

Grenoble, www.alpes-autopartage.fr ou 04 76 24 57 25 ;

Lille, www.lilas-autopartage.com ;

Lyon, Villeurbanne, www.autolib.fr ou 04 72 41 65 25 ;

Marseille, www.autopartage-provence.com ou 04 91 00 32 94 ;

Montpellier, Nîmes, www.modulauto.net ou 04 67 60 00 51 ;

Nantes, www.imarguerite.com ou 02 40 58 44 14 ;

Narbonne, www.librautonarbonne.com ou 0810 58 59 18 ;

Paris, www.caisse-commune.com, www.mobizen.fr...

Poitiers, www.otolis.com ou 05 49 44 66 88 ;

Rennes, www.cityroul.com ou 02 23 21 07 47 ;

Strasbourg, Mulhouse, Colmar, Saverne et Sélestat : www.autotrement.com ou 03 88 23 73 47.

> **LA VOITURE SANDWICH**
>
> Si vous habitez une grande ville, que vous avez une voiture « branchée » style Smart, que vous la laissez dormir dehors dans les quartiers chics, que vous faites au moins 6 000 km, vous pouvez tirer quelques sous (entre 70 et 150 € en moyenne imposables par mois) en acceptant de la pub sur la carrosserie. Mais c'est sûr, elle fera moins branchée, moins « smart » et moins chic après cela ! http://www.carlogo.com, http://www.movinpub.com ou 04 91 11 87 70 à Marseille, http://www.upskin.com, www.libertydrive.com.

Le covoiturage

Il a pour objet de permettre à plusieurs personnes de partager les frais sur un trajet défini. Le trajet peut être régulier : école, travail ou ponctuel. Le conducteur et les passagers s'engagent sur les frais à partager, avant de partir.

Pour se donner une idée du prix du trajet, systématiquement indiqué avant de monter dans la voiture, on peut se fier au calcul que propose le site covoiturage.fr :

$$\text{Prix par personne} = \frac{\text{Coût carburant + coût péage}}{\text{Nombre de personnes dans la voiture y compris le conducteur}}$$

Un exemple, entre Amiens et Clermont-Ferrand, il y a 560 km, à 1,50 € le litre de carburant + 15 € de péage, et le conducteur emmène deux autres passagers… le coût par passager sera de 24,60 €.

Reste à faire coïncider l'offre et la demande, et heureusement, Internet est là, car il faut des annonces tenues à jour, nombreuses, générant un contact rapide et facile. Les principaux sites sont : www.covoiturage.fr, www.123envoiture.com ou 08 26 623 123, 0,15 € TTC/min (depuis un poste fixe), www.carstops.org (avec annonces diffusées sur la bande FM des stations Radio Pluriel), www.carecole.com spécialisé dans le covoiturage scolaire.

Ça va faire des euros

Orientation
En hiver, garez votre voiture pare-brise à l'est, le soleil levant enlèvera le givre plus tôt... En été, au nord, elle restera fraîche plus longtemps.

Pas de tuyau d'arrosage
Mais une bassine et de l'eau savonneuse pour laver petit bout par petit bout, puis rincer bout par bout le carrosse. Cela consommera nettement moins d'eau...

Carton jaune à la carte blanche
Ne jamais dire à un garagiste ou à un entrepreneur : « Faites ce qu'il y a à faire... » On risque d'avoir de très mauvaises surprises. Faire faire un devis à partir d'éléments concrets...

Pour les réparations
Si on est bricoleur, se rapprocher d'un « garage collectif » ou « garage associatif », présent sur tout le territoire. Un espace approprié, des outils mis à disposition des bricoleurs en réservant un créneau horaire contre une somme plus ou moins modique. On y trouve des amateurs souvent prêts à conseiller gracieusement les néophytes. Se renseigner en mairie.

Les escales et longs séjours

Il existe plusieurs solutions pour séjourner loin de chez soi à peu de frais et une règle de base : pour que cela se passe bien, se mettre en position de réciprocité. Accueillez et vous serez accueilli ! Et pas besoin d'avoir 100 m² pour cela.

Canapé

Pour les plus jeunes et passé un certain âge, ceux qui ne craignent pas le lumbago et à condition de voyager seul, il y a le « couch surfing ». *Couch* en anglais signifie canapé et vous avez compris que l'important est d'avoir un toit, un point de chute plus qu'un confort quelconque. L'échange est chaleureux, gratuit et convivial. La plupart du temps, l'hébergeur se fait un plaisir d'organiser un dîner (même spaghetti) ou une soirée (visite, balade...)... pour faire visiter sa ville à son hôte, surtout si lui-même est un baroudeur. Mais pas besoin d'aller à Montréal pour y participer, cela peut être intéressant de France à France, par exemple lorsqu'on cherche un hébergement pour aller écouter son musicien préféré dans une ville éloignée. www.couchsurfing.com.

Canapé + cuisine + chambre à coucher + …

L'échange de maison consiste à échanger sa maison ou son appartement contre celui de quelqu'un d'autre. Là, la réciprocité se fait en temps réel ! On s'inscrit sur un des sites spécialisés, payant ou pas. On décrit sa maison (nombre de lits, appareillage ménager, niveau de confort, proximité des centres d'intérêt…) et on précise sa demande. Pas d'illusions à avoir cependant, à moins d'être dans le film *The Holiday*, il y a peu de chance d'arriver à pratiquer l'échangisme immobilier entre la villa hollywoodienne et un minuscule, quoique charmant, cottage en pleine campagne anglaise ! Si vous rêvez de Central Park, pas sûr que le propriétaire de cet appartement new-yorkais rêve, lui, de votre F2 à Cherbourg ! Cela fonctionne bien sûr entre régions, mais là encore, les adresses du bord de mer, de la montagne, de la région parisienne, des bords de Loire sont plus sollicitées qu'un charmant pavillon à Montceau-les-Mines, même centre, contre la même surface à Biarritz. Les principaux sites d'échanges sont : www.prof2000.org (pour les professeurs), www.switchome.org, www.intervac.fr, www.homelink.fr…

Murs à garder

Les grands-parents qui font du baby-sitting vont être surpris par le home-sitting : c'est nettement plus calme ! On garde une maison plutôt qu'un enfant. La plupart du temps, une agence confie à des retraités « biens sous tous rapports » le gardiennage d'une maison avec ou sans animaux (de compagnie !) pendant l'absence de ses propriétaires sans rémunération. Quelques entreprises : Residance (02 54 24 52 18 ou www.residance.fr), Home Company (06 09 07 42 70 ou http://pagesperso-orange.fr/home-company).

Le régime D : 10 semaines pour améliorer sa situation financière

Le régime D

« Soyez béni, vous qui confondez consommation et liberté, car vous allez pouvoir vous réjouir quand vous découvrirez la différence. »

Révérend Billy, *Church of Stop Shopping*

Une méthode de diététique financière

Paris, 5e arrondissement, février dernier, une réunion des Débiteurs anonymes ou DA, association réunissant des personnes ayant un rapport pour le moins conflictuel à l'argent. À chaque rencontre, le rituel est le même : un tour de table succinct où les participants se présentent. Une petite dame d'une cinquantaine d'années commence : Colette, débitrice anonyme, boulimique… Une boulimique de 40 kg ? Passée la surprise et à l'écoute des autres présentations – boulimiques et anorexiques se suivent –, on comprend que les termes sont utilisés pour qualifier l'attitude face à l'argent. C'est un fait, il y a des tas de points communs entre les trop dépensiers et les trop gourmands. D'autres exemples ?

Dettes et kilos se gagnent sans effort, rapidement, voire joyeusement. En revanche, les perdre est long et difficile…

Le gourmand n'a aucun problème pour faire un week-end gastronomique, reprendre de tous les plats avec plaisir et prendre deux kilos. En revanche, rentré chez lui, incroyable, les deux kilos se sont transformés en 2 000 g qu'il faut arracher un à un à sa ceinture abdominale. L'argent mute de la même manière. Taper son code pour une carte bleue à 500 € est un geste simple pour obtenir ce nouvel objet porteur de tant de promesses (« Avec cette robe, je serai plus belle et me sentirai mieux » ; « Avec cette perceuse superpuissante, je bricolerai et ferai des économies » ; « Grâce à ce logiciel, je serai plus efficace »...)... Mais arrivé à la maison, patatras, le geste de 30 secondes, taper son code, en prenant un crédit conso, à coups de 15 € de remboursement mensuel peut prendre 3 ans et 10 mois !

En voici d'autres illustrations :

— Dans *Je ne sais pas maigrir*[1], l'auteur parle de vouloir modifier les comportements d'un gros en essayant de « transformer le flambeur en comptable ».

— Dans *La Fièvre des achats*[2], les Pr Adès et Lejoyeux, spécialistes des comportements addictifs, s'interrogent sur les similitudes entre acheteurs compulsifs et boulimiques : « L'acquisition chez l'acheteur compulsif s'effectue sur le même mode que l'ingestion alimentaire chez le boulimique, dans la hâte et souvent dans la honte ? Comme le boulimique ne se préoccupe que peu du goût des aliments qu'il ingère avec voracité, l'acheteur compulsif acquiert frénétiquement des objets à peine choisis, souvent non désirés et inutiles. Les objets sont, comme les aliments chez le boulimique, facilement accessibles et “prêts à consommer” ».

Puisque les passerelles entre les deux mondes existent, pourquoi ne pas aller jusqu'au bout de la démarche et proposer une méthode de diététique financière, un régime antidettes. Tout y sera : les objectifs, les consignes, le suivi,

1. Dr Pierre Dukan, J'ai lu, 2003.
2. *Op. cit.*

la motivation et les fameuses étapes de tout programme amincissant digne de ce nom.

Bonus : avec un peu de chance, vous allez même maigrir et de toutes les façons, pour tous ceux que la situation tracasse au point de perdre le sommeil, mieux dormir !

Les causes de votre prise de dettes

L'hérédité

Quelle était l'attitude de vos parents face à l'argent ?

— Des parents qui vivaient largement et ne vous ont jamais « embêtés » avec des problèmes financiers ? Tout avait l'air simple.

— Des parents qui compensaient leurs absences en vous étouffant de cadeaux ?

— Des parents radins qui vous ont « privé » de tout et vous vous êtes promis de ne jamais reproduire la situation ?

— Un mélange des deux ?

Les facteurs émotionnels

À chaque déception, stress, vous vous réfugiez dans l'achat. L'achat peut camoufler un besoin de se gratifier en dépensant. C'est une ligne de fuite vers la dépense où se décharge le trop-plein de tension et où toute prescription rationnelle logique ou responsable ne résiste pas, ou pas longtemps, à la pression de cette défense archaïque. L'anxiété et la dépression peuvent même se nicher sous les achats frénétiques des acheteurs compulsifs, l'achat devenant une sorte d'automédication à la dépression en les mettant dans une sorte d'anesthésie.

Les facteurs iatrogènes

Vous êtes amateur de pub et vous vous laissez entraîner dans un monde fictif où tout le monde « devrait » avoir tel ou tel produit. Vous vous assimilez aux héros et héroïnes de feuilleton et avez fait vôtre que 200 m² tout équipés, le monospace à la porte et les vacances au ski en hiver et au soleil en été étaient la norme d'une famille française ordinaire, formidable ou pas. Vous êtes excessivement sensible aux discours qui vous disent « consommez, vous paierez après… »

La baisse du niveau de revenus

Vous n'avez jamais été augmenté contrairement aux prix, vous avez connu une période de chômage, vous vous êtes retrouvé seul ou seule, vous avez été malade, vous travaillez à mi-temps et n'avez jamais pu passer à temps plein, vous devez aider vos parents, vos enfants…

Il y a une foultitude de raisons, et quelles qu'elles soient, il faut réagir…

Si vous ne changez rien, rien de changera. Que vous ayez 1 000 ou 10 000 € de découvert, si vous continuez sur la même pente, vous en aurez bientôt… beaucoup plus. Cela peut être sans fin, ou plutôt il y aura une fin, mais pas très glorieuse : fichage à la Banque de France, commission de surendettement, huissiers, saisie sur salaire, vente de la maison…

LES COMPLICATIONS DE L'ENDETTEMENT

L'endettement peut entraîner selon son importance des complications de plusieurs types :

— des complications familiales : divorce, perte du droit de visite des enfants car sans logement où les recevoir…

— des complications professionnelles : perte d'emploi, obligation de prendre plusieurs jobs au détriment de la vie familiale, suspicion de l'employeur quant à la compétence de l'endetté à participer à la gestion de l'entreprise…

— des complications physiques : perte de sommeil, boulimie, anorexie…

Le démarrage

Donc il y a un problème dans vos finances, vous en êtes conscient et vous savez qu'il va falloir activement faire quelque chose à ce sujet. Mais quoi ? Quelque chose de différent, de nouveau car ce que vous vivez en ce moment ne fonctionne pas. Ne rien faire ou plutôt vous laisser aller sur une pente que vous considérez comme naturelle, vous a entraîné dans cette situation dont, aujourd'hui, vous aimeriez sortir.

Il est nécessaire de mettre en œuvre une nouvelle méthode : le régime D comme débrouille, dix semaines, antidettes, un coup de dé…

En suivant ce programme, je ne vous propose pas seulement de changer vos habitudes de dépenses, je vous offre la possibilité de modifier votre mode de vie pour mieux vivre au quotidien.

Votre objectif

Avoir un objectif à atteindre est primordial. Les étapes vous permettront de vous rendre compte des efforts en les comparant aux performances attendues.

L'objectif se définit en fonction de la taille, de la morphologie et des objectifs.

Votre taille, ce sont vos revenus.

Votre morphologie, la durée que vous vous octroyez pour atteindre votre objectif.

L'objectif, c'est le but chiffré que vous vous fixez. Le régime D sera d'autant plus efficace qu'il sera ciblé.

C'est sur cet objectif que vous pourrez vous appuyer en cas de doute, de difficultés, de découragement. Attention, ne soyez pas trop idéaliste ! Cet objectif, s'il se situe bien au-dessus des économies que vous pourriez normalement faire, sera maintenu au prix d'efforts constants et de privations. Dans ce cas, il peut être source de fatigue, d'insatisfactions permanentes et générer des troubles. Il faut veiller à ce que votre objectif corresponde à vos revenus, car comme dans tous les régimes, si au départ vous êtes fortement motivé, il faut pouvoir tenir sur la durée.

Et bien sûr, avec le régime D, on est dans le concret et on le chiffre : payer ses dettes soit 8 000 € par exemple, rembourser plus tôt ses crédits (consommation, traites de la voiture, de la maison…), rembourser sa famille ou ses amis… bref ne plus vivre à crédit.

Le club des gens à découvert compte beaucoup de membres, et on ne parle pas ici des naturistes. L'entrée au club est pourtant chère : entre 5,5 et 20,57 % de la somme prêtée. De nombreuses personnes sont surendettées uniquement parce que le crédit est trop cher. Elles remboursent, elles remboursent les intérêts et jamais le capital, sans comprendre forcément le fonctionnement ni des crédits revolving, ni des cartes de crédit, ni des « réserves d'argent ».

Sans être endetté, on peut vouloir économiser pour une occasion particulière. Là encore, on la chiffre :

— changer de voiture, soit 6 000 € par exemple ;

— se faire poser des implants dentaires, soit 4 000 € par exemple ;

— acheter un lave-vaisselle, soit 500 € par exemple ;

— financer l'apport dans l'achat d'un appartement, soit 20 000 € par exemple ;

— partir en vacances, soit 1 000 € par exemple ;

— organiser un mariage, soit 3 000 € par exemple ;

— aider ses enfants à s'installer, soit 2 000 € par exemple ;

— préparer l'avenir : s'assurer six mois de salaire en cas de coup dur.

Mon objectif : ....

En chiffres : ....

10 semaines, 3 étapes

Puisque nous sommes tous différents, nous n'allons pas tous atteindre nos objectifs de la même façon. Nous avons notre propre rythme de vie, des goûts et habitudes de dépenses différents. Les besoins évoluent au cours de notre vie et nos dépenses aussi.

La manière d'appliquer le régime D dépendra du budget de départ, de l'ampleur de l'objectif à atteindre et du temps que l'on s'accordera…

Comme pour un régime alimentaire, cette méthode se structure en 3 étapes :

— geler les dépenses, semaines 1 à 4 (l'amaigrissement) ;

— modifier sa manière d'acheter, semaines 5 à 8 (la transition) ;

— maîtriser son budget et ses économies, semaines 9 et 10 (la stabilisation pour éviter l'effet yo-yo).

Un coaching complet[1]

Je vous propose un concept différent : celui d'un coaching complet. Tout d'abord, ce programme antidettes ne peut fonctionner que si vous êtes prêt.

Pour que je puisse vous guider, il faut que vous soyez déjà motivé. Ce n'est peut-être pas le premier essai, vous y avez beaucoup pensé.

Il n'y a pas de moment parfait, ni telle fin de mois plus difficile qu'une autre, ni telle échéance. L'un se sentira à l'agonie avec 1 000 € de découvert et l'autre saisira l'ampleur de la situation seulement au premier avis d'huissier. Il y a plutôt UN moment, un déclic… et vous vous décidez à changer parce que la situation vous paraît intolérable, de manière contrainte ou volontaire. Et à ce moment-là, alors oui, vous êtes prêt. Prêt à être suivi,

1. Excusez le ton comminatoire et directif. Il est directement copié sur celui des régimes alimentaires. Certaines phrases en sont d'ailleurs directement inspirées.

orienté et guidé, semaine par semaine. Vous découvrirez tous les petits secrets qui vous aideront à gérer le quotidien, à trouver des idées et à retrouver un certain apaisement.

Des habitudes à changer

Vous savez aussi que vouloir ne rien changer à votre manière de vivre et que tout en soit modifié comme par miracle ou magie n'est pas possible. Vous n'êtes plus l'enfant qui, avec ses 10 €, veut le jeu et les 10 € de bonbons. Vous, vous savez que si vous prenez le jeu, vous n'aurez plus les bonbons, car l'argent ne se dépense qu'une fois ! L'adulte sait que les bonbons ne lui manqueront pas puisque c'est lui et lui seul qui a fait son choix. Enfin, presque tous les adultes le savent…

Vous seriez les premiers, et avec raison, à expliquer à un alcoolique que s'il veut se sortir de l'alcool, il lui faut ne plus toucher à une bouteille. On ne peut pas boire 1 litre d'alcool par jour et ne pas être alcoolique. Il faut renoncer soit à l'alcool, soit à la santé et à la lucidité. Là, c'est pareil, il va falloir faire un choix qui va entraîner la modification de certains comportements, de certaines habitudes.

Vous allez apprendre à traquer les dépenses cachées, ces dépenses en excès qui ont été parmi les responsables de votre endettement et à :

— mieux gérer vos dépenses courantes ;
— modifier votre manière de vivre ;
— trouver des sources de revenus.

Mais, au bout du compte, vous allez enfin retrouver le plaisir d'être en accord avec vous-même et votre compte en banque !

« Ce régime est une véritable machine de guerre, un bulldozer devant lequel, lorsqu'il est bien suivi, s'effacent toutes les résistances. » [1]

1. Directement inspiré des régimes alimentaires.

Semaine 1

L'état des lieux

Top, c'est parti ! Bienvenue dans le changement.

Vous entrez dans une zone d'apprentissage. Il n'y a là rien de magique. C'est un enseignement et comme pour tous les enseignements, il va falloir apprendre certaines données, en noter d'autres, y passer du temps. Vous le savez…

Votre situation

Prévoyez donc quelques heures au calme pour ce premier état des lieux, un cahier, un crayon, une gomme et une calculette. Non, n'allez pas en acheter une si vous n'en avez pas ! Vous aurez en plus la chance d'exercer votre cerveau sans dépenser un cent pour une de ces nouvelles machines au nom de Dr japonais ! Si vous avez un logiciel informatique, tant mieux (style www.iswigo.com, gratuit), mais là encore ce n'est pas indispensable. L'idéal est de faire cela un jour ouvré, de RTT par exemple, car vous risquez d'avoir besoin de passer quelques coups de fil pour vérifier telle ou telle donnée financière. Si vous devez commencer un week-end, vous établirez une liste des questions à poser dès lundi matin.

Le problème, quand on est dans une situation financière difficile, est que l'on est bien souvent naturellement fâché avec les comptes et la gestion. Les papiers s'entassent, on ne les ouvre pas, ou si on le fait, on ne les lit pas. Maintenant, la métamorphose va consister à ouvrir toutes les lettres, même et surtout les recommandées, à les lire, à essayer de comprendre et à ne pas s'en effrayer. C'est relativement simple. Vos banques, vos créanciers divers ont tout intérêt à vous présenter les choses comme compliquées, vous y regarderez ainsi de moins près.

L'état des lieux va vous permettre de connaître exactement votre situation, combien vous pesez financièrement parlant. Pour cela, on ne se fie pas aux relevés bancaires, ou pas uniquement. Ils ne parlent que de ce qui s'est passé le mois dernier et sur un compte donné. Le liquide, les remboursements de la mutuelle ou de la sécu, les dettes, les attentes d'argent, les débits différés des cartes bancaires, l'éventuelle prime ne sont pas mentionnés.

Les premières surprises commencent ici.

« On imagine » ou la fiction

Je vais vous demander d'estimer comme cela, sans trop réfléchir, vos dépenses mensuelles sur quatre postes, même si vous n'en avez *a priori* aucune idée, surtout si vous n'en avez aucune idée.

DÉPENSES POUR LE FOYER	ESTIMATION MENSUELLE
Nourriture (à la maison)	
Nourriture (à l'extérieur : cantines, restos, en-cas, goûters, machines à café…)	
Électricité	
Vêtements et chaussures	

Jusque-là, c'est facile, vous n'avez eu qu'à chercher dans votre imagination ou votre mémoire pour établir un pseudo-budget, mais un vrai budget ne s'établit pas comme cela, il se fait à partir des dépenses réelles.

D'ailleurs, essayez de payer vos factures de manière fictive, vous constaterez que cela ne fonctionne pas. Il faut des pépettes !

« On n'imagine plus ! » ou la réalité

Comment faire alors pour trouver les vrais chiffres ? On liste toutes les dépenses des douze derniers mois à partir des anciennes factures. On ne cache rien, on ne se cache rien car on « mérite » la vérité, non ? On procède en deux temps, on établit sa dépense mensuelle, puis sa dépense annuelle.

Comment établir sa moyenne de dépenses mensuelles ?

Pour être sûr de bâtir son plan avec les bons chiffres, on ne se contente pas de prendre sa facture de téléphone du mois précédent et de la multiplier par douze. Pourquoi ? Parce que d'un mois à l'autre certaines dépenses évoluent.

Par exemple : en juin 2008, François veut établir ses dépenses mensuelles de téléphone portable. Il se réfère à ses anciennes factures.

Sur les douze derniers mois, François a dépensé 604,19 €, soit une moyenne de 50,35 € par mois.

S'il avait établi son budget de téléphone annuel à partir du seul mois d'août, il aurait prévu un budget de 507,24 € et il lui aurait manqué 100 € pour boucler son année.

	JUIN 2007	JUILLET 07	AOÛT 07	SEPT. 07	OCT. 07	NOV. 07	DÉC. 07	JANVIER 2008	FÉV. 08	MARS 08	AVRIL 08	MAI 08	TOTAL SUR 12 MOIS
Téléphone portable	43,96 €	44,10 €	42,27 €	62,61 €	43,21 €	57,98 €	56,38 €	65,35 €	47,96 €	45,45 €	43,40 €	51,52 €	604,19 €

Vos dépenses ou emplois de l'argent

> *« Les nécessités de la vie pour l'homme en ce climat peuvent, assez exactement, se répartir sous les différentes rubriques de Vivre, Couvert, Vêtement et Combustible ; car il faut attendre que nous nous les soyons assurés pour aborder les vrais problèmes de la vie avec liberté et espoir de succès. »*
>
> Henry David Thoreau, *Walden ou la vie dans les bois*

On liste donc tout les emplois de l'argent (dépenses et remboursements d'enprunt) des douze derniers mois. Heureusement, les anciens relevés bancaires, factures, etc. sont, bien évidemment, soigneusement archivés dans des classeurs tenus à jour. Bon, pour ceux qui pensent que c'est du brouillon et s'en servent pour établir leur liste de courses (j'en connais), un : ce n'est pas bien ; deux : on peut en demander un double auprès du fournisseur. Depuis le site de certaines banques, il est possible de télécharger les écritures de son compte. Pour les données inexistantes, il est préférable de surestimer plutôt que de sous-estimer les dépenses. Plus on connaît son ennemi, plus on est préparé à l'affronter.

Le tableau de la page 277 (voir modèle à photocopier p. 386) est à remplir le plus scrupuleusement et le plus exactement possible. Il faut s'entourer du maximum de documents, prévoir de faire la liste de toutes les données qui manquent pour pouvoir les chercher dès le lundi matin si on commence le week-end (téléphonez à la banque pour en savoir plus, à l'organisme de crédit pour vérifier le taux des intérêts…).

Les dépenses sont classées par famille : boire et manger, se loger… pour le moment, seules trois colonnes sont à remplir. On garde les autres pour plus tard…

L'étape 1 est utile pour franchir la première étape du régime D. **La première colonne** chiffre le total annuel constaté et déjà dépensé au cours des douze derniers mois. **La deuxième colonne** à remplir est le chiffre de la première divisée par douze pour connaître votre consommation mensuelle. **La jouissance du bien** indique si oui ou non vous en avez la pleine possession. Un exemple : vous remboursez l'achat d'une voiture que vous avez déjà revendue. Vous avez encore six mois de mensualités à payer mais n'avez plus de voiture. Vous n'en avez donc déjà plus la jouissance.

Les feux tricolores (rouge, orange et vert) et l'étape 2 seront à remplir ultérieurement.

Si les dépenses se recoupent, ne les comptez qu'une seule fois.

Liste des dépenses ou emplois de l'argent – étape 1

	ÉTAPE 1			FEUX TRICOLORES	ÉTAPE 2	
DÉPENSES	TOTAL ANNUEL (EN €)	MOYENNE DES DÉPENSES MENSUELLES (EN €)	JOUISSANCE DU BIEN	ROUGE (DÉPENSE OBLIGATOIRE) ORANGE (DÉPENSE MODULABLE) VERT (DÉPENSE SUPERFLUE)	MENSUEL (EN €)	GAIN ANNUEL (EN €)
Exemples : *Téléphone portable de François*	*604,19*	*50,35*	*Oui*			
Abonnement chaîne mangas	*58,80*	*4,90*	*Oui*			
Boire et manger Courses (marché, supermarché, coopérative, boulangerie, pâtisserie, charcuterie, cave...) Cantines (scolaires, entreprise...) Restos divers Cafés et salons de thé (pots divers, petit jus du matin, thé entre copines...) Machines (à café, à snack, à boissons...) Cigarettes Autres						

	ÉTAPE 1			FEUX TRICOLORES	ÉTAPE 2	
DÉPENSES	TOTAL ANNUEL (EN €)	MOYENNE DES DÉPENSES MENSUELLES (EN €)	JOUISSANCE DU BIEN	ROUGE (DÉPENSE OBLIGATOIRE) ORANGE (DÉPENSE MODULABLE) VERT (DÉPENSE SUPERFLUE)	MENSUEL (EN €)	GAIN ANNUEL (EN €)
Se loger (résidence principale) Loyer Remboursement du crédit d'achat du logement Eau Gaz Électricité Bois Fioul Jardinier Taxe d'habitation Impôts fonciers Assurance de la maison Autres						
Se soigner et s'assurer Mutuelles Assurances diverses (voyages, écoles, pratiques sportives...) Dentiste Psy et autres pratiques non remboursées (ostéopathe, massages...) Orthophoniste Cures Autres						

DÉPENSES	ÉTAPE 1			FEUX TRICOLORES	ÉTAPE 2	
	TOTAL ANNUEL (EN €)	MOYENNE DES DÉPENSES MENSUELLES (EN €)	JOUISSANCE DU BIEN	ROUGE (DÉPENSE OBLIGATOIRE) ORANGE (DÉPENSE MODULABLE) VERT (DÉPENSE SUPERFLUE)	MENSUEL (EN €)	GAIN ANNUEL (EN €)
Impôts sur le revenu						
Se déplacer Abonnements transport (carte orange, carte SNCF, abonnement aérien...) Assurance de la ou des voitures Essence ou gasoil Location de voiture Entretien de la ou des voitures Parking Taxis Autres déplacements ponctuels (cars, bus...) Autres						
S'entourer d'animaux de compagnie Nourriture Entretien (vétérinaire, soins, équipements...) Assurance Autres						
Résidence secondaire						

	ÉTAPE 1			FEUX TRICOLORES	ÉTAPE 2	
DÉPENSES	TOTAL ANNUEL (EN €)	MOYENNE DES DÉPENSES MENSUELLES (EN €)	JOUISSANCE DU BIEN	ROUGE (DÉPENSE OBLIGATOIRE) ORANGE (DÉPENSE MODULABLE) VERT (DÉPENSE SUPERFLUE)	MENSUEL (EN €)	GAIN ANNUEL (EN €)
Vivre à la maison Produits d'entretien Pressing Cordonnerie Retouches Heures de ménage Baby-sitting Argent de poche des enfants						
Se former, se distraire École Sorties de classe Inscription à la fac Livres de cours Cours divers enfants (musique, judo...) Club de gym Inscription aux activités variées Abonnements revues Livres/CD/DVD/théâtre/concerts/musées/cinés Location DVD Redevance télé (comprise dans la taxe d'habitation) Câble Hobbies (achat de matériel...) Sorties diverses Autres						

Semaine 1

	ÉTAPE 1			FEUX TRICOLORES	ÉTAPE 2	
DÉPENSES	TOTAL ANNUEL (EN €)	MOYENNE DES DÉPENSES MENSUELLES (EN €)	JOUISSANCE DU BIEN	ROUGE (DÉPENSE OBLIGATOIRE) ORANGE (DÉPENSE MODULABLE) VERT (DÉPENSE SUPERFLUE)	MENSUEL (EN €)	GAIN ANNUEL (EN €)
Se vêtir Achat de vêtements Coiffeur Esthéticienne/manucure… Produits d'hygiène, de soins et de beauté Achat de chaussures Cordonnerie						
Communiquer Téléphone portable Internet Téléphone fixe						
Se protéger Retraite Épargne Assurance vie Syndicats Investissements Actions Autres						

	ÉTAPE 1			FEUX TRICOLORES	ÉTAPE 2	
DÉPENSES	TOTAL ANNUEL (EN €)	MOYENNE DES DÉPENSES MENSUELLES (EN €)	JOUISSANCE DU BIEN	ROUGE (DÉPENSE OBLIGATOIRE) ORANGE (DÉPENSE MODULABLE) VERT (DÉPENSE SUPERFLUE)	MENSUEL (EN €)	GAIN ANNUEL (EN €)
Donner Œuvres Autres Cadeaux de Noël Cadeaux d'anniversaires Fêtes spéciales (mariages, baptêmes...)						
Payer Remboursements des emprunts (autres que les remboursements maison et voiture déjà notés) Crédits conso Cartes de crédit Dettes familiales ou amicales Procédures de justice (huissiers...) Ardoise Découvert bancaire Tickets de loto ! Autres						
Divers						
TOTAL						

Maintenant que vous avez des chiffres plus précis, comparez-les à vos quatre estimations de la p. 272. Des surprises peut-être ?

Vos revenus ou ressources

Face à ce torrent de dépenses, il y a, souhaitons-le, quelques rentrées d'argent… C'est le moment de les répertorier.

Il ne suffit pas de reprendre votre déclaration d'impôts, elle date peut-être. Faites plutôt référence à vos feuilles de paie, vos relevés bancaires, vos déclarations d'allocations familiales, votre mémoire…

NATURE DES REVENUS OU RESSOURCES	MONTANTS ANNUELS NETS (EN €)	MONTANTS MENSUELS NETS (EN €)
Salaires, retraites, émoluments, rémunérations (primes et 13e mois inclus)		
Allocations diverses, bourses…		
Dividendes		
Intérêts non bloqués		
Héritage		
Remboursements de sécu, de mutuelle…		
Autres		
TOTAL	--------------- €	--------------- €

Que vous gagniez 100, 100 000 ou 1 000 000 d'euros par mois, les vrais gros problèmes commencent quand vous dépensez 101, 100 001 ou 1 000 001. Les 1 qui manquent deviennent 12 à la fin de l'année, et avec les intérêts 100 rapidement…

La définition de référence

« Le revenu disponible brut est le revenu qui reste à la disposition des ménages pour la consommation et l'épargne une fois déduits les prélèvements fiscaux et sociaux. Il comprend en particulier les revenus d'activités (pour les ménages, les salaires et traitements bruts, pour les entrepreneurs individuels, les bénéfices réalisés), les revenus du patrimoine (dividendes, intérêts et loyers) et les prestations sociales (allocations familiales, minima sociaux, pensions de retraite, indemnités de chômage...). Le revenu disponible brut est diminué des impôts et cotisations sociales versés. Les quatre principaux impôts directs pris en compte sont : l'impôt sur le revenu, la taxe d'habitation, les contributions sociales généralisées (CSG) et la contribution à la réduction de la dette sociale (CRDS). »

Source : Insee, dossier sur le pouvoir d'achat, juin 2008.

C'est mathématique...

Eh oui, c'est tout bête, on grossit quand on absorbe plus de calories qu'on en dépense, et on s'endette lorsqu'on dépense plus d'argent qu'on en gagne. Et ce n'est pas en achetant une petite bricole « pour se remonter le moral », un gâteau ou un sac à main, que la situation s'arrange ; au contraire, cela ne fait qu'empirer.

L'autre méthode pour maigrir est d'augmenter sa pratique sportive, de se dépenser plus physiquement : on peut bien reprendre un mille-feuille (500 kcal) parce que une heure (soixante très longues minutes) de jogging à 10 km/h brûle 540 kcal ! Sans parler de l'heure passée à courir, une pomme et quelques marches à monter auront le même résultat...

Même chose pour les dépenses : on peut vouloir continuer à consommer, à s'acheter le dernier gadget à la mode, à payer les heures de téléphone portable pour garder la trace de ses enfants, à se montrer avec le dernier sac tendance parce qu'on aura augmenté ses revenus en travaillant plus longtemps. Sans parler du temps passé à ce travail supplémentaire, encore faut-il trouver le travail !

Car augmenter ses revenus dépend avant tout du bon vouloir de l'employeur ou du marché de l'emploi.

La comparaison s'arrête là, car pour maigrir, il faut être gros, et malheureusement, certaines personnes déjà anorexiques, c'est-à-dire aux revenus fort modestes, se trouvent dans la position de devoir s'arracher un os pour survivre. On trouve plus de solutions pour se restreindre de 100 € par mois sur un revenu de 4 000 € qui assure le quotidien plutôt que sur un revenu de 850 €. Personne n'a dit que c'était plus facile, ceux qui doivent se restreindre ne le pensent pas. Mais un minimum de pudeur les empêche de se plaindre devant des caissières à mi-temps de la grand distrib. aux 650 € de revenus mensuels ou les retraités au minimum vieillesse.

Et, comme vous, le gros est perpétuellement sollicité par les pubs qui s'enquillent les unes les autres pour des produits qui le font saliver, tout comme peut-être vous êtes tenté par un nouveau vêtement, le téléphone dernier cri ou une semaine de vacances…

L'indice des finances personnelles (IFP)

Dans les régimes amaigrissants, pour se situer, mince, gros, obèse, il a été défini un indice de masse corporelle ou IMC. À la lecture des tableaux de dépenses et de gains, nous allons définir un indice des finances personnelles (ou IFP, y'a pas de raison de ne pas lui donner un acronyme) ici, à quel pourcentage est-on, disons pour être poli, dans la panade. Pour le calculer, c'est simple, on fait une division :

$$\text{IFP} = \frac{\text{Dépense moyenne mensuelle}}{\text{Revenu moyen mensuel}} \times 100$$

ou

$$\text{IFP} = \frac{\text{Dépense moyenne annuelle}}{\text{Revenu moyen annuel}} \times 100$$

Et on obtient son indice des finances personnelles ou IFP.

Exemple : vous gagnez 1 830 € par mois, soit 21 960 € par an et vous en dépensez pour le moment, mais les choses vont changer à la lecture de ce livre, 2 013 € par mois.

2 013/1 830 × 100 = 110

100 : état normal. Vous dormez, bien si vous n'êtes pas endetté, mal à partir de 101. Il faut réagir, il y a le feu au lac ! Car, plus l'IFP est élevé, plus les effets néfastes se feront sentir rapidement… Il y a urgence, et le Dr Ross ne viendra pas vous sauver…

Quand on se retrouve dans une situation critique, toutes les mesures sont bonnes à prendre pour dépenser moins : de recycler l'eau de la salade à éviter de se servir de la voiture, vider le congélateur pour éviter d'avoir à payer l'électricité, se laver dans un lavabo avec un gant de toilette, plutôt que prendre une douche. Il n'y a aucune honte à avoir à s'occuper de ses affaires, ni d'excuses à donner pour vivre la vie que l'on a choisie.

Dites 33 – le taux d'endettement

Un autre élément à prendre en compte est le taux d'endettement. Vous pouvez très bien avoir un IFP de 100 et des difficultés insurmontables à gérer le quotidien parce que vos remboursements divers vous laissent très peu en « reste à vivre ». En règle générale, l'encours des crédits ne doit pas excéder 33 % des ressources. C'est-à-dire que si vous gagnez 2 000 €, vos crédits ne doivent pas dépasser 660 €.

QUEL EST VOTRE TAUX D'ENDETTEMENT ?

$$\text{Taux d'endettement} = \frac{\text{Encours des crédits et charges fixes}}{\text{Revenus}} \times 100$$

Votre taux d'endettement = ... %

La capacité d'endettement dépasse-t-elle 33 % ? Parmi ces emprunts, quels sont ceux qui relèvent d'un investissement (immobilier, titres...) et de la consommation (télévision, vacances...) ?

Si votre IFP est à 85, votre capacité d'épargne est de 15.

ÊTES-VOUS DÉBITEUR COMPULSIF ?

Comme il y a des dysfonctionnements alimentaires, anorexie et boulimie qui peuvent mettre la vie en danger, il y a des dysfonctionnements financiers qui donnent des « acheteurs compulsifs ».

Les Débiteurs anonymes ont établi une série de quinze questions qui permettent, à condition d'« y répondre aussi honnêtement que possible », de se définir ou non comme débiteur compulsif, c'est-à-dire comme quelqu'un qui ne peut pas s'empêcher d'agir comme il agit.

— Les dettes rendent-elles votre vie privée malheureuse ?

— La pression de vos dettes détourne-t-elle votre attention de votre travail quotidien ?

— Vos dettes affectent-elles votre réputation ?

— Vos dettes vous amènent-elles à vous déconsidérer ?

— Avez-vous déjà donné une fausse information de façon à obtenir un crédit ?

— Avez-vous déjà fait des promesses non réalistes à vos créanciers ?

— La pression de vos dettes vous rend-elle négligent par rapport au bien-être de votre famille ?

— Craignez-vous que votre employeur, votre famille ou vos amis apprennent le montant total de votre endettement ?

— Lorsque vous faites face à une situation financière difficile, la perspective d'emprunter vous donne-t-elle un sentiment démesuré de soulagement ?

— La pression de vos dettes rend-elle votre sommeil difficile ?

— La pression de vos dettes vous a-t-elle donné envie de vous enivrer ?

— Avez-vous déjà emprunté de l'argent sans accorder l'importance adéquate aux taux d'intérêt exigés ?

— Vous attendez-vous généralement à un refus lorsque vous êtes soumis à une enquête pour un crédit ?

— Avez-vous déjà mis sur pied un plan strict pour régler vos dettes, pour y faire entorse sous la pression seulement ?

— Justifiez-vous vos dettes en vous disant que vous êtes supérieur aux « autres » et que, lorsque ce sera votre moment, vous saurez sortir de votre endettement en un tour de main ?

Si la situation le nécessite, il peut être conseillé de se rapprocher de cette association constituée de bénévoles, apolitique, et entièrement... gratuite (voir adresses utiles p. 405).

Votre IFP

En fonction de votre IFP et de vos objectifs, votre régime sera différent, mais l'adaptabilité à une situation donnée, les résultats et la liberté seront identiques.

Ceux qui veulent économiser et les endettés poursuivent néanmoins un objectif commun : moins dépenser pour pouvoir mieux vivre. Mais il y a autant de différence entre quelqu'un qui veut perdre 3 ou 4 kg avant l'été et un grand obèse à qui on va demander pour survivre de perdre 100 ou 150 kg, qu'entre un couple qui veut commencer à épargner et tel autre qui est contraint de rembourser dix fois ses ressources en dettes diverses.

La première question à laquelle vous seul pouvez répondre est de savoir où vous vous situez.

Mon IFP

Voir calcul p. 285.

Mon IFP = ...

IFP supérieur à 100

Une seule solution : stop ou « freeze » comme disent les flics américains en pointant un pistolet sur la personne qu'ils interpellent : on se fige, bref, on n'achète plus ! Là, « c'est une situation qui exige un programme suivi à la lettre. Il répond à la grande loi du tout ou rien qui explique non seulement son efficacité, mais son formidable impact sur le flambeur qui, lui aussi, fonctionne sur la loi des extrêmes. »

Vous n'engagez plus de dépenses inconsidérées (les soldes en ce moment, ce n'est pas une bonne idée, pas plus que la semaine de ski ou au soleil) et vivez « normalement ».

IFP = 100

Vous pouvez prendre le temps de comprendre et d'analyser vos dépenses. Pendant une semaine ou quinze jours, si votre manière de vivre n'est pas routinière, vous allez noter sur un carnet toutes vos dépenses, sans les modifier, ni les arranger, ni les contrôler. On continue à vivre comme avant, à s'acheter une trentième paire de chaussures si la trentième est au programme. On boit cinq cafés par jour à la machine à café, achète un cadeau pour des amis et s'en fait un en même temps… pas de problèmes, pas de jugements : on note tout sans relire les jours précédents.

Le carnet de route

Un budget se fait naturellement pour la majorité des gens, ils ont une balance qui pèse le pour et le contre et une mémoire de leurs dépenses. Ils savent qu'ils peuvent s'acheter une bricole chaque mois, mais résisteront à la deuxième car sans avoir tout noté cent après cent, ils ont en tête que cela ne passerait pas. Tout comme certaines personnes ont une nourriture variée, s'autorisent de rares excès et ne prennent pas de poids, celles qui n'y arrivent pas grossissent et doivent s'organiser pour avoir le contrôle de leur consommation alimentaire. Le carnet est un de leurs outils. Elles y notent tout ce qu'elles boivent ou mangent pour diagnostiquer leurs erreurs avant de les corriger, délimiter leurs goûts et concevoir un programme nutritionnel qui en tienne compte. Cela les aide à prendre conscience de leur véritable consommation, tout comme ce carnet aidera le dépensier à prendre conscience de ses dépenses, souvent sous-estimées, afin de mieux les contrôler. Dans votre carnet de route, comme pour un régime amaigrissant, vous allez devoir noter tout ce que vous dépensez au jour le jour.

À noter

Pour le remplir, notez tout ce que vous payez, sans oublier les dépenses en carte bancaire et chèques. Bien entendu, ce carnet n'est qu'une aide, il ne suffit pas d'écrire « perdu 3 000 € au casino » quotidiennement pour que la situation s'améliore mais cela peut être un début !

À chaque fois, précisez les circonstances de la dépense, si ça allait bien, pas bien, si c'était pour vous, pour quelqu'un d'autre, si pour vous c'est une nécessité ou du superflu… (voir modèle d'une semaine à photocopier en annexe p. 393.)

Le carnet de route

VENDREDI 13 MARS				
DÉPENSES	**POUR QUI ?**	**HUMEUR**	**NÉCESSAIRE (N) OU SUPERFLU (S)**	**MONTANTS**
2 cafés au comptoir	Seule	Ok	N	2,20 € + 0,10 €
Journal + 2 magazines	Pour moi	Ok	N et S	6,20 €
Un café	Pour moi et collègue	Ok	S	1 €
Grande salade + 1 café	Pour moi	Seule je m'ennuie	N	14 € (CB)
Un sac	Pour moi	Bof	N et S	79 € (CB)
Pain	Pour tout le monde	Bof	N	2,10 €
Traiteur	Pour tout le monde	Bof	N	36,85 € (CB)
Pressing	Pour lui et moi	Bof	N	18 € (chèque)
Etc.				
Total				**159,45 €**

À la fin de la journée, faites le total.

Le décryptage

Pour le moment, cela ne sert à rien de se perdre en conjectures pour comprendre ce qui vous est arrivé et comment. Cela se fera certainement un jour ou l'autre…

Si, au contraire, vous n'avez pas cessé d'y penser au cours des derniers mois, il est temps de vous accorder le répit que va vous procurer l'action.

C'est le contrôle de ses dépenses qui donne la liberté et la tranquillité, agir sur elles. Les surconsommateurs endettés savent bien à quoi conduit l'incontrôlable.

Pour cette première semaine, entre tous les comptes qu'il a fallu faire et l'habitude de noter ses dépenses, le temps a dû vite passer. C'est le moment d'être à l'écoute de soi, de la prise de conscience de ses gestes, des détails de sa vie, des actions qui coûtent de l'argent : se laver (eau, savon, serviette de toilette, lessive, machine…), un café (eau, café, machine, tasse, cuillère, sucre, pain, beurre, couteau, eau, vaisselle, torchon, lessive, produit), s'habiller… passer un coup de fil, aller au bureau… le but n'est pas de devenir obsédé par cela, mais de faire preuve de lucidité pour ce qui nécessite de l'argent (donc bien souvent du temps de travail) et de se réapproprier son quotidien. Car le quotidien n'est pas la pub où l'on mange sans grossir, où les pots de crème effacent les rides sur les mannequins de 16 ans et où on a plein d'amis à qui l'on donne de ses nouvelles par téléphone. La pub, c'est la pub, un moment où l'on va tout faire pour nous inciter à avoir envie d'acheter un produit : nous raconter de belles histoires, nous raconter des bobards, nous prendre par les sens et les sentiments. La pub a au moins le mérite de nous prévenir qu'elle est de la propagande et non de l'information. Chaque page de pub dans un magazine, chaque spot télé et radio doit être précédé d'un avertissement nous précisant que ce que nous allons voir ou entendre est de la publicité. C'est le contraire de nos vies, bien réelles.

EXERCICE PRATIQUE DE LA SEMAINE

On vérifie toutes les arrivées d'eau, robinets des lavabos et des éviers, WC... on regarde sa facture, établit le prix au mètre cube dans sa commune.

On lit le chapitre consacré au sujet au début du livre (p. 132).

Semaine 2

Les premières mesures

On continue à noter ses dépenses sur le carnet de route. Et en plus, après les exercices écrits, on ajoute les exercices oraux…

Parlez

À votre conjoint

Si les deux partenaires ont la même attitude et que les choses se passent bien. Quel bonheur, vous passez au paragraphe suivant…

Si ce n'est pas le cas, disons si l'un dépense et l'autre pas, il peut ne pas y avoir de problèmes tant que les rentrées d'argent sont suffisantes, mais nous allons partir du principe que tel n'est pas le cas, puisque vous lisez ce livre. Il va donc falloir parler argent ensemble et tester vos limites de compréhension l'un de l'autre. Courage !

Les faits

D'abord, chacun peut percevoir l'autre comme dispendieux et se considérer comme un modèle de gestion ménagère :

A : « Quoi ? Mais c'est de l'argent inutile cette inscription au club de tennis », dit celui qui déteste le sport à son compagnon.

B : « Quoi, un arbre à 300 € ? », rétorque l'autre qui n'aime pas jardiner.

Et de se lancer dans des justificatifs :

B : « Cela me maintient en forme et je ne suis pas stressé et je ne suis pas malade et j'ai la ligne et avec tout le boulot que je fais je peux bien me faire un petit plaisir de temps en temps… »

A : « Cela me maintient en forme et je ne suis pas stressé et je ne suis pas malade et tu es bien content lorsque tu ouvres la fenêtre de voir un beau jardin et c'est moi qui rapporte le plus d'argent… »

Tous ceux qui ont plus de six mois de vie commune savent que cela peut être sans fin, puisque c'est sans arguments chiffrés. S'appuyer sur les faits pendant qu'on discute permet de ne pas tomber dans l'argument personnel. Le but n'est pas d'avoir raison mais de poursuivre le même objectif, défini en commun.

Vous ne partez pas en terre inconnue. Vous pratiquez l'autre, vous le connaissez bien, qualités et défauts compris. Ses réactions, ses craintes, ses emportements vous sont familiers. C'est déjà ça ! Vous savez qu'il va falloir apporter des preuves, étayer votre discours, surtout pour convaincre un conjoint qui ne partage pas vos idées.

Ensuite, il faut trouver, ou créer le moment propice, sans le ou la coincer, avec du tact, de la diplomatie, de la patience, si besoin un peu de ruse, du temps et du temps et du temps… pour expliquer la situation, parce que vous savez bien que les hurlements, le silence froid ou les manipulations n'ont qu'un temps et ne sont pas efficaces sur la durée.

Enfin, avec lui ou elle, on rappelle **l'objectif commun** : le montant des découverts, crédits et dettes diverses avec la perspective de la Banque de France… ou une maison, des vacances, l'arrivée d'un bébé. On montre les chiffres, on parle de faits.

Le partage des tâches

Dès le début, tout de suite, on fait comprendre ce que cela implique : avoir fait un choix de vie, tenir ses comptes, définir un budget, ne pas se raconter de bobards et partager les tâches.

Si vous avez assimilé que cuisiner vous coûtera trois fois moins cher qu'acheter tout prêt (cf. p. 188), que faire les courses implique de comparer (cf. p. 66), que repasser au lieu de déposer au pressing est chronophage… autant que les deux conjoints soient conscients que cela va prendre du temps. Il faut tout de suite se répartir les tâches (même si cela évoluera au fil du temps). Le « Tu veux faire des économies, mais tu te débrouilles, je ne veux rien changer à ma vie. Si tu veux te mettre à cuisiner, repasser… c'est ton problème », n'est pas audible. On repart avec les objectifs communs, les arguments chiffrés et on lui demande quelles solution il ou elle propose. Travailler plus ? Ok, si il ou elle accepte de mettre les sommes perçues sur un compte séparé et ne pas les dépenser parce qu'il ou elle le « mérite », vu qu'il ou elle travaille plus !

Le monde réel

Cette prise de conscience ne se fera peut-être pas en une discussion, en une heure… il faut le temps d'assimiler l'information, de la nier, de la refuser, d'essayer de trouver des solutions séduisantes, faciles, rapides, miraculeuses, c'est-à-dire imaginaires (brader les enfants, gagner au loto, s'enfuir, changer d'identité en passant par la chirurgie esthétique, repartir à zéro aux îles Caïman…) avant d'accepter la situation, surtout si le conjoint se tenait très éloigné des contingences matérielles, dans un endroit où tout le monde aspire à vivre…

Pendant ce temps, la vie à la maison va continuer. L'économe va noter ses dépenses, modifier son comportement au fil des semaines grâce à son régime D. Dans deux ou trois semaines, il pourra reprendre la conversation avec des arguments encore plus forts. S'il n'y a pas de mauvaise volonté manifeste, c'est tout simplement le temps de l'éveil, de la découverte d'une situation, de l'atterrissage dans le monde réel.

Des solutions…

S'il y a mauvaise volonté manifeste, l'argent n'est peut-être qu'un des problèmes du couple. Des solutions existent cependant pour ne pas être entraîné par l'autre :

— Ouvrir des comptes séparés : un pour le ménage, un pour chacun des conjoints, et ne jamais céder pour renflouer le compte déficitaire à partir de son propre compte.

— Demander une séparation de biens.

— Et si tout cela ne change rien et vous fait vivre l'enfer : divorcez ! c'est une chose de soutenir, d'épauler, d'aimer un conjoint qui traverse une période difficile de chômage, de maladie, de dépression… ou avec qui on partage les difficultés, c'en est une autre de financer un partenaire qui continue à s'acheter de beaux costumes, de belles robes, de belles voitures, à s'offrir tout ce qui lui fait plaisir en considérant son salaire comme son argent de poche pendant que vous devez jongler pour nourrir et entretenir le foyer…

Ça va faire des euros

€ Faites les choses petit à petit avec votre conjoint récalcitrant mais de bonne volonté et chiffrez à chaque fois le gain réalisé. Il ne se rend peut-être tout simplement pas compte du coût des choses.

€ Donnez-vous l'un l'autre de l'argent de poche. Il ou elle n'aura pas l'impression d'être sous le joug de l'autre. Si vous, vous ne le dépensez pas, mettez-le sur un compte secret.

- Éduquez l'autre, surtout s'il a été tenu éloigné des contingences matérielles. Chiffrez le prix des choses.

- Si, il ou elle dérape, ne hurlez pas (au moins pas les premières fois !), surtout si, il ou elle l'avoue. Si la découverte des dépenses est fortuite, expliquez que c'est cela le plus terrible, le fait de ne pas l'avoir signalé pour pouvoir y faire face. Dans des cas dramatiques, le conjoint, de bonne foi, peut même aller jusqu'à remplir un dossier qu'il ne sait pas incomplet pour la commission de surendettement. Il lui sera alors refusé. En revanche, montrez chiffres à l'appui, ce que cela va impliquer.

- Ne refusez jamais, jamais, une offre d'aide !

Parlez à vos enfants

Expliquez la situation

Vous avez pris conscience que vous viviez au-dessus de vos moyens parce que vos moyens ont changé (perte d'emploi, séparation, inflation, augmentation du prix des produits de base...) et vous devez y mettre fin (votre objectif...).

Vous voulez acheter une maison, un bateau, accueillir un enfant (votre objectif)...

Discutez lorsqu'il y a le calme à la maison, demandez aux ados de laisser leurs téléphones à la porte, et vous, ne répondez pas au téléphone, coupez télé et radio, les choses sont sérieuses et on ne peut guère parler de l'avenir de la famille avec les « Guignols de l'info » en fond sonore... Cela va entraîner certaines modifications que vous allez définir dans les jours qui viennent, mais dès aujourd'hui, la situation a changé et les enfants sont intégrés au projet parce qu'ils font partie de la famille.

Dans la plupart des cas, lorsque la famille traverse une crise grave, l'ado et même l'enfant ont déjà ressenti les difficultés et sont soulagés de pouvoir mettre un mot dessus : ce n'est qu'un problème d'argent, plutôt que d'imaginer une grave maladie ou un divorce. Rassurez-les : vous êtes là pour les protéger, ils ne vont pas se trouver à la rue, ils auront toujours à manger, ils seront toujours aimés et surtout vous contrôlez maintenant la situation.

Les enfants font avec les circonstances lorsque leurs parents divorcent, que leurs chiens meurent, que quelqu'un dans la famille a un cancer, que maman est au chômage... Cela serait leur faire injure de croire qu'ils ne se rendent pas compte de la situation ou qu'ils traduisent moins d'argent par moins d'amour.

Expliquez-leur la situation et ce qu'elle implique et autorisez-les à y revenir à leur rythme. Lorsqu'ils ne posent pas de question, vous aurez à les rassurer de temps à autre pour leur dire que les choses se mettent en place... Même s'ils n'abordent pas le problème, cela ne voudra pas dire qu'ils n'y pensent pas, mais inutile de rentrer dans des détails effrayants, surtout avec les jeunes enfants.

Rassurez-les

Dites-leur que vous comptez sur eux. Expliquez-leur dès maintenant (comme il faudra y revenir régulièrement autant commercer tout de suite) que vous allez devoir leur refuser certaines choses. On peut les prévenir que les abonnements téléphoniques et/ou l'argent de poche et/ou les sorties cinéma et/ou les dépenses vestimentaires et/ou les vacances... vont être revus à la baisse, que vous le regrettez mais ne pouvez pas faire autrement... Parlez aussi d'avenir et de projets : nous faisons tout cela pour « garder la maison » ; pour, lorsque nous serons débarrassés des dettes, partir ensemble en vacances ; pour que malgré le chômage de papa ou maman, tu puisses faire des études... On peut leur demander de réfléchir à la façon dont ils vont aider à surmonter cette situation (pas s'ils vont aider, ce n'est pas un choix).

Transmettez

Bien sûr, ils en voudront toujours plus, mais c'est normal. Et ils le voudront maintenant, suivi suivant l'âge de hurlements, puis de bouderie, voire d'un silence obstiné suivi de trois borborygmes où il est question de la revanche qu'il ou elle prendra dès qu'il ou elle sera autonome ou aura ses enfants. Fais donc, mon grand ! Mais tenez vos positions et expliquez à nouveau le pourquoi du comment. Il y a urgence et quelque chose doit être fait, ce n'est pas négociable.

« L'œil était dans la » cuisine « et regardait » maman (ou papa)…

Un enfant comprend rapidement le rapport de ses parents à l'argent. Il les voit agir toute la journée. Si au début, il n'analyse pas la situation, cela ne dure généralement pas !

> *« Papa ? Il ne comprend rien au passé, rien au présent, rien à l'avenir, rien à la France, rien à l'Europe, enfin rien à rien, mais il comprendrait l'incompréhensible dès qu'il s'agit d'argent. »*
>
> *Les Tontons flingueurs*

Vivre simplement implique souvent de mettre en œuvre des stratégies complexes, faisant appel à une certaine créativité et à un apprentissage. Dans la vie quotidienne et réelle, il n'y a pas de réponses ni toutes faites ni toutes simples. N'importe qui peut vivre avec 4 000 € [1] par jour, vraiment n'importe qui. Il n'y a qu'à signer des chèques ou taper un code. En revanche, pour vivre avec 10 € pour une famille, il faut être nettement plus ingénieux et sage. D'ailleurs au mot « économiser », *Le Petit Robert* donne la définition suivante : « gérer avec sagesse ». Pour que cette philosophie soit mise en application, les parents peuvent transmettre leur savoir : montrer comment on tient un livre de comptes, cire les chaussures, enfonce un clou, cueille

1. Ou 4 000 F de frais de bouche.

des champignons, fait un gâteau… tout a de la valeur. On peut aussi leur transmettre certaines notions de base, pas évidentes pour tous : « Non, l'argent ne vient pas d'un mur », « Oui, le travail, voire le temps passé au travail et l'argent ont un rapport entre eux », « Non, sa propre valeur en tant qu'être humain et l'argent dont on dispose n'ont rien à voir », « Oui, boire, manger, se chauffer, aller à l'école est payant », « Non, on ne peut guère se fier à la façon de vivre des gens, à la façade pour savoir s'ils ont de l'argent ou pas. C'est un peu comme les couples apparemment si unis, dont on apprend qu'ils se séparent, qui s'en serait douté ? »

Le syndrome Paris-Hilton

> « La hantise [des parents super riches] ? Le syndrome "Paris Hilton". Dans une étude récente de Capgemini et Merrill Lynch, les familles disent leur inquiétude face à des héritiers habitués à un mode de vie facile. Un quart des gérants de fortune organisent des séminaires pour les jeunes : préparation à la succession, formation à la gestion, mise en place de modèles de gouvernance familiale... Chez Rothschild & Cie ou Fortis, les enfants bénéficient de conseils personnalisés et sont accueillis pendant quelques mois. JP Morgan va plus loin en organisant des séminaires internationaux… »[1]

Faites pareil que les super riches :

• Préparation à la succession

« Je vais te montrer comment poser les rideaux, nettoyer la gouttière ; je vais t'apprendre à faire des pâtes, une reprise… pour que tu puisses te débrouiller quand je ne serai plus derrière ton dos », « Passe-moi la clef de 12, s'il te plaît. »

• Formation à la gestion

« Je ne te donnerai pas d'argent de poche supplémentaire. Tu n'avais qu'à pas tout dépenser en bonbons. Il faut

1. *Le Monde*, 23/03/08.

faire avec ce que tu as » ou pour ceux qui n'en donnent pas « Si tu veux de l'argent, tu te cherches un petit boulot » ou « Non, tu ne peux pas avoir la dernière Game Boy. Si tu n'acceptes pas le modèle d'occasion de l'an dernier, tu devras attendre d'être grand. Tu pourras l'acheter dès que tu travailleras ! »

• **Mise en place du modèle de gouvernance familiale**

« La norme à la maison, c'est que, dès la naissance, 20 % de toutes les sommes données par les parents, les grands-parents, les oncles et tantes partent sur un carnet de caisse d'épargne. Les donateurs le savent bien sûr, et les récipiendaires en feront ce qu'ils en voudront, mais à 18 ans », « Si tu travailles à plein temps, soit tu participes aux frais d'entretien, soit tu mets de l'argent sur un compte, mais tu ne dépenses pas tout pour t'amuser… », « Tu manges comme tout le monde ou tu finis les restes d'hier, mais on ne va pas acheter des soles parce que tu en as goûté chez ta grand-mère. Ta grand-mère t'a fait de l'exceptionnel parce qu'elle ne te voit pas souvent. Lorsque tu y retourneras, tu en auras certainement à nouveau »…

• **Conseils personnalisés**

« Mon chéri, as-tu éteint ton ordi en partant ? », « Écoute ta mère, il faut toujours comparer les prix au kilo et bien vérifier la composition du produit en lisant l'étiquette », « Couvre-toi bien avant de sortir », « Hé, l'argent ne pousse pas dans les arbres »…

• **Séminaires internationaux**

« Ferme bien le robinet d'eau, il y a des petits enfants dans le monde qui n'ont pas d'eau potable »… et en passant, d'après les gazettes autorisées, le grand-père Barron Hilton, lassé du mauvais comportement de sa petite-fille, a préféré donner ses 15 milliards d'euros d'héritage à des œuvres de charité.

Là, l'adage est vérifié : « La première génération bâtit, la seconde développe et la troisième claque. »

Ça va faire des euros

- Faites une tirelire à partir de n'importe quel contenant : une bouteille plastique vide sur laquelle vous collez des images, des petits mots et expliquez comment cela fonctionne !
- Et ne refusez jamais, jamais, une offre d'aide !

Parlez aux débiteurs et créditeurs

Pas tout de suite, mais gardez dans un coin de la tête le fait qu'il faudra les contacter, dès que votre propre plan d'attaque aura été élaboré.

Gelez les dépenses en cours

Pause ! Rendez, annulez ou faites-vous rembourser tout ce qui peut l'être.

— Rapportez le tee-shirt acheté la veille et demandez un remboursement en argent et non en bon d'achat !

— On gèle toutes les dépenses en cours, attention pas les remboursements, les dépenses seulement. On va peut-être perdre des arrhes de 10 % sur les prochaines vacances, mais on ne dépense pas ainsi les 90 % restants.

— On récupère tout l'argent dispatché à gauche à droite : avcz-vous prêté de l'argent ? Attendez-vous le paiement de notes de frais, de participation à l'anniversaire de votre grand-père, de débiteurs ? Avez-vous encore des feuilles de sécu à envoyer ? Des remboursements de mutuelle ? Si oui, c'est le bon moment pour récupérer les sommes engagées.

— On fait le point sur ses comptes et son épargne. Y a-t-il de l'argent sur un compte disponible et laissé en jachère depuis trop longtemps ? Y a-t-il de l'épargne disponible et utilisable sans pénalités (pas les assurances vies, les plans d'épargne logement… où il faudrait payer des pénalités et des impôts, mais plutôt les livrets A, PEP, LDD).

Seulement l'essentiel

Stop ! On s'engage à ne rien acheter qui ne soit pas essentiel, et par essentiel j'entends se nourrir avec des ingrédients de base que l'on transformera soi-même. Un cola, de la salade en sachet, des fromages prédécoupés ne font pas partie des choses essentielles (boire de l'eau du robinet si l'on a soif, acheter une salade verte que l'on nettoiera, du fromage que l'on découpera soi-même pourquoi pas...) pas plus qu'aller au cinéma ou acheter un Ipod à son fils, même si on lui avait promis. Bien sûr, on lui explique pourquoi.

Cela va pour certains créer un choc psychologique, mais le but de cette étape est double : d'une part, ne pas augmenter les dettes, ni les intérêts et les ennuis qui vont avec, et d'autre part, faire comprendre la situation à tous ceux qui vont être concernés pour ne plus être seul à porter le fardeau.

La ménagère « doit dominer la situation matérielle, et non pas se laisser dominer par elle. »

Larousse ménager, 1926

Comment faire pratiquement ?

Dans notre premier tableau (voir p. 277), nous avions listé toutes les dépenses. Maintenant, nous allons les analyser et les répartir en trois catégories : les rouges, les vertes et les orange.

Avant de les détailler, petite piqûre de rappel, on réécrit son objectif chiffré.

Mon objectif : ....

En chiffres : ....

Revenons à nos feux tricolores :

— **Rouge**, ce sont les **dépenses immuables**. Si votre loyer est de 850 € par exemple, il va rester à 850 € un certain temps. Rien que vous ne fassiez dans un premier temps ne va le diminuer, sauf à déménager. Donc, c'est une dépense incompressible. Même chose si vous versez une pension alimentaire. Elle peut être renégociée si vous traversez une période difficile, mais pour le moment elle est inscrite dans le marbre.

— **Orange**, ce sont les **charges obligatoires mais modulables**. Le budget énergie, par exemple, est quasi obligatoire, mais peut être diminué en changeant sa manière de consommer.

— **Vert**, ce sont les **dépenses de superflu, de loisirs**. L'abonnement à la télévision par satellite, l'inscription à la salle de gym…

Liste des dépenses ou emplois de l'argent – feux tricolores

	ÉTAPE 1			FEUX TRICOLORES	ÉTAPE 2	
DÉPENSES	TOTAL ANNUEL (EN €)	MOYENNE DES DÉPENSES MENSUELLES (EN €)	JOUISSANCE DU BIEN	ROUGE (DÉPENSE OBLIGATOIRE) ORANGE (DÉPENSE MODULABLE) VERT (DÉPENSE SUPERFLUE)	MENSUEL (EN €)	GAIN ANNUEL (EN €)
Exemples :						
Téléphone portable de François	*604,19*	*50,35*	*Oui*	*O*		
Abonnement chaîne mangas	*58,80*	*4,90*	*Oui*	*V*		
Boire et manger						
Courses (marché, supermarché, coopérative, boulangerie, pâtisserie, charcuterie, cave...)				O		
Cantines (scolaires, entreprise...)				R		
Restos divers				V		
Cafés et salons de thé (pots divers, petit jus du matin, thé entre copines...)				V		
Machines (à café, à snack, à boissons...)				V		
Cigarettes				V		
Autres						

	ÉTAPE 1			FEUX TRICOLORES	ÉTAPE 2	
DÉPENSES	TOTAL ANNUEL (EN €)	MOYENNE DES DÉPENSES MENSUELLES (EN €)	JOUISSANCE DU BIEN	ROUGE (DÉPENSE OBLIGATOIRE) ORANGE (DÉPENSE MODULABLE) VERT (DÉPENSE SUPERFLUE)	MENSUEL (EN €)	GAIN ANNUEL (EN €)
Se loger (résidence principale)						
Loyer				R		
Remboursement du crédit d'achat du logement				R		
Eau				O		
Gaz				O		
Électricité				O		
Bois				O		
Fioul				O		
Jardinier				V		
Taxe d'habitation				R		
Impôts fonciers				R		
Assurance de la maison				O		
Autres						

À chacun de faire la différence en fonction de ses besoins : Untel aura besoin d'une voiture pour aller au travail quand tel autre pourra prendre un train et oublier essence, parking et bouchons pendant quelque temps.

Les rouges et les orange vont donner une idée du minimum nécessaire.

Inscrivez au crayon de bois effaçable vos classements et faites un total couleur par couleur. Gagnez-vous suffisamment pour régler le rouge, les trois quarts du orange et mettre un peu de côté ? Si non, il va falloir continuer à élaguer et essayer de faire passer certaines rubriques du orange au vert.

Le but est d'arriver à ce que les rentrées d'argent soient suffisantes pour payer le rouge, les trois quarts de l'orange et commencer à épargner ou rembourser. Pourquoi seulement les trois quarts du orange ? Parce que nous allons apprendre à modifier certains comportements et trouver des solutions pour dépenser moins dans chacun des postes modulables. On va se rendre compte que le régime D est proche du système D. La somme d'argent restante va être mise de côté pour ceux qui ont un projet en tête ou servir à rembourser les dettes les plus urgentes pour ceux qui ont un IFP élevé.

Pas d'illusion à entretenir pour les endettés, les rubriques vertes vont passer à la trappe. Il vaut mieux comprendre que c'est une libération (des dettes et des ennuis qui vont avec) plutôt qu'une restriction. Personne ne vous oblige à poursuivre l'objectif que vous vous êtes fixé. Vous le faites par choix, par volonté, par réflexion… c'est ça plutôt que ça. De quoi vous privez-vous : de biens matériels ou de tranquillité d'esprit ? De dettes ou de vie plus harmonieuse, d'un présent de pacotille ou de l'avenir ? Mais vous avez le choix entre les deux.

EXERCICE PRATIQUE DE LA SEMAINE

Vérifiez votre facture d'EDF. Si vous avez un tarif heures creuses/heures pleines ou Tempo, expliquez bien son fonctionnement à tous les membres du foyer. Éteignez toutes les veilleuses après chaque utilisation d'un appareil. Lisez le chapitre consacré à l'énergie (cf. p. 141).

Ça va faire des euros

Le souvenir est humain
Certains parents ont tendance à oublier le passé : « c'était plus facile pour nous que pour nos enfants », et ils vous racontent qu'ils ont pu faire un crédit et s'acheter une maison à 25 ans. Ce n'est pas faux, mais en continuant la discussion, on se rend vite compte qu'acheter la maison ne s'est pas fait tout seul. « Les premières années, nous ne partions pas en vacances, nous n'avions pas de voiture, nous faisions tout nous-mêmes, nous n'allions pas au cinéma... et on économisait pour la maison. » Les enfants, eux, voient les résultats : « Nos parents ont toujours bien vécu. Nous n'étions pas riches, mais ne manquions de rien quand nous étions enfants », moins les « sacrifices »...

Spécial engrenage
Vous le faites une fois et vous en prenez pour X années de dépenses...
— les faux ongles ;
— les faux cils ;
— le botox, faut combler tous les six mois...
— les cheveux très courts : un coiffeur toutes les trois semaines ;
— la pilule, 40 ans de contraceptifs alors que, une fois posé, le stérilet se vérifie tous les trois ans. Peu populaire en France, où les labos pharmaceutiques sont très puissants, il est plébiscité ailleurs ;
— le club de gym ;
— le jeu : lotos, poker, machine à sous, casino...
— la cigarette ;
— les machines à café à dosettes (pour une dosette à 0,30 €, soit 3 g de café, le kg est à 100 €).

Un mantra
Un crédit peut s'envisager pour un bien durable et surtout monétisable, c'est-à-dire qu'en cas de besoin, il peut être revendu sans trop perdre de sa valeur. Bref, on se pose la question : « Combien est-ce que je le revendrai ?» avant de songer à faire un crédit quelconque ! Un superbe pull acheté 150 € se revend les bons jours 10 à 15 €, les bons jours...

Enveloppes
Toutes les grandes enveloppes à bulles, renforcées, si chères à l'achat à l'unité, peuvent être réutilisées. Il suffit de coller une feuille de papier à la taille de l'enveloppe sur le côté qui portait l'adresse, et affranchissement, coordonnées postales sont effacées.

Fabriquer des enveloppes est très simple. On décolle les côtés d'une enveloppe au format que l'on veut reproduire. On la déplie et s'en sert comme patron. On dessine son pourtour, découpe la forme. Un peu de colle sur les rebords, comme sur le modèle, et le tour est joué. Des publicités, des pages de magazines, des vieilles bandes dessinées, des horaires de car... on peut tout réutiliser, et les enfants aiment bien faire cela. Certaines entreprises branchées et « vertes » en achètent déjà des toutes recyclées, comme la Biocoop qui envoie ses courriers dans des enveloppes faites à partir de vieilles cartes géographiques.

€ Légende

Une légende ou plutôt une rumeur court selon laquelle on ne peut utiliser du papier de brouillon dans une imprimante, le papier de brouillon étant un papier qui aurait déjà un côté d'écrit, d'imprimé ou de photocopié. Ça bloquerait, boucherait l'imprimante. C'est faux et ultravérifié !

Semaine 3

L'analyse des dépenses

Quinze jours ont passé et il est temps d'analyser le carnet de route.

Vous avez peut-être constaté qu'écrire ce que l'on dépense limite ses dépenses. Pour le moins, cela pointe les erreurs : la babiole à 5 € « Ah, 5 €, c'est rien et cela me fait tellement plaisir ». D'une part, 5 €, c'est 5 €, et d'autre part, si cela se reproduit cinq fois par semaine, cela représente 50 € en 14 jours ! ; le litre d'eau surpayé dans une machine automatique parce que vous n'aviez pas pensé à prendre une bouteille avec vous…

L'analyse du carnet de route

— Est-il vraiment le reflet de vos achats, sans chercher à minimiser vos dépenses ?

Si oui, pensiez-vous dépenser autant ou si peu ?

— A-t-il, malgré tout, entraîné une modification dans votre manière d'acheter ?

— Allez-vous tous les jours dans les magasins ?

— Achetez-vous tous les jours quelque chose ?

— Quel est le montant de vos achats superflus ?

— Avez-vous eu l'impression d'être manipulé par le vendeur ? la pub ? la promotion qui était en cours ?

— Avez-vous l'impression que les actes d'achat étaient liés à des sentiments de bonheur, d'apaisement ou ont-ils créé *a posteriori* une angoisse encore plus grande ?

— Avez-vous eu l'impression de perdre le contrôle de vous-même lorsque vous étiez dans les magasins ? de vous sentir obligé d'acheter ? de n'avoir pas pu dire non à votre corps et esprit défendant ?

En fonction des réponses, vous pouvez tirer quelques enseignements.

— Si vous entrez quotidiennement dans un magasin, vous augmentez vos risques de tentation. Pourquoi ne pas essayer de diminuer vos visites ?

— Vous avez acheté beaucoup de « superflus ». Vous venez d'en prendre conscience. Charge à vous de les modifier en trouvant des équivalents à toutes ces petites dépenses du quotidien. Pensez à votre objectif : préférez-vous continuer à lire ce magazine « essentiel » ou boire ce café « indispensable » ou rembourser vos dettes/acheter une maison/changer de travail ? Qu'êtes-vous en train de sacrifier à l'inutile ?

— Vous rentrez chez vous à peine content de votre achat. Le vendeur, snob comme un pot de chambre, vous a emberlificoté et vous n'avez pas voulu « perdre la face » devant lui.

— Vous avez eu l'impression que l'on vous a forcé la main.

— Vous vous sentez déprimé et n'avez jamais été heureux ou simplement euphorique après l'achat d'un article qui vous tenait à cœur…

LES GENS TRISTES DÉPENSENT PLUS

Selon les auteurs (les chercheurs des universités de Carnegie Mellon, de Stanford, de Pittsburg et d'Harvard, aux États-Unis), « la tristesse et le fait d'être centré sur soi nous font dévaluer à la fois l'estime que l'on se porte et nos possessions actuelles.

> **Cette dévaluation nous fait vouloir dépenser plus d'argent pour de nouveaux produits comme un moyen de rehausser notre image. »**
>
> *Medical News Today*, 10/02/2008 [1]

Et si l'achat n'était pas la solution de ces problèmes-là ? Si l'ennui, la solitude, la dépression, la tristesse, la frustration, l'envie, la timidité ou tout autre sentiment était la source de ces achats, très loin des besoins primaires, très loin de votre objectif à atteindre…

Les « économies » faciles

Faites le compte des superflus à partir de votre carnet de route (voir p. 290). Vous venez de chiffrer votre capacité d'épargne facile.

MES SUPERFLUS DE LA QUINZAINE

–
–
–
–
–

Reprenez votre carnet et vérifiez à nouveau si toutes les dépenses ont bien été ventilées dans la bonne catégorie « superflu » ou « nécessaire ». Par exemple, tout ce qui a été payé cher par manque d'anticipation (acheter une bouteille d'eau dans le train, parce que vous n'avez pas pensé à en prendre une avant, acheter un cadeau d'anniversaire plein pot et dans l'urgence, car vous aviez oublié que votre femme était née le 14 juillet ou que vous espériez que cette année, cela allait tomber un 15 août…). Recomptez.

1. « *Misery is not Miserly : Sad and Self-Focused Individuals Spend More* », Cynthia E. Cryder, Jennifer S. Lerner, James J. Gross, Ronald E. Dahl. 2008.

MES VRAIS SUPERFLUS DE LA QUINZAINE

—
—
—
—
—

En enregistrant les dépenses au quotidien sur votre carnet de route, vous avez appris à tenir un livre de comptes.

Le livre de comptes

Boouh, quels mots horribles, livre de comptes, pour qui n'aime pas compter. Rassurez-vous, pour qui aime cela, c'est rarement synonyme de plaisir intense, mais c'est comme se brosser les dents, il faut le faire. D'ailleurs, vous avez commencé au cours des deux semaines passées. Eh oui, ce n'est pas plus compliqué que le carnet de route, c'est même un peu plus simple.

Vous maîtrisez parfaitement les additions (jusque-là vous disiez « J'ai acheté ça, plus ça, plus ça... »), vous allez maintenant pouvoir vous exercer aux soustractions (« Sur mon revenu mensuel, il me reste tant »).

Avant, le livre de comptes était à la ménagère ce que le dé était à la couturière ou les moustaches à un baiser, indispensable ! Des générations entières ont vu leurs grand-mères ou leurs mères revenir du marché avec des petites notes et compiler le soir tous les bouts de papier dans une grande addition. Elles y arrivaient, la plupart du temps sans avoir suivi de formation spéciale, avec des agendas périmés et de vieux crayons. Il n'y a pas de raison que vous n'y arriviez pas !

Pas sûr non plus qu'elles aient eu plus de temps à consacrer à cela, mais vous, entre la vie professionnelle et la vie familiale, lorsque le soir arrive, vous n'attendez qu'une chose, retrouver l'oubli du sommeil. Pour sortir d'une situation qui vous obsède, vous fait perdre le sommeil et la santé, vous allez réussir à trouver ces 5 minutes-là, car 5 minutes, voire 10 minutes au début, c'est tout ce qu'il faudra consacrer à la tenue de ce livre de comptes, en demandant à votre conjoint ou conjointe soit de faire la même chose de son côté, soit de vous donner le détail de ses dépenses.

Du carnet de route au livre de comptes

À partir de votre carnet de route (voir p. 290), classez les postes en grandes rubriques (nourriture, repas extérieurs, entretien, loisirs, vêtements…).

Placez ensuite en face de chaque rubrique le code couleur : rouge d'abord, orange ensuite et vert enfin.

Petit rappel :
Rouge = dépenses immuables
Orange = dépenses obligatoires mais modulables
Vert = dépenses superflues (loisirs)

DÉPENSES	MONTANTS	RUBRIQUE	TOTAL DES DÉPENSES PAR RUBRIQUE	ROUGE, ORANGE OU VERT ?
Pain	2,10 €	Nourriture	38,95 €	Orange
Traiteur	36,85 €	Nourriture		Orange
2 cafés au comptoir	2,20 € + 0,10 €	Repas extérieurs	17,30 €	Orange
Un café	1 €	Repas extérieurs		Orange
Grande salade + 1 café	14 €	Repas extérieurs		Orange
Pressing	18 €	Entretien	18 €	Orange
Journal + 2 magazines	6,20 €	Loisirs	6,20 €	Vert
Un sac	79 €	Vêtements	79 €	Vert
Total	**159,45 €**			

Si vous êtes perdu, gardez votre carnet de route et reportez chaque jour ou chaque semaine les chiffres sur votre livre de comptes papier ou informatique.

Les recettes d'un budget maîtrisé n'ont guère changé aujourd'hui. Il faut faire ses comptes pour maîtriser sa consommation ! tout comme pour maigrir, il faut prendre conscience de ce que l'on avale, le surveiller et maîtriser ses portions.

Les dépenses

Deux entrées sur le livre de comptes sont nécessaires :
— l'une pour les dépenses quotidiennes ;
— l'autre pour répertorier les dépenses mensuelles.

Un cahier fait l'affaire mais l'agenda, une page par jour, a l'avantage d'être plus pratique.

Au quotidien, pour ne pas transformer l'exercice en épreuve que l'on abandonnera au deuxième jour, il existe certains petits trucs pratiques que chacun adaptera à sa guise :

— Toujours placer le carnet à la même place avec un crayon qui n'en bouge pas, quitte à lui adjoindre une ficelle. Le plus petit contre-temps suffit à tuer les meilleures résolutions…

— On garde tous les tickets de caisse et on demande au commerçant du marché de vous inscrire le prix sur le sachet s'il n'a pas de tickets, même pour les fruits et les légumes. En cas de gêne, dire que l'on fait les courses pour le voisin.

— On note bien le motif de la dépense sur le talon du chèque, la date et tout le tremblement…

— On demande au distributeur automatique de billets, gentiment, un reçu.

Au début, plutôt que de noter tous les achats de nourriture un à un, certains vont se fixer un montant en liquide dans une enveloppe et ne pas en déroger. Par exemple, une famille de quatre personnes, qui déjeune à l'extérieur 5 jours par semaine dispose de 100 € par semaine de budget nourriture pour le domicile. Il suffit de noter 100 € sans avoir à faire le décompte. C'est une fausse bonne idée.

— L'avantage : on se simplifie la vie.

Carnet des dépenses journalières.
Janvier 19

		FR.	CENT.	FR.	CENT.
1	1 litre de lait		20		
	1 kil. de viande	1	40		
	2 pains à 27 centimes		54	2	14
2	5 litres de pétrole à 12 cent.		60		
	1 kil. de lard	1	30		
	Légumes		25		
	Epices		25	2	40

Un modèle de carnet de dépenses du début du XXe siècle avec à gauche la colonne détail et à droite, le total jour par jour.

Notions d'économie domestique, 1897.

— L'inconvénient : si on cherche à comprendre vraiment sa consommation, on perd l'occasion de comparer les différents fournisseurs et de suivre l'évolution des prix.

Cette solution peut servir éventuellement au démarrage du régime D, au moment où on doit faire face à beaucoup de paperasseries, mais pour ceux qui veulent vraiment s'ancrer dans la durée, faire de grosses économies, elle devra faire place au suivi précis des comptes le plus rapidement possible.

Surveillez vos comptes sans que cela devienne obsessionnel, car l'équilibre financier consiste à équilibrer les plus et les moins, pas à calculer des racines carrées sur des machins d'hypoténuse…

EXERCICE PRATIQUE DE LA SEMAINE

Faites le point sur les produits d'entretien. Finissez-les avant même de songer à en acheter d'autres. Lisez le chapitre intitulé *Le nettoyage* p. 203.

Semaine 4

Les premiers gains

« Dans cette société gouvernée par l'argent, pas d'échappatoire : vos comptes doivent être soigneusement tenus à jour. »

Les Enfants d'Aquarius,
Le Manuel de la vie pauvre

Vous savez comment ne pas prendre de poids, maintenant vous allez commencer à en perdre…

Calculez votre gain

Cela fait près d'un mois que vous notez vos dépenses au quotidien. Vous commencez à bien connaître vos habitudes d'achat. Vous savez comment réagissent vos proches. Vous avez une bonne base pour imaginer l'éclaircie qui se dessine.

Il est temps de chiffrer vos dépenses futures. Pour cela, on retourne à l'état des lieux, et on va remplir les deux colonnes de l'étape 2 (tableau vierge p. 386).

Bonne nouvelle : on peut le faire en s'appuyant sur des éléments chiffrés, notre livre de comptes qui, depuis quinze jours, enregistre toutes les dépenses de notre vie économe. Rebonne nouvelle, les feux tricolores nous indiquent leur importance.

— Les feux rouges sont incompressibles.

— Les feux orange peuvent être diminués. Votre expérience des trois précédentes semaines l'a certainement prouvé.

— Les feux verts sont du superflu. À vous de définir vos ambitions et votre volonté d'arriver à votre objectif. Une abondance de feux verts ne signale pas une grande détermination à venir à bout de ses dettes ! Si vous êtes à un IFP supérieur à 100, il ne devrait même plus y en avoir…

La première colonne « moyenne des dépenses mensuelles » indique ce vers quoi vous voulez aller.

→ Exemple : François dépensait 50,35 € de téléphone portable chaque mois, il se fixe de ne pas dépasser les 40 € pendant l'année à venir.

La deuxième colonne chiffre le gain réalisé sur les douze mois par rapport à l'année précédente.

→ Exemple : pour François, cette diminution de la facture de téléphone portable va dégager 124,20 €. Il a aussi décidé de faire passer le remboursement de sa « réserve d'argent » ou plutôt réserve de dettes, avant son abonnement à la chaîne de mangas, soit 58,80 € en moins.

En deux postes, il a déjà évité de dépenser 183 €.

Liste des dépenses ou emplois de l'argent – étape 2

DÉPENSES	ÉTAPE 1			FEUX TRICOLORES	ÉTAPE 2	
	TOTAL ANNUEL (EN €)	MOYENNE DES DÉPENSES MENSUELLES (EN €)	JOUISSANCE DU BIEN	ROUGE (DÉPENSE OBLIGATOIRE) ORANGE (DÉPENSE MODULABLE) VERT (DÉPENSE SUPERFLUE)	MENSUEL (EN €)	GAIN ANNUEL (EN €)
Exemples :						
Téléphone portable de François	*604,19*	*50,35*	*Oui*	*O*	*40*	*+124,20*
Abonnement chaîne mangas	*58,80*	*4,90*	*Oui*	*V*	*0*	*+58,80*
Boire et manger				O		
Courses (marché, supermarché, coopérative, boulangerie, pâtisserie, charcuterie, cave...)						
Cantines (scolaires, entreprise...)				R		
Restos divers				V		
Cafés et salons de thé (pots divers, petit jus du matin, thé entre copines...)				V		
Machines (à café, à snack, à boissons...)				V		
Cigarettes						
Autres				V		

DÉPENSES	ÉTAPE 1			FEUX TRICOLORES	ÉTAPE 2	
	TOTAL ANNUEL (EN €)	MOYENNE DES DÉPENSES MENSUELLES (EN €)	JOUISSANCE DU BIEN	ROUGE (DÉPENSE OBLIGATOIRE) ORANGE (DÉPENSE MODULABLE) VERT (DÉPENSE SUPERFLUE)	MENSUEL (EN €)	GAIN ANNUEL (EN €)
Se loger :						
(résidence principale)						
Loyer				R		
Remboursement du crédit d'achat du logement				R		
Eau				O		
Gaz				O		
Électricité				O		
Bois				O		
Fioul				O		
Jardinier				V		
Taxe d'habitation				R		
Impôts fonciers				R		
Assurance de la maison				O		
Autres						
TOTAL					.... €	.... €

Faites le total des gains escomptés et notez-le.

TOTAL DES GAINS ESCOMPTÉS

L'année à venir, mon gain réalisé sur douze mois sera de : .... €

EXERCICE PRATIQUE DE LA SEMAINE

Il fallait bien y venir, mais c'est plus facile à appréhender lorsque les perspectives sont bonnes (pensez aux gains que vous allez faire dans les mois à venir) et la paperasserie légère. Direction courses alimentaires et cuisine. On lit le chapitre *Le prix à payer* (voir p. 63) pour commencer son étude de marché dans son quartier ou sa commune, avant d'attaquer celui intitulé *Où économiser des euros* (voir p. 123) ?

On devrait avoir établi son « **p'tit classeur** » (voir p. 66) à soi, plus efficace que n'importe quel comparateur de prix sur Internet car non seulement il correspond à 100 % de vos besoins, mais il prend en compte toutes les différentes enseignes de votre localité. Le p'tit classeur vient aussi vous aider à ajuster vos prévisions de dépenses de cuisine de cette deuxième étape.

Ça va faire des euros

Vaisselle assortie

Trouver de la vaisselle et des verres pas chers est vraiment très facile : trocs, vide-greniers, braderies, brocantes... Bien sûr, cela risque d'être dépareillé, mais cela tombe bien, c'est à la mode ! Pour quand même trouver une unité sur la table, vous pouvez décider de ne chiner que de la vaisselle bleue, ou à motifs fleuris ou carrée par exemple, cela créera une unité de ton, ou apposer un dessin commun sur tous les éléments.

So malin

Les invités sont partis, les serviettes en papier utilisées s'apprêtent à filer à la poubelle. Donnez-leur une seconde chance en les stockant. Elles feront merveille pour essuyer une tache sur le sol, un débordement de liquide sur la cuisinière, un surplus de gras avant de mettre un plat au lave-vaisselle ou dans la bassine... en remplacement du Sopalin.

Hors normes
Toujours se décaler : allez dans un quartier qui ne vous ressemble pas et faites les dépôts-ventes, regardez les vêtements...

En douce
Allaitez le plus tard possible ! 100% gratuit, sain et naturel.
En revanche, pour les enfants, il y a des choses que l'on peut éviter : la baignoire pour enfants à remplacer par le lavabo ; la table à langer à remplacer par n'importe quelle table avec trois serviettes de toilette pliées : gauche, haut, droit pour bloquer bébé ; les chaussures, inutiles tant que l'enfant ne marche pas (à remplacer par rien !) ; les jouets luxueux à remplacer par n'importe quoi de léger, arrondi, coloré, et pas trop petit afin qu'il ne puisse pas l'avaler...

Oh Noël, Noël
Pour faire des étoiles de Noël, collez deux vieux CD ou DVD face contre face en y insérant un joli ruban, les deux côtés réfléchissants apparents. Découpez-y une forme d'étoile.

Aux grilles
De temps en temps, pensez à aspirer la grille derrière le frigo. Pleine de poussières, le frigo consomme plus.

Une autre manière de prolonger la vie des objets
• Les faire fonctionner une deuxième fois !
La plupart des sacs aspirateurs peuvent se vider en passant la main par le trou d'arrivée du tuyau. Un gant plastique, on y plonge et les sacs sont réutilisables au moins deux fois, voire trois.
Une fois utilisées, les feuilles de papier alu qui n'ont pas été trop tachées se plient et peuvent servir à nouveau.
Les papiers qui enveloppent le beurre sont prévus pour être en contact avec les aliments. Ils peuvent ainsi très bien servir à couvrir un plat mis à four doux, pour faire des papillotes, ce qui évite d'utiliser une nouvelle feuille d'alu.
Recharger les cartouches d'imprimantes, de jets d'encre et de laser avec www.encrestation.com
• Leur trouver une nouvelle destination !
Un vieux jogging molletonné et archi lavé donc déformé devient un fort confortable pyjama d'hiver....

Semaine 5

La transition

Premier bilan

• Vos dépenses sont-elles enregistrées quotidiennement ?

Si oui, bravo. Vous avez dû déjà avoir pas mal de surprises sur les sommes dépensées. Regardez le total de vos dépenses de la première semaine de votre carnet de route, comparez à celles de la quatrième semaine… Vous allez voir, cela va continuer !

Si non, allez-y ! il n'y a rien à craindre…

• Vos proches ont-ils compris l'enjeu de ce choix de vie ?

Si oui, tant mieux !

Si non, c'est peut-être le moment, chiffres à l'appui, de revenir à la charge. Maintenant vous avez des arguments et du recul.

• Vous sentez-vous mieux d'être dans l'action ?

Si oui, là encore tant mieux.

Si non, repensez à votre situation d'il y a un mois. Il n'y avait pas de pente naturelle et douce vers la résolution de vos problèmes sinon vous l'auriez empruntée depuis longtemps. Sauf cas exceptionnels, les dettes ne se sont pas faites en une journée. Sauf miracle, elles ne partiront pas non plus en 24 heures. Ne vous découragez pas. Même 100 € de gagnés sur vos habituelles dépenses, c'est 100 € qui n'auront pas à être empruntés dans un crédit revolving.

• Vous trouvez que les changements sont minimes par rapport à l'effort demandé ?

L'histoire est connue : on demande à trois maçons de raconter leur vie :

Le premier dit : « J'ai porté des pierres. »

Le deuxième dit : « J'ai construit un bâtiment. »

Le troisième : « J'ai participé à une œuvre d'art qui me survivra. »

Et pourtant, les trois ont fait le même boulot : ils ont travaillé sur le chantier d'une cathédrale. Pour vous, c'est pareil, changez de perspective et pensez cathédrale, Louvre ou pyramide plutôt que cailloux ! Vous ne mangez pas des lentilles (délicieuses par ailleurs froides ou chaudes !), vous remboursez vos dettes, vous ne buvez pas de l'eau du robinet, vous économisez pour vous acheter un appartement (eh oui !).

C'est le principe des vases communicants : ce qui n'est pas dépensé dans un domaine peut l'être dans un autre. C'est peut-être du goutte à goutte mais rappelez-vous qu'une fuite d'eau dans un WC peut coûter très cher...

• Les autres s'en sortent mieux ?

Oui, bien sûr, tous les autres sont plus riches et plus minces. Curieusement, dans ces cas-là, on ne fait pas référence aux populations affamées d'Haïti ou du Soudan, au quart-monde des bidonvilles français, mais à ses voisins, à ceux qu'on voit à la télé et à ce qu'on imagine être leur réalité. Imaginons un grand gros, 1,90 m, 190 kg qui discute dans la salle d'attente de son diététicien avec un petit ex-gros de 1,60 m et désormais 80 kg. Le petit lui dit qu'après trois mois de régime il ne lui reste plus que 10 kg à perdre pour atteindre le poids escompté… Est-ce que le régime du grand est moins efficace pour cela ? Non, tout dépend d'où il partait car pour perdre 100 kg encore fallait-il les avoir pris au départ et avoir une morphologie qui les supporte. Pour l'argent, c'est pareil ! Si vos voisins s'en « sortent mieux » avec un revenu peu ou prou identique, c'est peut-être que leurs dépenses, leurs dettes sont moins importantes et après trois mois sans sortie cinéma, ils auront apuré leur découvert, tandis que vous, dans trois mois, vous commencerez simplement à ne plus craindre l'huissier. Pensez aux Haïtiens et dites-vous que la vie n'est pas « juste » !

Maintenant que la machine est enclenchée, et que l'on arrive à imaginer sa nouvelle vie et ses capacités d'épargne, il est temps de s'attaquer aux crédits.

Emprunter, pourquoi ?

À une époque pas si éloignée, il fallait avoir l'argent pour pouvoir le dépenser. Incroyable, non ? Les emprunts bancaires étaient réservés aux plus fortunés, mais l'usurier était ouvert à tous. Heureusement, les temps ont changé, le taux de l'usure est encadré, les emprunts sont accessibles à une majorité d'entre nous, malgré l'exclusion bancaire qui frappe de plus en plus d'individus.

Il y a différentes sortes d'emprunts. Tout le monde n'hérite pas ni d'une éducation, ni d'une maison, ni d'un métier… On peut vouloir financer ses études, un appartement, une maison, une voiture pour retravailler… pourquoi pas ?

On peut aussi choisir de profiter de conditions ultra-avantageuses : il peut être judicieux, même si on a l'argent, d'utiliser le prêt à taux zéro proposé dans certains cas, et de placer la même somme sur son livret d'épargne, ou d'emprunter lorsque les intérêts d'emprunt arrivent en déduction de ses impôts… pourquoi pas ?

Pour les plus aguerris en gestion, pour ceux qui jonglent entre les dates de valeur et les taux d'intérêt, qui n'ont jamais, mais alors là jamais, eu un cent de découvert et savent que certaines cartes de crédit revolving de banque permettent de bénéficier d'une extension de garantie d'un an sur un lave-vaisselle par exemple, et qui le lendemain de l'achat, approvisionneront leur compte, pourquoi pas ?

UN DÉPLACEMENT RENTABLE

Attention, pour une même somme d'argent prêtée par une même société, les taux varient suivant ce que vous annoncez comme référence. Si vous dites avoir vu la pub dans un magazine genre télé ou grand public, vous risquez fort d'avoir les taux les plus élevés. Ensuite arrivent les taux Internet et enfin, les taux agence. Pour une même somme empruntée...

Se désendetter

Si vous lisez ce régime D, vos soucis sont d'un autre ordre… et vous n'êtes pas le seul puisque 43 % des ménages utilisent un crédit à la consommation et/ou un découvert bancaire.

Comment faire alors pour se sortir d'une situation d'endettement ou de surendettement ?

LE SURENDETTEMENT

« C'est la situation dans laquelle se trouvent des personnes physiques dont, selon l'article L331-1 du Code de la Consommation, la situation est caractérisée par l'impossibilité manifeste pour le débiteur de bonne foi de faire face à l'ensemble de ses dettes non professionnelles exigibles et à échoir. »

Le dictionnaire juridique (www.dictionnaire-juridique.com)

Le surendettement se traduit souvent concrètement lorsque le recours au crédit vient compenser l'insuffisance de ressources. Dans trois cas sur quatre, il est une conséquence de ce que l'on nomme pudiquement un « accident de la vie » : perte d'emploi, longue maladie, accident du travail, séparation ou divorce, décès du conjoint… Mais pourquoi avoir attendu un mois pour aborder la question ?

Pour cette dernière question, la réponse est simple. Si l'attitude n'avait pas changé, si la prise de conscience du prix des choses, du temps passé, de sa façon de vivre n'avait pas totalement été comprise et digérée, rien ne pourrait changer sur le long terme. Combien de fois avez-vous pris un crédit en vous disant qu'avec cet apport d'argent frais, vous alliez remettre de l'ordre dans vos comptes et repartir sur des bases saines ? Combien de fois avez-vous cru que l'augmentation ou le treizième mois ou le Loto allait venir remettre les compteurs à zéro ? combien de fois avez-vous « craqué » ? Combien… ?

Le passé est le passé et aujourd'hui, il y a plusieurs solutions, car il y a toujours, toujours une solution.

Listez vos dettes

On commence par le commencement, lister ses dettes :

— le montant et la nature de toutes ses dettes et de ses dépenses courantes ;

— les crédits à la consommation et crédits immobiliers en cours de remboursement ;

— l'offre préalable de crédit, le contrat avec l'échéancier, les correspondances, les relances et arriérés ;

— les documents concernant d'éventuelles autorisations de découvert ;

— les locations de voitures avec options d'achat (« leasing »), les crédits de trésorerie obtenus dans les grands magasins.

En précisant à chaque fois le TEG annuel (le taux effectif global auquel l'argent vous a été prêté), le montant des assurances, la durée, et le restant des sommes à payer.

Il peut y avoir 30, 60 débiteurs… Cela arrive dans les cas les plus difficiles. Si vous n'en êtes pas là, ce n'est pas non plus le signe qu'il faut continuer… on ne gagne rien au bout !

L'important est de connaître la somme totale due pour pouvoir définir la réponse à apporter à cette situation.

Remboursez une partie des dettes

Vous pouvez vous appuyer dès maintenant sur vos capacités acquises lors de ce premier mois. Vous connaissez vos forces, oui, vous êtes capable d'économiser suffisamment pour commencer à rembourser une partie de vos dettes et vous vous lancez dans l'aventure : aucun frais de dossier, pas d'assurances nouvelles à contracter, pas de demande à faire, cela repose uniquement sur votre capacité à rembourser.

Quelles dettes rembourser ?

Les dettes à rembourser en premier : celles qui coûtent le plus cher ! Celles avec un ensemble TEG + assurances élevé.

Imaginons Jérôme et Nathalie, 4 000 € de revenus mensuels à eux deux. Ils ont des projets précis, faire un bébé, et veulent en finir avec leurs multiples crédits rapidement. Leur taux d'endettement est de 37,5 %, 4,5 points de plus que les 33 % préconisés par les banquiers… Ils ont quatre dettes : un remboursement vacances, un crédit immobilier, un crédit revolving, un emprunt en cours pour la voiture. Eh oui, cela fait quatre dettes, pas une grosse…

Exemple d'encours de crédits

DETTES AU 1er DÉCEMBRE 2008	MENSUALITÉS RESTANT À PAYER	TEG ASSURANCES COMPRISES	REMBOURSEMENT MENSUEL ACTUEL
Revolving/réserve d'argent	18 mois	20 %	50 €
Crédit voiture	4 mois	7 %	250 €
Crédit vacances	9 mois	11 %	90 €
Remboursement maison	230 mois	5 %	1 100 €

Ils arrivent à économiser 500 € en un mois et décident de rembourser un de leurs crédits.

REMBOURSEMENT PAR ANTICIPATION DANS LE CAS D'UN CRÉDIT À LA CONSOMMATION

« Aucune indemnité n'est due par l'emprunteur qui souhaite rembourser son prêt par anticipation. Toutefois cette disposition ne s'applique pas aux locations avec option d'achat.

Par ailleurs, le prêteur peut refuser un remboursement partiel d'un montant en dessous d'une somme représentant trois fois le montant contractuel de la première échéance non échue (article D 311-10 du code de la consommation). »

Source : Direction générale de la concurrence, de la consommation et de la répression des fraudes (DGCCRF).

Pour les crédits conso, aucune pénalité n'est due en cas de paiement anticipé.

L'erreur que pourrait commettre notre jeune couple serait de rembourser le crédit auto sous prétexte que cela les « libérerait » plus rapidement d'un crédit et de leur deuxième plus grosse mensualité. Le premier remboursement à faire est celui du crédit revolving, parce que son TEG assurances comprises est de 20 %. En deuxième, ils règleront le crédit vacances (11 %), et seulement en troisième le crédit voiture (7 %).

S'ils n'y arrivent pas financièrement, l'idéal serait pour eux de trouver un crédit à zéro pour cent auprès de la famille ou de proches fortunés. On s'engage alors en signant une reconnaissance de dettes : c'est un prêt, pas un don.

Mais l'idéal étant difficile à croiser dans ce bas monde, il vaut mieux alors sortir ses contrats et appeler ses créanciers.

Contactez les débiteurs

« L'Art de faire des dettes en suppose un autre qui n'en est que la conséquence, et qui formera la deuxième partie de l'ouvrage : c'est l'Art de promener ses créanciers. »

Jacques-Gilbert Ymbert, *L'Art de faire des dettes*

Huissiers, banquiers, amis… dites-leur que vous venez d'établir un budget et demandez-leur s'ils sont prêts à accepter des remboursements plus modestes pendant quelques mois. Un petit paiement est préférable à plus de paiement du tout, et surtout prendre contact avec eux, anticiper une situation qui va se détériorer est préférable à les laisser devant le fait accompli. Proposez-leur une somme, et une durée, mais contrairement à ce que dit M. Ymbert, ne les promenez pas (ou un tout petit peu, mais à condition de bien maîtriser vos finances et de ne pas vous raconter d'histoires à vous-même !).

Ni musée, ni église

Plus haut dans ce chapitre, on a évoqué le Louvre, le musée, pas Lourdes, les miracles… Il n'y en aura pas. Les dettes ne vont pas passer du double au simple par le biais d'un coup de fil à une société de courtage ou à une banque sur votre bonne mine. Si elles diminuent mensuellement, c'est qu'elles augmentent sur la durée du remboursement, donc que la somme globale à rembourser augmentera… mais une chose est sûre, elles ne disparaîtront pas !

La solution la plus évidente pour Jérôme et Nathalie est de passer par leur banque. Trois solutions s'offrent à eux :

— soit ils demandent à étaler leur crédit : allonger la durée pour diminuer les remboursements mensuels et donc… augmenter le coût du crédit ;

— soit ils contractent un nouveau crédit ;

— soit ils ont recours à un intermédiaire en opérations de banque qui devra déterminer quel type de financement est le plus pertinent (restructuration, rachat partiel, consolidation) et comparent son offre à celle du banquier.

Plus ils anticiperont sur la situation à venir, plus ils seront en position de négocier le taux et les frais de dossier. Comme toujours, dans une négociation, lorsque l'interlocuteur qui achète ou qui vend sait que vous êtes aux abois, il en profite.

Chaque opération a un coût…

L'écueil de ce plan est toujours le même. Si Jérôme et Nathalie n'avaient pas bien lu la première partie de *Savoir économiser*, ils n'auraient peut-être pas modifié leur comportement au quotidien, baissé leur train de vie. Ils auraient pu avoir l'impression d'un afflux d'argent, alors que sur le long terme leur situation ne s'est pas améliorée. Les dettes n'ont pas du tout diminué, au contraire, mais elles n'ont été qu'étalées.

Ils peuvent aussi se rapprocher de CRESUS !

Les CRESUS

La première association CRESUS (Chambre régionale du surendettement social) a été créée en Alsace, en 1992 (www.cresusalsace.org). Elle a été reconnue d'utilité publique en 1999, a obtenu l'agrément défense des consommateurs, et le Prix national du Volontariat. Elle a traité en dix ans des milliers de dossiers d'endettement et de surendettement.

Étant donné son succès et l'afflux incessant de demandes d'aide provenant de tout le territoire français, l'association CRESUS Alsace a cherché à essaimer dans d'autres régions.

Une fédération des CRESUS a ainsi vu le jour en janvier 2004 regroupant déjà quinze régions (voir Adresses utiles p. 405).

Les rachats de crédits

Les propositions de « rachat de crédit » ou restructuration de crédits ou refinancement ou regroupement de crédits fleurissent dans la presse, sur Internet et dans les officines.

> *« Diminuez vos mensualités jusqu'à 70 % ! Demande en ligne. »*
>
> *« X regroupe vos crédits et allège vos mensualités jusqu'à 60 %. »*
>
> *« Le Spécialiste du Rachat de Crédits. Libérez Votre Pouvoir d'Achat. »*
>
> *« 1 seul Prêt et 1 seule Mensualité. Accompagnement, conseils, liberté. »*
>
> *« Regroupez vos Crédits et Diminuez de 60 % vos Échéances de Prêts. »*
>
> Annonces sur la page Internet de « rachats de crédits ».

Comment cela fonctionne-t-il ?

On regroupe tous les crédits en un seul afin de diminuer la mensualité globale. Ça part bien : au lieu de payer 1 000 € par mois, on ne va plus en payer que 500, voire 400 € « Regroupez vos Crédits et Diminuez de 60 % vos Échéances de Prêts », ou mieux 300 € ! « Diminuez vos mensualités jusqu'à 70 % ! Demande en ligne. » Tentant, n'est-il pas ? rien à faire, juste à cliquer… Mais tentant parce qu'incomplet, car la somme à payer ne va pas diminuer comme par miracle, au contraire, ce « service » a un coût et c'est vous qui allez le payer, et souvent fort cher !

D'abord, il faut faire attention aux « comparateurs de rachat de crédits ». Il peut s'agir de sites de « marchands de fiches », des entreprises commerciales qui non seulement n'ont aucune compétence en matière bancaire, mais n'offrent aucune comparaison à l'internaute. Sous prétexte de vous donner une réponse en 24 ou 48 heures, elles récupèrent votre demande et ont le temps de la revendre, informations confidentielles incluses, à des sociétés qui vont démarcher alors le pauvre pigeon. Comme la demande est vendue à plusieurs sociétés, le ramier recevra plusieurs sollicitations lui permettant ensuite de « comparer » !

Ensuite, avant d'accepter les conseils de quelqu'un au sujet de vos finances, posez-vous la question de savoir qui le paie ?

Enfin, pour cela, vous le savez déjà, comparez !

Publicité pour un prêt du Crédit Municipal (www.creditmunicipal.fr)

« Un exemple pour mieux comprendre »
Hervé et Carole P., âgés de 37 et 34 ans, respectivement salarié dans le privé et fonctionnaire, demeurant à Antony avec 2 enfants à charge. Revenu mensuel total : 3 400 €.
Avec plus de 9 prêts contractés à hauteur de 36 700 € (crédit auto, prêt personnel, réserve d'argent, découvert bancaire pour payer des impôts en retard et financer des dépenses imprévues...), Hervé et Carole ont choisi REDUCTO, notre solution pour doper leur pouvoir d'achat.

LEUR SITUATION FINANCIÈRE	AVANT	APRÈS
Revenu mensuel	3 400 €	3 400 €
Remboursement mensuel	1 877 €	744,04 €
Taux d'endettement	55 %	21,88 %
Budget disponible	1 523 €	2 655,96 €

En choisissant un prêt de 37 000 € sur 60 mois, Hervé et Carole réduisent leurs mensualités de 60 % et ne remboursent plus que 744,04 € : ils n'auront plus aucun mal à épargner pour leur avenir et faire de nouveaux projets.
• Prêt de 37 000 € sur 60 mois. TEG fixe de 8,613 %. Mensualité de 744,04 €.
Coût total de crédit de 8 197,40 € frais de dossier inclus, hors assurance facultative et intérêts intercalaires*.
*Offre sous réserve d'acceptation de votre dossier et du respect des conditions d'octroi et de taux définis pour ce prêt. Barèmes et taux en vigueur au 01.01.2008, susceptibles d'être modifiés sans préavis. Prêt accordé par CMP-Banque (filiale du Crédit Municipal de Paris) SA au capital de 60 037 000 €, RCS Paris n° B 451 309 728 dont le siège social est situé au 55, rue des Francs-Bourgeois 75181 Paris CEDEX 04, www.creditmunicipal.fr Tél. : 01 44 61 64 00. Mandataire d'intermédiaire en assurance et d'assurance, inscrit à l'ORIAS n° 07 025 149 – www.orias.fr

Hervé et Carole P. devaient 36 700 €.
Ils en devront désormais 44 897,40 €.
Cette opération a diminué leur remboursement mensuel, pas la somme totale de leurs dettes...
Ils devront rembourser 8 197 € en plus.

Étude de cas sur le site www.cbanque.com à partir de la pub d'une société de courtage...

Prenons l'exemple d'une publicité pour une agence de courtage en rachat de crédit :

SITUATION AVANT LE RACHAT		
Revenus mensuels		3 000 €
Charges mensuelles (dont loyer)		600 €
Total des mensualités		1 030 €
Taux d'endettement		**54 %**
Détails des crédits en cours		
Crédit	*Montant restant à payer*	*Mensualité*
Prêt personnel	22 300 €	680 €
Crédit revolving	6 000 €	350 €
Dettes diverses amis/famille	2 500 €	

SITUATION APRÈS LE RACHAT		
Revenus mensuels		3 000 €
Charges mensuelles (dont loyer)		600 €
Mensualité unique		340 €
Taux d'endettement		**31 %**
Détails du crédit proposé		
Crédit	*Montant restant à payer*	*Mensualité*
Rachat du prêt avec 1 500 € de trésorerie mise à disposition	33 500 €	340 €

« Une opération coûteuse »

DÉTAILS DES CRÉDITS EN COURS/CRÉDIT PROPOSÉ					
CRÉDIT	MONTANT RESTANT À PAYER	MENSUALITÉ	TAUX (ASSURANCE COMPRISE)	DURÉE RESTANTE	COÛT DU CRÉDIT
Prêt personnel	22 300 €	680 €	6,33 %	3 ans	2 180 €
Crédit revolving	6 000 €	350 €	19,77 %	20 mois	1 000 €
Crédit proposé	33 500 €	340 €	6,96 %	12 ans	15 460 €

Dans le cas présent, les emprunteurs devaient 30 800 € (22 300 € + 6 000 € + 2 500 €). Ils en devront désormais 33 500 €, frais de 1 200 € de courtage et de dossiers inclus ! De plus, **le crédit** qui leur coûtait 2 280 € **est passé à 15 460 €, soit 12 280 € de plus !** Cette opération a diminué leur remboursement mensuel, pas la somme totale de leurs dettes... loin de là...

Comme Lourdes n'est pas sur le chemin, la « diminution », « l'allègement », « la liberté » des mensualités a un coût… et il semble que certaines sociétés spécialisées dans le rachat de dettes aient fait leur cet aphorisme d'Alphonse Allais : « Il faut prendre l'argent où il se trouve, c'est-à-dire chez les pauvres. Bon d'accord, ils n'ont pas beaucoup d'argent, mais il y a beaucoup de pauvres. »

En premier, si vous êtes propriétaire, on va parler d'un rachat hypothécaire ou rachat propriétaire. Si vous ne payez pas, l'organisme se paiera en vendant la maison. Si vous n'êtes pas propriétaire, on parle de rachat classique ou rachat locataire, mais on pourra vous demander une caution. Les sommes prêtées ne sont pas les mêmes suivant la garantie que l'on peut fournir.

Le seul moyen de comparer c'est de vérifier :

— les frais de dossier ;
— le coût de l'assurance ;
— le taux d'intérêt fixe ou variable ;
— la durée du crédit ;
— le montant en euros total du crédit, frais de dossier inclus.

Pour se faire une idée du coût d'un crédit sur la durée, on peut faire des simulations sur www.calcamo.org.

La commission de surendettement

Le surendettement est là et une autre façon d'en venir à bout est de déposer un dossier à la commission de surendettement.

Le terme « commission de surendettement » effraie, mais cela peut être une bonne solution lorsque l'on est dans l'impossibilité de payer ses dettes non professionnelles. La procédure est totalement gratuite et permet de stopper la course folle des intérêts et des crédits contractés pour payer des intérêts de crédits pris pour payer des intérêts de crédits…

La commission cherche à concilier les deux parties, le surendetté et ses débiteurs, souvent multiples. Elle va leur proposer des reports ou des rééchelonnements des paiements ou de remise des dettes, des réductions ou des suppressions de taux d'intérêt, de consolidation, de création ou de substitution de garantie. Ils peuvent les contester. **Cela n'efface pas les dettes**, mais peut les atténuer, surtout lorsque les intérêts ont été réduits.

Comment cela se passe ?

C'est au surendetté de déposer un dossier, non au créancier. Il peut le faire même s'il est propriétaire de son logement, à condition d'en faire sa résidence principale. Si vous avez un appartement à La Baule pour les week-ends et un chalet à Courchevel pour les vacances d'hiver, les vendre devrait apurer une grosse partie des dettes !

Il faut être de bonne foi, ne pas chercher à dissimuler des biens ou à aggraver l'endettement.

Le dossier de « déclaration de surendettement » se retire auprès de la succursale de la Banque de France du département (www.banque-france.fr) [1].

Le dossier complet doit comprendre :

— les nom, adresse et situation familiale du demandeur, avec photocopie de l'identité et la justification de sa situation familiale ;

— les conditions de logement ;

— le montant et la nature de toutes ses dettes et de ses dépenses courantes, avec toutes les photocopies des justificatifs. Tout ce que vous avez noté au début de cette cinquième semaine ;

— les coordonnées de tous ses créanciers, avec toutes les photocopies des justificatifs ;

— le montant détaillé de ses revenus, de ses ressources (prestations, allocations) et de ses biens (immobiliers, produits d'épargne), avec toutes les photocopies des justificatifs ;

1. Voir coordonnées en annexe.

— les crédits à la consommation et crédits immobiliers en cours de remboursement ;

— l'offre préalable de crédit, le contrat avec l'échéancier, les correspondances, les relances et arriérés, avec toutes les photocopies des justificatifs ;

— les documents concernant d'éventuelles autorisations de découvert, avec toutes les photocopies des justificatifs ;

— les locations de voitures avec options d'achat (« leasing »), les crédits de trésorerie obtenus dans les grands magasins, avec toutes les photocopies des justificatifs.

Si vous êtes suivi par un travailleur social, la demande doit indiquer les nom, prénom, coordonnées de ce dernier.

Le dossier doit aussi mentionner :

— les retards et impayés de loyers et de charges ;

— les dettes courantes comme les factures, la cantine scolaire, les frais de garde d'enfants...

— les arriérés d'impôt sur le revenu et d'impôts locaux ;

— les prêts personnels accordés par des membres de la famille ou amis ;

— et tout ce qui ressemble de près ou de loin à une dette !

On accompagne le dossier d'une lettre de saisine [1] de la commission expliquant les causes du surendettement (voir modèle p. 395).

Vous êtes tenu pour responsable du contenu de la déclaration obligatoirement signée et répondant à la notion de bonne foi. Il est judicieux de faire vérifier le dossier par un professionnel. Les travailleurs sociaux des mairies, les associations (Fédération française des chambres régionales du surendettement social ou CRESUS !, CLCV...) [2] peuvent vous y aider.

1. Saisine : qui permet de saisir.
2. Voir coordonnées en annexe.

Et après

Mais dossier déposé ne veut pas dire dossier accepté…

Voici le parcours d'un dossier, une fois déposée la lettre de saisine de la commission de surendettement. Il est extrait de l'excellent site de l'association Droit pour tous (http://sos-net.eu.org/surendett/questions.htm).

Parcours d'un dossier à la commission de surendettement

Dépôt du dossier

2 HYPOTHÈSES

Votre demande est irrecevable

Vous disposez d'un délai de 15 jours pour saisir le Juge de l'Exécution.

Votre demande est recevable

Phase amiable pour établir un plan conventionnel de redressement.

2 HYPOTHÈSES

Un plan conventionnel est signé

Si vous ne respectez pas le plan. Celui-ci deviendra caduc 15 jours après une mise en demeure d'avoir à le respecter.
La situation est désespérée.
La commission peut proposer un moratoire pour une durée de 3 ans, prévoyant notamment la remise voire l'effacement de certaines de vos dettes.
À l'issue de la période de 3 ans, votre dossier est réexaminé.

Échec d'élaboration d'un plan conventionnel

Vous disposez d'un délai de 15 jours pour demander des recommandations à la Commission.

2 HYPOTHÈSES

Les recommandations ne sont pas contestées

Le Juge de l'Exécution vérifie les recommandations et leur donne force exutoire.

Les recommandations sont contestées

15 jours pour saisir le Juge de l'Exécution.
Procédure contentieuse
Voies de recours : appel ou pourvoi

Semaine 6

Le temps, c'est de l'argent

Dépenser plus est tellement facile dans notre société. Avec Internet, on n'a même plus à attendre les jours ouvrés…

Le violent signal du rien

La disponibilité de l'argent est totale. À 3 heures du matin, vous pouvez faire des mouvements sur votre compte, acheter un cassoulet et un string en tapant simplement vos numéros de carte bancaire.

L'argent est aussi totalement dématérialisé. Plus de bruit comme lorsque les pièces s'entrechoquaient dans un gousset, plus de poids au fond du sac, plus de diversité entre les billets d'un même format, d'une même tonalité, plus d'odeur, mais ça ce n'est pas nouveau, mais surtout, surtout, il manque le vide, ce violent signal du rien, dans le porte-monnaie qui signifiait la fin des dépenses.

Tous les autres moyens de paiement nous ont éloignés de ce violent et voyant signal du rien.

Les chèques obligent encore à écrire la somme deux fois, et à détacher le papier pour le tendre vers le débiteur.

Les cartes ont supprimé cela. On vous tend un appareil, toujours le même geste que l'on vous ôte de la vue et on vous glisse un reçu moins gros que celui du fromager ou du marchand de vin. Pour payer, on ne tape plus la somme, mais quelle qu'elle soit, le même nombre à quatre chiffres, comme si tous les articles avaient un prix unique.

Avec Internet, plus d'échanges physiques, vous tapez votre numéro de carte et ne recevez même plus le petit morceau de papier blanc à l'encre qui se décompose si vite. C'est fini.

Il devient simple comme un numéro sans mémoire de dépenser plus que ce que l'on possède vraiment.

La perception de l'argent n'est pas la même, que l'on touche des pièces, un morceau de plastique ou que l'on soit amené à confirmer son achat par une signature. Alors, au quotidien, une bonne et simple manière de résister à la tentation est de ne partir faire ses courses qu'avec une somme donnée en liquide et d'« oublier » à la maison cartes variées et carnet de chèques. On peut prévoir les enveloppes comme nos grand-mères qui, en début de mois, plaçaient les sommes dévolues à chaque poste dans une enveloppe. Bien sûr, ce n'est pas la carte de crédit qui est le problème, sauf si vous êtes allergique au plastique, mais l'usage que l'on en fait, on va être prudent.

En cas de tentations trop fortes, détruisez physiquement les cartes de crédit revolving en surnombre (elles ne sont pas facturées !) ou confiez-les à un ami proche, mais pas géographiquement.

Faites des tirelires : au moins, elles s'alourdissent des cents déposés et elles matérialisent la volonté d'économie en cours.

La douloureuse

Vous avez fait une énorme bourde et dépensé un tiers, voire toutes les économies durement accumulées en un après-midi de déprime. Bon, ce qui est fait est fait. Mais pouvez-vous retourner l'objet en question ? annuler le service ? parler de votre état à quelqu'un ?

Si vous êtes en IFP supérieur à 100, vous savez ce qui risque d'arriver. Pas la peine de vous faire la morale…

Si vous décidez de vous passer d'un produit usuel A, n'imaginez pas que le manque ne va pas se faire ressentir dans les premiers temps, il faudra vous y habituer. Tenir huit jours, puis huit jours. Si cela reste insupportable, eh bien, on change, sans revenir à la situation donnée, on essaie autre chose.

L'argent, c'est du temps

Souvent, vite, facile et pratique veut dire cher. Un exemple : une pizza. Deux coups de fil, 30 minutes d'attente maximum, le seul effort consiste à ouvrir la porte, payer, découper la pizza et jeter l'emballage sans avoir à faire de vaisselle, puis descendre la poubelle. Coût : 10 €. Une pizza achetée en magasin coûtera quatre fois moins.

Avec 100 €, vous pouvez nourrir une famille de quatre personnes pendant 1 semaine ou aller au restaurant une fois à quatre. Avec le temps, c'est pareil. Vous pouvez choisir de faire deux heures de ménage quotidiennement et ne pas avoir le temps de cuisiner ! Choisir de faire un brushing chaque jour ou de faire un ourlet à un jean, râper des carottes et préparer un « écrasé de pommes de terre ».

Mais au fait, combien gagnez-vous ?

Pour la plupart d'entre nous, l'argent arrive en rétribution du travail. Mais au fait :

— Combien de temps faut-il travailler pour payer le forfait du portable ?

— À partir de quel montant est-il plus économique de déléguer plutôt que de faire soi-même ?

Tout dépend du salaire de base bien sûr. Mais on va calculer le gain horaire à la façon régime D, assez éloignée de celle des économistes…

En allant travailler, on rapporte un salaire, mais pour le toucher, on doit, à ses frais, se rendre à son travail (frais de transport aller et retour), avoir l'air propre sur soi (vêtements + frais de représentation), déjeuner le midi à l'extérieur (chez soi, cela serait moins cher). Si on a des enfants, il faut en plus ajouter les frais de garde.

Cela nous prend du temps : les heures de travail + le temps de transport.

Imaginons Biribia, célibataire, qui gagne 2 000 € net[1] par mois ;

Travailler lui coûte par mois :

— 150 € de transport ;

— 30 € de frais de représentation (coiffeur un mois sur deux, vêtements « spécial bureau » de temps en temps) ;

— 110 € pour la nourriture (chez elle, elle déjeune pour 2,50 €, mais ici, elle ne trouve rien à moins de 7,50 €, soit 5 € de plus par repas).

Soit un total de 290 €.

Sur ses 2 000 €, il lui reste donc 1 710 €.

Travailler lui prend :

— 35 heures de travail par semaine ;

— plus 1 h 30 de transport par jour.

Soit 187 heures.

1 710 €/ 187 h, elle travaille donc pour **9,15 € de l'heure net**.

Reprenons nos questions :

— Combien de temps travaille-t-elle pour payer le forfait du portable à 39 € ?

4 h 26 minutes.

— À partir de quel montant est-il plus rentable pour elle de faire faire plutôt que de faire soi-même ?

À partir du moment où ce qu'elle fait vaudrait moins que 9,15 € de l'heure.

1. Volontairement, tous les chiffres sont ultra simples : pas de treizième mois, de tickets restaurants…

Par exemple, Biribia a tout intérêt à nettoyer sa salade plutôt que de l'acheter toute prête ! Explication : une salade toute prête coûte 2,20 € le sachet de 200 g, contre 1,40 € la fraîche de 470 g. En enlevant les feuilles abîmées et le trognon, disons que fraîche, elle vaut 1,40 € les 400 g, donc 0,70 € les 200 g.

Laver la salade va demander 5 minutes à Biribia (elle n'est pas rapide).

Donc en passant 5 minutes, elle gagne 2,20 – 0,70 = 1,5 €, soit en 60 minutes, 1,5 x 12, soit 18 €. Le temps passé à préparer la salade est valorisé à deux fois son temps au travail.

Et ceci sans parler des impôts sur le revenu.

ET VOUS, COMBIEN GAGNEZ-VOUS DE L'HEURE ?

............€/heure

EXERCICE PRATIQUE DE LA SEMAINE

Comme dans tout bon régime, on va parler calories ou plutôt les caleuros. Le tableau page suivante est à remplir à partir de vos propres actions quotidiennes et fréquentes (vous trouverez un modèle vierge p. 398). Fixez-vous de remplir deux cases par jour cette semaine par exemple. Si l'exercice vous parle, vous le continuerez de vous-même. Il peut être affiché dans la cuisine, comme n'importe quel tableau de kcal qui se respecte ! C'est aussi un bon argument pour un partenaire dur à la détente...

Tableau des kcal€

GENRE	ARTICLE	DIFFÉRENCE DE TEMPS ENTRE L'ACTION LA PLUS ONÉREUSE ET LA PLUS ÉCONOMIQUE	GAIN FINANCIER HABITUEL SUR UNE ACTION	GAIN SUR UN MOIS PAR PERSONNE	GAIN SUR UN AN POUR MA FAMILLE	ÉQUIVALENT TEMPS DE TRAVAIL
Eau	Bouteilles d'eau 1,5 l d'eau de source 1er prix = 0,50 € Eau du robinet 1,5 l d'eau du robinet = 0,0039 €	30 bouteilles par mois à transporter, puis à évacuer. Je gagne du temps. L'eau est au domicile.	0,50 – 0,0039 = 0,4961 €	14,88 €	Pour une famille de 4 personnes, 14,88 x 4 x 12 = 714,24 €	Pour Biribia par exemple, 14,88 x 12 = 178,56 178,56 / 9,15 = 20 h
Lentilles	Lentilles toutes prêtes 0,65 € la grande boîte Lentilles à cuire à 0,20 € les 200 g	1 boîte de 530 g à transporter, puis à évacuer. Ouverture de la boîte, lavage de la casserole. 200 g de lentilles sèches en sachet à verser dans l'eau 2 min si on ajoute oignon piqué d'un clou de girofle, morceau de carotte Lavage casserole	0.65 – 0.20 = 0,45 €	0,90 € (deux boîtes par mois)	0,90 x 4 x 12 = 43,20 €	
Assurance voiture	Ancienne assurance à 370 € Nouvelle assurance à 340 € ou 270 €	Rien à faire 15 à 50 min	370 – 340 = 30 € 370 – 270 = 100 € 30 € à 100 €	30 €	30 €	

Ça va faire des euros

L'erreur est humaine
Vérifier ses notes au restaurant, au café, au supermarché, au kiosque... bref, partout où on doit faire une addition, puis vérifier le rendu de monnaie au restaurant, au café, au... bref, partout où on doit faire une soustraction ! Même sans intention d'escroquer ou de nuire, tout le monde n'est pas bon en calcul mental...

Laverie maison
Si, dans l'immeuble, il a des chambres de bonne, pourquoi ne pas proposer à l'étudiant de venir laver, sécher et repasser son linge en échange d'une soirée de baby-sitting... ?

Et maintenant le diplôme
Reconnue par le Code du travail, la validation des acquis de l'expérience (VAE) permet de faire reconnaître son expérience (professionnelle ou non) afin d'obtenir un diplôme, un titre ou un certificat de qualification professionnelle. Diplômes, titres et certificats sont accessibles en tenant compte des acquis sans avoir à passer d'examen. Si vous êtes salarié, le CIF peut prendre en charge le coût du dossier qui varie suivant le niveau de diplômes envisagé. Informations et conseils peuvent être obtenus auprès de points relais conseil de proximité (Centres de bilans, centres d'information et d'orientation, certaines agences pour l'emploi et sur www.vae.gouv.fr).

Semaine 7

Modifiez vos habitudes

Diagnostiquez certaines erreurs et éliminez les toxines

Avec cette nouvelle étape, vous allez repérer certaines erreurs d'achat, ce qui évitera de les reproduire à l'avenir, et éliminer tout ce qui vous encombre. Vous allez agrandir votre maison sans travaux, et au prix de la main-d'œuvre et du mètre carré, cela vaut vraiment le coup !

Pour bien acheter, il faut au moins réfléchir, anticiper, comparer… sinon, on se retrouve avec des objets ou des services inutiles, encombrants, mal adaptés à la situation. Vous allez donc faire un inventaire de toutes ces possessions-là, d'abord avec les objets et ensuite avec les services.

La bonne nouvelle est que cette liste va servir à faire rentrer un peu d'argent.

Les objets

Vous allez passer au crible tous les objets de vos placards et de vos armoires. Cela ne concerne, bien sûr, que les achats payés, c'est-à-dire sur lesquels il n'y a pas de crédit, sinon ils ne vous appartiennent toujours pas. Ça va prendre du temps, mais c'est un grand nettoyage de « printemps », indispensable à n'importe quel moment de l'année à celui ou celle qui souhaite analyser ses habitudes d'achat, en tirer une leçon et prendre des mesures. Si vous remplissez une ou plusieurs cases de ces tableaux, bonne nouvelle, vous allez pouvoir progresser dans vos techniques d'achat.

Traquez l'inutile

Le premier tableau est le plus facile à remplir. Il répertorie les objets qui n'ont jamais été utilisés, soit parce qu'on vous les a offerts et qu'ils ne vous plaisaient pas, soit parce que vous les avez achetés et ne les avez jamais utilisés : des vêtements pas à la taille, une tringle à rideaux aux mauvaises dimensions… Il n'y a pas à réfléchir, juste à ouvrir ses armoires et placards les uns après les autres et commencer la recension.

Objets jamais utilisés

OBJET	POURQUOI	UTILISATION	POURQUOI SI PEU	COÛT	ACTION
Ex : Marie-Paule a acheté 128 € une jupe en soie grise brodée.	*Super affaire : 128 € au lieu de 640 €* Trop belle.	*Jamais, il y a encore l'étiquette*	*Pas eu d'occasion de la porter au début, maintenant un peu courte et serrée !*	*Perte : 128 €*	*Gagner de la place dans le placard. Vente, échange ou don.*
TOTAL					

Vous venez de lister vos premiers objets à vendre. Il n'y a aucun état d'âme à avoir, ce ne sont que des objets inutiles, encombrants. En revanche, cela peut être de l'argent qui dort !

Les plus courageux feront le total en séparant les cadeaux offerts de leurs propres achats. Cette somme est aussi connue sous le terme familier d'« argent jeté par les fenêtres ».

Utilisé une ou deux fois

En regardant dans les placards, vous avez croisé un certain nombre d'objets qui ont échappé de peu au classement dans le premier tableau. Oui, vous vous en étiez servi une fois ou deux, mais ce n'est pas assez pour les qualifier de « bons achats ». Mais cela vous le savez déjà, non ?

Objets utilisés une ou deux fois

OBJET	POURQUOI	UTILISATION	POURQUOI SI PEU	COÛT	ACTION
Ex. : Céline a acheté une perceuse à 60 €	*60 €, pour poser un rideau*	*Une fois, une demi-heure*	*Rien d'autre à percer !*	*Perte de 50 €. Aurait pu demander à un voisin, à un copain, en louer une.*	*Gagner de la place dans le placard. Vente, échange ou don.*
Ex : John a une trentaine de DVD à 10 € pièce en moyenne	*Pour passer la soirée*	*Vu seulement une fois, deux heures chacun en moyenne*	*Bof ! n'a plus envie de les regarder, ses goûts ont changé*	*30 x 10 = 300 €. La location lui aurait coûté environ 80 € dans un club. Perte 220 €*	*Gagner de la place dans le placard. Vente, échange ou don.*
TOTAL					

Maintenant vous hésitez : l'achat a été fait, payé, amorti et vous vous dites : « À quoi bon m'en débarrasser maintenant parce que, peut-être qu'"un jour", je vais "encore" en avoir besoin » ou « Et si cela prenait de la valeur » ?

Si ce n'est pas un outil de travail style une perceuse qui va vous permettre de rendre quelques services à des voisins moyennant finances ou échanges, un bon conseil : débarrassez-vous-en tout de suite.

Quant à la valeur des objets, faites un tour sur Internet et vérifiez à combien se vend un objet similaire vieux de trente ans. Êtes-vous prêt à l'entreposer, le transporter en cas de déménagement, vérifiez s'il n'a pas été attaqué (par des enfants, des animaux, de l'humidité...) régulièrement, ce qui lui ferait perdre de sa valeur... et d'ailleurs si vous avez des tuyaux assurant que tel objet plutôt que tel autre aura une cote élevée en 2050, je suis preneuse !

Pour faire branché, vous pouvez dire que vous avez arrangé votre maison façon feng shui en la dépouillant du superflu.

Et la mémoire ?

Avant d'acheter la prochaine fois, faites travailler votre mémoire car si vous avez chez vous des doublons, des objets identiques achetés deux fois tout simplement parce que vous aviez oublié que vous les aviez déjà ou qu'on vous les a offerts en double, voici une belle liste facile d'objets à vendre.

Objets en double

DOUBLONS	POURQUOI ?	PERTE
Ex : Thierry retrouve 2 DVD de Milou en mai.	*Erreur. Il a acheté lui-même, avec ses petits sous, le même DVD, une fois en film, l'autre fois avec un magazine.*	*7 €*
TOTAL		

Les questions essentielles

Avec ces trois tableaux, vous venez de dégager quelques-unes des questions essentielles avant d'effectuer un achat :

— Est-ce que je ne l'ai pas déjà ?
— Est-ce que j'en ai vraiment besoin ?
— Puis-je faire sans ?
— Puis-je m'en passer ?
— Puis-je emprunter, louer, échanger avant d'acheter ?
— Puis-je le faire avec un autre objet ?

À votre goût

Vous ne pensiez pas échapper à la case cuisine, quand même ? Parce que, si tel est le cas, vous vous êtes trompé ! Il y a des placards dans la cuisine et il va falloir y faire un saut.

Avez-vous à manger pour une semaine ou un mois ? Vingt paquets de cookies, mais pas un paquet de pâtes ? Trois boîtes de haricots verts qui traînent depuis deux ans et dont vous allez vérifier les dates de péremption régulièrement ?

Commencez par consommer ce qui se rapproche des dates limites d'utilisation (pour savoir les différencier, voir p. 154) ensuite, faites une bonne fois pour toutes une croix sur cet aliment idéal, censé être très sain, mais que ni vous ni votre famille n'aimez et que vous laissez périr au fond du placard. Et n'en achetez plus !

Si vous avez des crédits conso et un stock de nourriture dans les placards, c'est un très mauvais investissement. Vous payez des intérêts sur des articles que vous ne consommez pas. Contrairement à l'argent placé sur un livret quelconque, l'argent investi dans des boîtes de conserve et des paquets de pâtes ne produit rien, ne donne pas d'intérêt. En revanche, ça coûte.

Les services

Bon, vous avez listé le superflu apparent, vous allez traquer maintenant celui qui est caché et plus sournois.

D'abord, vous vous interrogez sur l'utilisation de tel ou tel service. Combien de films vraiment regardés sur cette chaîne câblée ? A-t-on besoin d'une formule bancaire compliquée et coûteuse ?

Ensuite, on vérifie ses factures. Vous seriez étonné par le nombre de gens qui ne vérifient jamais leur facture de téléphone portable par exemple et mettent des mois à se rendre compte qu'ils payaient un abonnement pour recevoir la télé ou Internet non demandé… Bien sûr, on écrit immédiatement pour annuler le service et demander le remboursement des sommes déjà payées. Ça marche.

Enfin, on s'interroge sur son coût : peut-on trouver moins cher pour un service peu ou prou identique ?

Faites entrer la concurrence

La concurrence n'est pas entre vous et le voisin, à celui qui aurait la plus grande… voiture. Se détacher du regard des autres est certainement une des clefs d'une attitude paisible face à l'argent. Et puis à quoi cela servirait-il de se comparer aux voisins ? Pendant un régime, quelqu'un qui mange pour 1 000 kcal par jour peut s'asseoir à la même table que quelqu'un qui ne prendra pas un gramme en en ingurgitant 3 000 ! Le poids de départ, la génétique, le métabolisme, l'effort physique, le repas du soir… vont faire la différence. Si vos ressources sont inférieures à celles du voisin, pareil, il faut se serrer plus la ceinture pour arriver.

La concurrence est entre les différentes personnes qui vous fournissent des services ou des produits.

Vous êtes « fidèle » à votre banque, votre assureur, votre fournisseur d'accès Internet… mais pourquoi donc ? Regardez les promotions qui sont faites aux nouveaux clients : un an d'abonnement à la carte bleue, trois mois d'assurance gratuits, trois premiers mois d'accès à Internet à prix réduit… ? Certes, c'est fastidieux, mais imaginez que vous êtes en train de marchander dans un magasin pour obtenir 5 % de remise, ce n'est que cela.

Les IFP supérieurs à 100 ne cherchent pas pour le moment à changer de banque.

C'est promis, les derniers tableaux [1]

Le tableau est à remplir avec tous les services auxquels vous faites appel.

• Fin de contrat signale la date à laquelle votre abonnement au téléphone, à la télé par câble, par exemple, votre contrat d'assurances… prendra fin.

• Date de résiliation signale la date à laquelle vous devez notifier votre fournisseur, par lettre recommandée, de votre volonté de le quitter.

• Coût actuel vaut pour le coût annuel de ce service.

• Nécessité ou superflu parle de lui-même. En avez-vous vraiment, vraiment besoin ?

• Alternative : existe-t-il une alternative ? Non, si la chose est obligatoire ou ultranécessaire, style une assurance maison, une mutuelle… ; oui, si on peut faire sans, ou différemment, ou autrement. Par exemple, une assu-

1. De la semaine, faut pas rêver…

rance voiture peut poser la question de l'utilité de la voiture, de la qualité de l'assurance (normale ou au tiers ?)...

• Devis : lorsque le service est utilisé, on remet en compétition leur budget de fonctionnement, en sollicitant trois fournisseurs.

Exemple : nous sommes le 1er juin 2010, Jean veut mettre de l'argent de côté pour s'acheter son premier appartement. Il décide de limiter ses dépenses.

Les contrats de services en cours

	FIN DE CONTRAT	DATE DE RÉSILIATION	COÛT ACTUEL	NÉCESSITÉ (N) OU PLAISIR (P) ?	ALTERNATIVE	DEVIS 1	DEVIS 2	DEVIS 3	ÉCONOMIE MENSUELLE	ÉCONOMIE ANNUELLE
Assurance maison	31 juillet	31 avril	245 €	N	Non					
Assurance voiture	31 décembre	31 octobre	340 €	N	Va avec la voiture, si plus de voiture, plus d'assurance !	333 €	237 €	218 €		122
Abonnement télévision par satellite	16 juillet	15 juin	420 €	P						420
TOTAL										

Avec ce tableau, Jean sait qu'il lui reste 13 jours pour écrire par lettre recommandée à son opérateur de télévision pour mettre fin à son abonnement. Comme il n'a aucun emprunt à rembourser, il mettra déjà 35 € de côté par mois, soit 420 € sur l'année ou plutôt 432,60 € grâce aux intérêts à 4 % de son livret A. S'il ne veut pas se séparer de sa voiture, il lui reste quatre mois pour faire faire des devis pour son assurance voiture et trouver un assureur moins cher.

Et six mois pour se mordre les doigts à l'idée qu'il avait, par manque de mise en concurrence, choisi le plus cher du marché !

À vous de remplir votre tableau (voir modèle p. 402).

EXERCICE PRATIQUE DE LA SEMAINE

La semaine ayant été un exercice pratique en elle-même, il y a repos !

Ça va faire des euros

La facture

Vous avez un prélèvement automatique, mais trouvez que les « estimations » effectuées par le fournisseur et prélevées sur votre compte sont excessives, surtout si vous mettez six mois pour vous les faire rembourser : annulez... !

Six timbres annuels à 0,53 € pour envoyer les chèques ou les TIP coûtent moins d'argent, de temps, d'énervement et d'énergie que de tenter de récupérer son argent et de payer des agios pour découverts à la banque... parce qu'EDF, GDF ou l'eau ont surestimé votre consommation.

18 chaînes

Pour comprendre comment recevoir les 12 chaînes de télé gratuites de la TNT sans se faire avoir : www.tnt-gratuite.fr.

On compare
Un comparateur de frais bancaires émanant d'une association de consommateurs, la CLCV, à consulter avant de changer de banque : www.votreargent.fr/banque/palmaresbanque.

Pas dans ma taxe foncière
Si vous en avez assez de voir le coût de l'enlèvement des ordures ménagères augmenter parallèlement au nombre de prospectus qui encombrent votre boîte aux lettres, refusez-les ! Il suffit d'apposer un autocollant « Stop pub » (distribué en mairie ou via l'ADEME) ou de noter « Pas de publicité, merci » sur la boîte aux lettres. On peut aussi s'inscrire sur la Liste Robinson pour ne plus être importuné par les courriers publicitaires auprès de l'Union française du marketing direct. C'est gratuit, il suffit de lui faire un courrier. UFMD, Liste Robinson, 60, rue La Boetie, 75008 Paris.
Enfin, on peut refuser le courrier en le renvoyant sans l'ouvrir avec la mention, retour à l'expéditeur ou en se servant de l'enveloppe T jointe dans l'envoi. C'est efficace.
On peut aussi s'approcher des nombreuses associations qui récupèrent telle ou telle partie des déchets : les bouchons de plastique des bouteilles (Bouchons d'amour, www.bouchonsdamour.com), les bouchons de liège (France-cancer, www.france-cancer.com)...

Reconnaissance éternelle
Êtes-vous bénéficiaire d'une assurance vie ? Pour le savoir, vous pouvez déposer une demande gratuite au :
Service des bénéficiaires en cas de décès
Agira
1, rue Jules-Lefebvre
75431 Paris Cedex 09
Pour cela, il suffit de joindre à la demande une copie de l'acte de décès. L'Agira transmet la demande à l'ensemble des entreprises d'assurances dans un délai de quinze jours, et si la réponse est positive, elle arrive un mois après.

Semaine 8

Résistez à la tentation

Index de tentation bas

Devant un buffet, un gros avale tout ce qu'il peut avaler, il n'a aucune limitation. Lorsqu'il est au régime et doit noter sur son carnet sa prise de nourriture, il en prend conscience et commence à se contrôler. Dans un magasin, un dépensier a la même attitude, il peut tout acheter sans limitation. Avec son carnet de route, il devient conscient de ses besoins et commence à acheter à bon escient. Il n'y a pas beaucoup de manières de se goinfrer à un buffet sous prétexte que c'est là et ne pas prendre de poids… pas plus qu'il y en a de trop dépenser et de ne pas être à découvert. Au tout début d'un régime, une chose est sûre, on ne tente pas le diable. On n'emmène pas le gourmand dans un grand restaurant et le dépensier faire la tournée des boutiques…

Comme il y a des produits alimentaires saturés de gras et de sucres (le monde est mal fait, ce sont souvent les meilleurs), il y a de nombreuses tentations et des activités chères. Une promenade sur les bords de la Loire varie du coût de l'usure d'une paire de chaussures à… 500 € si vous la faites en montgolfière ! Il faut donc s'entourer d'activités à index de tentation bas (ITB), afin de moins stimuler les envies.

Quelles sont les activités qui vous inciteraient le plus à dépenser de l'argent (index haut) ?

Aller dans les magasins, les grands magasins, les centres commerciaux ?
Emmener les enfants faire les courses ?
Regarder la publicité des magazines ou à la télévision ?
Sortir dans un parc à thèmes avec les enfants et leurs copains ?
Vouloir essayer de nouveaux produits ?
Vouloir épater les voisins, la famille, ses collègues ?
Aller chez ses parents ?

Et le moins (index bas) ?

Pique-niquer à la campagne ou en forêt ?
Jouer au foot avec les enfants ?
Se promener en ville quand les magasins sont fermés ?
Aller chez ses parents…

C'est à vous !

MES TENTATIONS	INDEX HAUT	INDEX BAS

Et souvenez-vous, allez-y le ventre plein pour ne pas être tenté d'acheter à manger n'importe où, prévoyez un pique-nique si besoin et oubliez tous vos moyens de paiement…

Il y a des gens qui, parce que vous êtes au régime, vont essayer de vous tenter avec un morceau de saucisson, du style, « C'est pas une rondelle ou deux qui vont te faire grossir », et justement, eux qui n'en mangent jamais, vont en manger une devant vous… Il y en a d'autres qui vous expliquent à longueur de journée qu'ils sont morfales et gourmands alors que pour avoir dîné une ou deux fois avec eux, vous savez qu'il n'en est rien, qu'à chaque fois, comme par hasard, ils n'avaient pas faim et laissaient le plat entier, tandis que vous, vous finissiez votre assiette jusqu'à rayer la porcelaine.

Pour l'argent, c'est pareil. Certains vont vous narguer : « Oh ce n'est pas d'acheter ce magazine ou ce carnet qui va changer ta situation, prends-le donc puisqu'il te fait plaisir. » Ou au contraire qui vont se mettre à raconter toutes leurs dépenses et combien ça leur a fait plaisir et combien ça a changé leur vie alors que vous les savez plutôt pingres.

Laissez-les parler. Ils ne sont pas à votre place et essayez plutôt de comprendre ce qui se cache derrière leur attitude. À quoi leur serviez-vous ? Vous, le trop généreux, le flambeur, à côté d'eux ?

Faire des choix qui sont adaptés à son budget semble une idée révolutionnaire ou ringarde. Révolutionnaire si l'on réfléchit ; ringarde si l'on gobe que ne pas posséder le nouvel écran plat HD fait passer pour le dernier des crétins.

« Qu'est-ce que je peux faire ? j'sais pas quoi faire… »

Normalement, vous devriez être occupé par le régime D.

S'occuper de ses affaires prend du temps, mais il se peut que de temps à autre, vous ressentiez une impression de vide : plus de courses à faire, plus de déplacements vers tel ou tel magasin, plus l'impression de « se faire plaisir » peut-être. Vous vous rendez compte que le shopping emplissait votre vie et que sans cela, vous êtes perdu. Vous n'êtes tout simplement pas habitué à passer du temps chez vous et l'idée de préparer une salade vous révulse alors que vous pourriez être sous les néons d'un supermarché, dans son ambiance musicale enveloppante, à regarder tous ces produits qui vous appellent. Vous compensiez peut-être certaines frustrations par l'achat. Et si c'était le moment de changer d'attitude ? Si « se faire plaisir » était s'occuper de soi et des autres : faire de la gym, se promener, décider d'aller ramasser des champignons, de découvrir toutes les rues de sa ville, de saluer des voisins ou des amis, d'apprendre à cuisiner, jardiner, écouter un CD ou une émission de radio, de jouer aux petits chevaux avec ses enfants…

Il faut du temps pour changer des habitudes. Lorsqu'elles sont physiques par exemple, on estime à trois mois le temps nécessaire pour transformer la pratique d'un exercice physique de contrainte en plaisir. Octroyez-vous le même temps pour changer votre façon de dépenser et d'occuper votre temps libre. Ne baissez pas les bras, courage !

Commencez à varier votre alimentation… intellectuelle

Vous aimez la charcuterie, rien que la charcuterie, toute la charcuterie. Pourquoi pas, mais si vous êtes au régime, on va vous conseiller de modifier votre alimentation, parce que la charcuterie n'est pas bonne pour ce que vous avez et est peut-être même la cause de certains débordements. C'est l'occasion de découvrir d'autres saveurs, d'autres senteurs, d'autres couleurs… et qui sait, de les aimer. Et puis votre vie ne peut quand même pas être si figée que cela !

Vous aimez le shopping, rien que le shopping, tout le shopping. Pourquoi pas, mais puisque vous êtes au régime D, il est temps de modifier vos habitudes. Le shopping n'est pas bon pour ce que vous avez et peut-être même la cause de la situation où vous vous trouvez. C'est l'occasion de découvrir d'autres activités (voyez, vous êtes en train de lire, et cela se passe plutôt bien), d'autres couleurs, d'autres senteurs… et qui sait, de les aimer. Et puis votre vie ne peut quand même pas être si figée que cela !

EXERCICE PRATIQUE DE LA SEMAINE

Organisez la vente, la répartition, l'échange d'objets pour faire rentrer de l'argent. Cela prend du temps mais désencombre physiquement et moralement de tout un tas de choses. On risque de se trouver dans un lieu où les tentations vont être grandes, un vide-grenier, un site de ventes sur Internet... On pense à son objectif : faire rentrer de l'argent pour son projet personnel. Si on sent une tentation trop forte, on se fixe des contraintes : ne pas sortir de son stand sur le vide-grenier, sauf pour aller aux toilettes, ne pas passer plus de quinze minutes de suite sur Internet...

Ça va faire des euros

En transition

Un système a été mis au point par des lecteurs qui veulent faire découvrir leurs lectures, le dépôt de livres accompagné par Internet.
En Franche-Comté, à Notre-Dame d'Acey, quelqu'un avait déposé deux livres à l'oratoire fin juillet...
www.circul-livre.blogspirit.com sur Paris et certaines grandes villes.
www.bookcrossing.com en anglais et sur la gauche, le lien pour le site en français.

Culture (*bis*)

Les musées nationaux sont gratuits le premier dimanche de chaque mois.

Même pas en douce !

Passez la frontière pour acheter les DVD et CD vierges au Luxembourg ou en Allemagne. C'est de là d'où partent certains grossistes sur Internet comme www.topbudget.net. Les frais de port sont à 9,90 € pour les envois de moins de 30 kg, et deviennent gratuits à partir d'un certain montant.

Semaine 9

La stabilisation

Le budget ou parler d'avenir

Le budget, par rapport aux dépenses, c'est comme une piscine par rapport à la mer. Cela limite l'endroit où l'on nage, cela n'empêche pas de nager. En revanche, il n'y a plus le risque de se noyer parce qu'on s'est perdu.

Le budget, c'est faire avec ce que l'on a. Il délimite les sommes à dépenser dans les mois qui viennent en les mettant en rapport avec celles à encaisser. Il parle d'avenir. Même les millionnaires, lorsqu'ils passent un ordre d'achat à un commissaire-priseur dans une salle des ventes, se donnent une somme à dépenser : « Dites, cher aâami, je ne dépasserai pas le million d'euros pour ce Francis Bacon-là. » Ils délimitent un budget.

Le budget s'établit à partir de ses ressources. C'est de la vraie de vraie comptabilité (pensez au budget de l'État) et comme le clamait *Le Manuel d'économie domestique* : *« la comptabilité amène l'ordre et l'économie par la plus éloquente des démonstrations »* !

Démonstration

Le budget du régime D est évidemment ultrasimple et tellement simple, que pas de panique, il suffit de reprendre les éléments épars et de les réorganiser. Ouf, tout est déjà listé !

Le budget va servir à planifier ses ressources et ses dépenses sur une année. Mais si l'EDF, c'est tous les deux mois et les impôts locaux une fois par an… à quoi cela sert-il de remplir ce tableau si les dépenses ne sont pas régulières ? Justement à planifier !

Imaginons 300 € d'assurances diverses à régler au 1er janvier de chaque année. En provisionnant chaque mois 20 € sur un compte épargne, bien sûr rémunéré, vous passez un réveillon sans mauvaise surprise car vous avez anticipé, épargné et fait fructifier votre argent. Vous n'avez pas à vivre le mois de janvier de patates et d'eau de pluie et surtout pas à souscrire un crédit quelconque pour faire face à vos échéances…

Pour que le budget fonctionne, il faut vraiment s'y tenir. Si les circonstances venaient à changer, moins de recettes par exemple, le budget permet de tout de suite réajuster les dépenses. L'important est de reconnaître la situation pour y faire face.

Une fois la somme définie pour les dépenses courantes et fréquentes : nourriture, loisir, vêtements, transport… de celles qui peuvent entraîner des dépenses quotidiennes, soit on peut sortir la somme en liquide pour le mois et ne plus y revenir, soit on peut décompter chaque jour de son livre de comptes les sommes restant à disposition.

« Puisque cette nécessité de prévoir son budget semble indiscutable, pourquoi donc le fait-on si peu ?
La principale raison est la continuelle course entre les salaires et les prix et, partant, la disparition quasi complète de la notion d'économie, de marge de sécurité… Il peut s'ajouter des difficultés individuelles ou sociales. Dans ces conditions, il résulte une sorte de découragement, une mauvaise compréhension de l'utilité de faire un budget.

D'autre part, les bonnes volontés disparaissent devant la complication des modèles proposés, la première qualité d'un type de budget devant être la simplicité. »

L'Art ménager français, 1952

Pour tenir vos résolutions, faites simple !

EXTRAIT DU LIVRE DE COMPTES GÉNÉRAUX. — PAGE MENSUELLE (12 semblables).

JANVIER

RECETTES		DÉPENSES	
Salaire	650 fr.	Trimestre de loyer.	200 fr.
Travail supplémentaire.	80 —	Lainage.........	24 —
Coupons.........	110 —	Couturière.......	18 —
TOTAL......	840 —	Ressemelage.....	10,50
		Gants...........	3,75
		Nourriture et entretien du ménage (Relevé du carnet de la cuisine)...	485 fr.
		TOTAL......	741,25

Larousse ménager illustré, 1926

Vous avez déjà tous les éléments chiffrés. Cela fait huit semaines que vous notez vos dépenses, vous pouvez ainsi définir votre budget nourriture, loisirs, transport, habillement… au plus juste. Vous savez aussi si vous pouvez intensifier votre effort pour rembourser plus rapidement vos emprunts ou atteindre votre objectif grâce à une épargne soutenue.

Le budget

	Feux tricolores	*Déc., cas Abi*		*Déc., cas Vanessa*		Par an		Janv.		Fév.		Mars		Avril		Mai		Juin		Juil.	
		+	-	+	-	+	-	+	-	+	-	+	-	+	-	+	-	+	-	+	-
RESSOURCES*		*2000*		*2000*																	
DÉPENSES**																					
Habitation	R		*550*		*550*																
Impôts	R		*250*		*250*																
Éducation	R																				
Remboursement de prêts	R				*660*																
Épargne	R		*200*		*0*																
Énergie	O		*100*		*50*																
Alimentation	O		*250*		*300*																
Alimentation extérieure	O		*250*		*0*																
Transports	O		*110*		*100*																
Assurances	O		*25*		*20*																
Habillement	O		*50*		*0*																
Loisirs	V		*200*		*50*																
Autres																					
Total des dépenses			*1985*		*1980*																
Reste		*15*		*20*																	

En italique, deux mini exemples. Le tableau complet sur 12 mois à compléter est en annexe p. 404.

* Le total du tableau de la page divisé par 12 (moins les primes ponctuelles, le treizième mois… qui sont affectés seulement à partir du mois où ils sont encaissés).

** Cf. tableau liste des dépenses étape 2 page 321.

Votre budget est défini, il vous indique les sommes dont vous allez disposer chaque mois pour faire face à vos diverses échéances. Avant de mettre un point final à cette semaine, faites un rapide calcul. Si vous le suivez à la lettre, en combien de temps votre objectif sera-t-il atteint ?

À QUELLE DATE MON OBJECTIF SERA-T-IL ATTEINT ?

....

Quoi, je voulais acheter une maison de 300 m² avec vue sur la mer et à ce train-là, mes enfants auront 50 ans avant que je m'y installe ? Seul un objectif réaliste, proche de ses ressources et de ses capacités à l'épargne, loin du mythe d'une certaine « normalité » qui n'est pas plus normale qu'il y a de beurre en branches, permettra de tenir sur la durée...

« Je m'engageai dans l'escalator, frustré qu'un vendeur m'eût empêché d'acheter.
– Comment se fait-il que tu aimes tant les bijoux, A ? demanda B.
– Je n'aime pas tellement les bijoux, en vérité. Allons plutôt acheter des protège-pieds du Dr Scholl. Les bijoux ne remplaceront jamais le Dr Scholl.
– Je préférerais avoir des bijoux, dit B.
– Pourquoi ?
– Parce qu'un diamant, c'est pour toujours, dit B.
– Pour toujours quoi faire ? »

Andy Warhol, *Ma philosophie de A à B*

EXERCICE PRATIQUE DE LA SEMAINE

Récupérer l'argent de la vente des vide-greniers, enchères, salle des ventes... (ce qui peut prendre du temps !).

Ça va faire des euros

Spécial canicule
Le ventilateur brasse l'air chaud. En plaçant devant les pales une bouteille d'eau en plastique congelée, l'air sera plus frais.

Gloups
L'eau de l'aquarium est saine, les poissons vivent dedans. Elle se recyclera donc très bien pour arroser les plantes.

Acrobate
Dans *Mon beau-père, mes parents et moi* [1], le chat de l'ancien agent secret fait ses besoins aux toilettes. L'entraînement du FBI est à la porte des WC français, puisque le site www.flushycat.com propose un kit pour apprendre au chat citadin à trouver le chemin du trône et à s'en servir... Le gain en litière chiffré par la société est de 1 680 €, mais il faut en déduire les 3 litres d'eau de la chasse économe en eau... sur une vie, le gain reste supérieur à 1 000 €. Et puis, une fois qu'il aura appris cela, pourquoi ne pas l'éduquer à éteindre les interrupteurs...

Toile cirée
Que faire avec de vieux rideaux de douche ? La même chose qu'avec une vieille toile cirée : des tabliers pour enfants, des bavoirs en plastique, des sets de table en repliant le bas pour récupérer ce qu'il y a à récupérer. Et il y en a !

Un tapis à faire nettoyer, une courroie de lave-linge à changer ?
Ceux qui déménagent dans une même ville peuvent en profiter pour faire réparer ce qui doit l'être et qui sera livré ou récupéré à la nouvelle adresse.

1. Décidément une référence !

Jack in the box

Si vous avez de la place, laissez les objets dans leur emballage d'origine : le fer à repasser dans sa boîte, l'appareil à fondue aussi. D'abord, ça les protège. Ensuite, cela permet de retrouver facilement les coordonnées du fabricant, de son service après-vente en cas de réparation, du mode d'emploi et de la garantie. Enfin, cela se vend mieux en cas de revente.

Touche pas

On ne se lance dans aucun bricolage si l'appareil que l'on a est sous garantie. On appelle le vendeur ou le fabricant.

Semaine 10

La maîtrise du budget

À travers ce voyage vers la gestion saine de votre budget, vous avez appris et découvert des tas de choses, enfin espérons-le ! Cela n'a peut-être pas toujours été facile.

Côté régime amaigrissant, vous aviez compris que « Perdez 15 kg en 15 jours grâce aux pilules d'ananas brûle-graisse » c'était du pipeau. Cela prouvait seulement la crédulité de certains et le besoin des autres à croire à une réponse unique, rapide, simple, miraculeuse, qui les débarrasse de la phase « réflexion ». La réalité est plus complexe et demande justement de la réflexion et le temps qui va avec.

En dix semaines, votre façon de vivre a changé. Vous vous êtes intéressé, peut-être pour la première fois, aux détails de votre vie, de votre quotidien, à vos proches et à vous. Vous vous êtes recentré sur l'essentiel.

Comme un boulimique engouffre la nourriture sans la goûter, le trop dépensier peut dépenser sans prendre plaisir aux objets achetés. Avec un régime, le premier réapprend à avoir faim, à reconnaître les signaux de son estomac, à se nourrir sans systématiquement se rassasier. Pareil avec le second, il a appris à saliver, à avoir envie de quelque chose, à regarder différemment les objets qui l'entourent. Un peu comme à Noël, quand il n'y avait de cadeaux qu'à Noël, la fête était là pour rendre possible le désir longtemps différé.

Vous avez renoncé très facilement à certaines habitudes, plus difficilement à d'autres, avez découvert des trésors d'habileté insoupçonnée chez vous et vos proches, avez appris à ne pas avoir peur d'apprendre et d'essayer.

Vous vous êtes détaché du regard des autres, de leurs avis lorsqu'ils sont négatifs : « Je n'aurais pas fait comme ça, je n'imposerais pas ça à ma famille, je ne ferais pas ça à ta place » parce que vous avez bien compris que c'est à vous de prendre les décisions.

Vous avez peut-être découvert une vie moins contraignante où les tee-shirts ne sont plus repassés, la cuisine pas toujours 4 étoiles, mais où l'important est ailleurs. Vous ne courez plus après un rêve de perfection qui vous coûtait beaucoup…

Vous vous êtes détaché de la sensation brute et immédiate, du « cool », de l'« hipster », du « Je veux parce que j'ai envie et que j'adôre »… vous avez assimilé qu'il n'y a pas obligation à aimer faire les choses pour les faire : se brosser les dents, aller travailler, débarrasser la table, remplir sa déclaration d'impôts… personne n'a dit qu'il fallait aimer.

Vous avez changé une habitude à la fois pour certains, pour d'autres tout d'un coup suivant la volonté et l'urgence de la situation, à chacun son rythme. Cela a peut-être été difficile, il est normal de penser à ce que l'on a laissé de côté, mais il faut donner du temps au temps comme disait quelqu'un… alors donnez-vous-en !

Vous n'avez plus peur.

Vous vous êtes mêlé de vos affaires plutôt que de vous trouver dans une situation où ce sont les autres qui s'en mêleront.

BILAN	SOMMES ÉCONOMISÉES (EN €)
De combien avez-vous baissé votre consommation au quotidien ? La différence se fait entre les 15 jours du « carnet de route » et les 15 derniers jours de votre livre de comptes.	
De combien allez-vous la baisser sur une année ? On multiplie le précédent chiffre par 24.	
Avez-vous vendu les objets en surplus ? Combien avez-vous récolté ?	
Avez-vous renégocié vos crédits ? Combien avez-vous gagné ?	
Avez-vous arrêté certains frais ? Si oui, pour combien	
TOTAL	.... €

Vous êtes déjà heureusement surpris par le résultat. Tant mieux, ce n'est qu'un début…

Ou vous faites vos comptes, et trouvez tout cela dérisoire ! Soit vous n'avez pas été assez loin dans ce que vous pouviez économiser au quotidien, soit vous ne croyez pas que les petits ruisseaux font des grandes rivières. Essayez de soutirer 0,30 € d'augmentation par jour à un patron milliardaire en euros et vous verrez ! Souvenez-vous du démarrage de la banque Grammeen bank au début des années 1980 avec 27 $ prêtés à 42 villageois indiens. Elle a distribué plus de 6 milliards de $ à ce jour… les exemples pullulent…

Et si rien de cela ne fonctionnait ? Tout vendre ou larguer, abandonner famille et amis, prendre le maquis, changer d'identité, se faire refaire le portrait et s'engager dans une vie hors normes. Pourquoi pas ? Parce que…

EXERCICE PRATIQUE DE LA SEMAINE

C'est fini, les exercices et les essais divers. Les exercices s'appellent désormais le quotidien de la vie.

« La vie n'est pas une tentative d'aimer,
elle est l'unique essai. »

Pascal Quignard

Les 10 secrets d'une stabilisation réussie

1. Si vous n'avez pas l'argent, ne le dépensez pas ! C'est la règle d'or.

2. Si vous n'avez pas l'argent, n'achetez pas ! Sauf pour un logement ou un instrument de travail !

3. Multipliez vos gains : 1 € au quotidien de gagné sur les boissons, c'est 30 € par mois, soit 365 € par an.

4. Aucun mode de paiement n'est interdit à condition de savoir l'utiliser. Bref, ce n'est pas la carte bleue qui est dangereuse, mais l'usage que l'on en fait.

5. Une dette pas chère coûte moins cher qu'une dette chère ! On compare les TEG (taux effectifs globaux) et les assurances.

6. La convivialité fait partie de la vie. Et se réunir autour d'un plat de pâtes autorise autant de franches rigolades qu'un gibier sauce grand veneur.

7. Il faut garder un équilibre financier plutôt qu'alterner privation et magnificence.

8. Laissez les voisins, les collègues, les stars de la télé ou du cinéma où ils sont. Ne vous comparez pas à eux et laissez-les vivre. Ne vous occupez pas d'eux, mais de vous.

9. Ne soyez pas obsédé par l'argent. Lisez, ça ne coûte rien (bibliothèque), distrayez-vous.

10. Réagissez immédiatement en cas d'erreur ou de problèmes à venir.

Annexes

Liste des dépenses ou emplois de l'argent

	ÉTAPE 1			FEUX TRICOLORES	ÉTAPE 2	
DÉFENSES	TOTAL ANNUEL (EN €)	MOYENNE DES DÉPENSES MENSUELLES (EN €)	JOUISSANCE DU BIEN	ROUGE (DÉPENSE OBLIGATOIRE) ORANGE (DÉPENSE MODULABLE) VERT (DÉPENSE SUPERFLUE)	MENSUEL (EN €)	GAIN ANNUEL (EN €)
Boire et manger Courses (marché, supermarché, coopérative, boulangerie, pâtisserie, charcuterie, cave...) Cantines (scolaires, entreprise...) Restos divers Cafés et salons de thé (pots divers, petit jus du matin, thé entre copines...) Machines (à café, à snack, à boissons...) Cigarettes Autres						
Se loger (résidence principale) Loyer Remboursement du crédit d'achat du logement Eau Gaz Électricité						

Liste des dépenses ou emplois de l'argent

	ÉTAPE 1			FEUX TRICOLORES	ÉTAPE 2	
DÉPENSES	TOTAL ANNUEL (EN €)	MOYENNE DES DÉPENSES MENSUELLES (EN €)	JOUISSANCE DU BIEN	ROUGE (DÉPENSE OBLIGATOIRE) ORANGE (DÉPENSE MODULABLE) VERT (DÉPENSE SUPERFLUE)	MENSUEL (EN €)	GAIN ANNUEL (EN €)
Bois Fioul Jardinier Taxe d'habitation Impôts fonciers Assurance de la maison Autres						
Se soigner et s'assurer Mutuelles Assurances diverses (voyages, écoles, pratiques sportives...) Dentiste Psy et autres pratiques non remboursées (ostéopathe, massages...) Orthophoniste Cures Autres						
Impôts sur le revenu						

	ÉTAPE 1			FEUX TRICOLORES	ÉTAPE 2	
DÉPENSES	TOTAL ANNUEL (EN €)	MOYENNE DES DÉPENSES MENSUELLES (EN €)	JOUISSANCE DU BIEN	ROUGE (DÉPENSE OBLIGATOIRE) ORANGE (DÉPENSE MODULABLE) VERT (DÉPENSE SUPERFLUE)	MENSUEL (EN €)	GAIN ANNUEL (EN €)
Se déplacer Abonnements transport (carte orange, carte SNCF, abonnement aérien...) Assurance de la ou des voitures Essence ou gasoil Location de voiture Entretien de la ou des voitures Parking Taxis Autres déplacements ponctuels (cars, bus...) Autres						
S'entourer d'animaux de compagnie Nourriture Entretien (vétérinaire, soins, équipements...) Assurance Autres						
Résidence secondaire						

Liste des dépenses ou emplois de l'argent

	ÉTAPE 1			FEUX TRICOLORES	ÉTAPE 2	
DÉPENSES	TOTAL ANNUEL (EN €)	MOYENNE DES DÉPENSES MENSUELLES (EN €)	JOUISSANCE DU BIEN	ROUGE (DÉPENSE OBLIGATOIRE) ORANGE (DÉPENSE MODULABLE) VERT (DÉPENSE SUPERFLUE)	MENSUEL (EN €)	GAIN ANNUEL (EN €)
Vivre à la maison Produits d'entretien Pressing Cordonnerie Retouches Heures de ménage Baby-sitting Argent de poche des enfants						
Se former, se distraire École Sorties de classe Inscription à la fac Livres de cours Cours divers enfants (musique, judo...) Club de gym Inscription aux activités variées Abonnements revues Livres/CD/DVD/théâtre/concerts/musées/cinés Location DVD Redevance télé (comprise dans la taxe d'habitation)						

	ÉTAPE 1			FEUX TRICOLORES	ÉTAPE 2	
DÉPENSES	TOTAL ANNUEL (EN €)	MOYENNE DES DÉPENSES MENSUELLES (EN €)	JOUISSANCE DU BIEN	ROUGE (DÉPENSE OBLIGATOIRE) ORANGE (DÉPENSE MODULABLE) VERT (DÉPENSE SUPERFLUE)	MENSUEL (EN €)	GAIN ANNUEL (EN €)
Câble Hobbies (achat de matériel...) Sorties diverses Autres						
Se vêtir Achat de vêtements Coiffeur Esthéticienne/manucure... Produits d'hygiène, de soins et de beauté Achat de chaussures Cordonnerie						
Communiquer Téléphone portable Internet Téléphone fixe						
Se protéger Retraite Épargne Assurance vie Syndicats Investissements Actions Autres						

Liste des dépenses ou emplois de l'argent

	ÉTAPE 1			FEUX TRICOLORES	ÉTAPE 2	
DÉPENSES	TOTAL ANNUEL (EN €)	MOYENNE DES DÉPENSES MENSUELLES (EN €)	JOUISSANCE DU BIEN	ROUGE (DÉPENSE OBLIGATOIRE) ORANGE (DÉPENSE MODULABLE) VERT (DÉPENSE SUPERFLUE)	MENSUEL (EN €)	GAIN ANNUEL (EN €)
Donner Œuvres Autres Cadeaux de Noël Cadeaux d'anniversaires Fêtes spéciales (mariages, baptêmes...)						
Payer Remboursements des emprunts (autres que les remboursements maison et voiture déjà notés) Crédits conso Cartes de crédit Dettes familiales ou amicales Procédures de justice (huissiers...) Ardoise Découvert bancaire Tickets de loto ! Autres						
Divers						
TOTAL						

Carnet de route

À photocopier pour noter vos dépenses chaque jour.

JOUR :				
DÉPENSES	POUR QUI ?	HUMEUR	NÉCESSAIRE (N) OU SUPERFLU (S)	MONTANTS

JOUR :				
DÉPENSES	POUR QUI ?	HUMEUR	NÉCESSAIRE (N) OU SUPERFLU (S)	MONTANTS

Carnet de route

Modèle de lettre de saisine de la commission de surendettement proposée par la DGCCRF

Secrétariat de la
Commission de Surendettement
de (département)
Banque de France de (ville)
adresse

Je soussigné (Nom, prénoms) demeurant à (adresse et téléphone) demande à bénéficier de la procédure de traitement des situations de surendettement prévue aux articles L 331-1 et suivants du Code de la Consommation.

Cette demande est justifiée par le fait que je ne peux faire face à mes dettes.

Description de :
ma situation familiale ;
mes dettes : montant, ancienneté, nom et adresses des créanciers ;
mes ressources ;
mes biens.

Je me tiens à votre disposition pour toute information complémentaire utile à l'instruction de mon dossier.

Fait à.............., le...............

Signature

Tableau des kcal€

GENRE	ARTICLE	DIFFÉRENCE DE TEMPS ENTRE L'ACTION LA PLUS ONÉREUSE ET LA PLUS ÉCONOMIQUE	GAIN FINANCIER HABITUEL SUR UNE ACTION	GAIN SUR UN MOIS PAR PERSONNE	GAIN SUR UN AN POUR MA FAMILLE	ÉQUIVALENT TEMPS DE TRAVAIL
Eau	Bouteilles d'eau 1,5 l d'eau de source 1er prix = 0,50 € Eau du robinet 1,5 l d'eau du robinet = 0,0039 €	30 bouteilles par mois à transporter, puis à évacuer. Je gagne du temps. L'eau est au domicile.	0,50 – 0,0039 = 0,4961 €	14,88 €	Pour une famille de 4 personnes, 14,88 x 4 x 12 = 714,24 €	Pour Biribia par exemple, 14,88 x 12 = 178,56 178,56 / 9,15 = 20 h
Lentilles	Lentilles toutes prêtes 0,65 € la grande boîte Lentilles à cuire à 0,20 € les 200 g	1 boîte de 530 g à transporter, puis à évacuer. Ouverture de la boîte, lavage de la casserole. 200 g de lentilles sèches en sachet à verser dans l'eau 2 min si on ajoute oignon piqué d'un clou de girofle, morceau de carotte Lavage casserole	0.65 – 0.20 = 0,45 €	0,90 € (deux boîtes par mois)	0,90 x 4 x 12 = 43,20 €	

GENRE	ARTICLE	DIFFÉRENCE DE TEMPS ENTRE L'ACTION LA PLUS ONÉREUSE ET LA PLUS ÉCONOMIQUE	GAIN FINANCIER HABITUEL SUR UNE ACTION	GAIN SUR UN MOIS PAR PERSONNE	GAIN SUR UN AN POUR MA FAMILLE	ÉQUIVALENT TEMPS DE TRAVAIL
Assurance voiture	Ancienne assurance à 370 € Nouvelle assurance à 340 € ou 270 €	Rien à faire 15 à 50 min	370 – 340 = 30 € 370 – 270 = 100 € 30 € à 100 €	30 €	30 €	

Les contrats de services en cours

	FIN DE CONTRAT	DATE DE RÉSILIATION	COÛT ACTUEL	NÉCESSITÉ (N) OU PLAISIR (P) ?	ALTERNATIVE	DEVIS 1	DEVIS 2	DEVIS 3	ÉCONOMIE MENSUELLE	ÉCONOMIE ANNUELLE
TOTAL										

Le budget

	Feux tricolores	Par an		Janv.		Fév.		Mars		Avril		Mai		Juin		Juil.		Août		Sept.		Oct.		Nov		Déc.	
		+	-	+	-	+	-	+	-	+	-	+	-	+	-	+	-	+	-	+	-	+	-	+	-	+	-
RESSOURCES*																											
DÉPENSES**																											
Habitation	R																										
Impôts	R																										
Éducation	R																										
Remboursement de prêts	R																										
Épargne	R																										
Énergie	O																										
Alimentation	O																										
Alimentation extérieure	O																										
Transports	O																										
Assurances	O																										
Habillement	O																										
Loisirs	V																										
Autres																											
Total des dépenses																											
Reste																											

Adresses utiles

Banque de France
31, rue Croix-des-Petits-Champs
75001 PARIS
Tél. : 01 42 92 42 92 ou
01 64 80 20 20
www.banque-france.fr

Chambre régionale du surendettement social (CRESUS)
Maison de la Famille
7, rue Sedillot
BP 8
67064 STRASBOURG CEDEX
Tél. : 03 90 22 11 30
www.cresusalsace.org

Direction générale de la concurrence, de la consommation et de la répression des fraudes (DGCCRF)
Allô, service public : 3939
Contacter la DGCCRF de votre département
www.dgccrf.bercy.gouv.fr

Confédération de la Consommation, du Logement et du Cadre de Vie (CLCV)
17, rue Monsieur
75007 PARIS
Tél. : 01 56 54 32 10
www.clcv.org

Débiteurs anonymes
149, avenue du Maine
75014 PARIS
Tél. : 01 45 40 35 94

ALSACE

BANQUE DE FRANCE

• Direction régionale – Succursale
3, place Broglie
BP 20410
67002 STRASBOURG CEDEX
Tél. : 03 88 52 28 40

• Succursale
11, rue de la Somme
BP 1147
68052 MULHOUSE CEDEX
Tél. : 03 89 66 95 00

CRESUS Mulhouse
1, rue d'Alsace
68100 MULHOUSE
Tél. : 03 69 77 77 19

DGCCRF
L'avancée
26 C, boulevard
du Président-Wilson
BP 80054

67067 STRASBOURG CEDEX
Tél. : 03 88 14 32 00

CLCV
32, rue d'Uffholtz
68100 MULHOUSE
Tél. : 03 89 54 93 00

AQUITAINE

BANQUE DE FRANCE
• Direction régionale – Succursale
13-15, rue Esprit-des-Lois
CS 80001
33001 BORDEAUX CEDEX
Tél. : 05 56 00 14 14

• Succursale
1, place du Président-F.-Roosevelt
BP 3081
24003 PÉRIGUEUX CEDEX
Tél. : 05 53 03 30 30

• Succursale
11, rue Henri-Duparc
BP 119
40002 MONT-DE-MARSAN CEDEX
Tél. : 05 58 05 71 88

• Succursale
35, boulevard de la République
47916 AGEN CEDEX 09
Tél. : 05 53 69 54 54

• Succursale
7, rue Louis-Barthou
BP 408
64004 PAU CEDEX
Tél. : 05 59 82 28 28

DGCCRF
5, boulevard du Parc-des-Expositions
BP 600
33028 BORDEAUX CEDEX
Tél. : 05 56 69 27 27

CLCV
Résidence Le Ponant
2, terrasse du 8-mai-1945
33000 BORDEAUX
Tél. : 05 56 90 74 74

AUVERGNE

BANQUE DE FRANCE
• Direction régionale – Succursale
15, cours Sablon
63058 CLERMONT-FERRAND CEDEX 01
Tél. : 04 73 40 69 40

• Succursale
10, avenue de la République
BP 429
03004 MOULINS CEDEX
Tél. : 04 70 48 10 70

• Succursale
61 bis, avenue de la République
BP 105
15001 AURILLAC
Tél. : 04 71 46 84 50

• Succursale
30, boulevard Alexandre-Clair
BP 30
43001 LE PUY-EN-VELAY CEDEX
Tél. : 04 71 02 18 66

DGCCRF
62, boulevard Côte-Blatin
BP 63
63002 CLERMONT-FERRAND CEDEX 01
Tél. : 04 73 34 74 00

CLCV
32, rue Gabriel-Péri
63000 CLERMONT-FERRAND
Tél. : 04 73 36 75 91

BASSE NORMANDIE

BANQUE DE FRANCE
• Direction régionale – Succursale
14, avenue de Verdun
14051 CAEN CEDEX
Tél. : 02 31 38 33 00

• Centre de traitement du surendettement
22, quai Alexandre-III
BP 124
50101 CHERBOURG CEDEX
Tél. : 02 33 88 63 80

• Succursale
1, rue du Docteur-Becquembois
BP 10
61001 ALENÇON CEDEX
Tél. : 02 33 82 58 58

DGCCRF
6, rue Courtonne
14017 CAEN CEDEX
Tél. : 02 31 46 83 00

BOURGOGNE

BANQUE DE FRANCE
• Direction régionale – Succursale
2-4, place de la Banque
BP 126
21004 DIJON CEDEX
Tél. : 03 80 50 41 41

• Succursale
6 bis, rue Jean-Desveaux
BP 128
58001 NEVERS CEDEX
Tél. : 03 86 59 77 40

• Antenne économique
13, rue de la Banque
BP 193
71105 CHALON-SUR-SAÔNE CEDEX
Tél. : 03 85 42 50 20

• Succursale
1, rue de la Banque
BP 739
89007 AUXERRE CEDEX
Tél. : 03 86 51 87 00

CRESUS Bourgogne
Maison de la Solidarité
1er étage N° 9
Centre Commercial Fontaine d'Ouche
21000 DIJON
Tél. : 06 99 52 31 72

DGCRRF
53, rue de Mulhouse
BP 70
21072 DIJON CEDEX
Tél. : 03 80 78 79 00

BRETAGNE

BANQUE DE FRANCE
• Direction régionale – Succursale
25, rue de la Visitation
CS 56431
35064 RENNES CEDEX
Tél. : 02 99 25 12 12

• Succursale
11, rue de la Gare
BP 310
22003 SAINT-BRIEUC CEDEX 1
Tél. : 02 96 62 68 00

• Succursale
39, rue du Château
CS 71928
29219 BREST CEDEX
Tél. : 02 98 43 07 07

• Succursale
55, avenue Victor-Hugo
BP 4
56001 VANNES CEDEX
Tél. : 02 97 54 43 34

CRESUS Bretagne
5, place Nicolas-Appert
29200 BREST
Tél. : 06 15 86 66 94

DGCCRF
Cité administrative
Boulevard de la Liberté
CS 92104
35021 RENNES CEDEX 9
Tél. : 02 99 29 76 00

CLCV
15, rue du Bourbonnais
35000 RENNES
Tél. : 02 99 14 23 23

CENTRE

BANQUE DE FRANCE
• Direction régionale – Succursale
3-5, boulevard de Verdun
BP 1657
45006 ORLÉANS CEDEX 1
Tél. : 02 38 77 78 78

• Succursale
1 bis, avenue Eugène-Brisson
18020 BOURGES CEDEX
Tél. : 02 48 21 50 69

• Succursale
32, rue du Docteur-Maunoury
BP 10049
28023 CHARTRES CEDEX
Tél. : 02 37 91 59 03

• Succursale
13, place La-Fayette
BP 89
36002 CHÂTEAUROUX CEDEX
Tél. : 02 54 60 55 00

• Succursale
2, rue Chanoineau
37922 TOURS CEDEX 09
Tél. : 02 47 60 24 00

• Succursale
4, avenue Jean-Laigret
BP 1310
41013 BLOIS CEDEX
Tél. : 02 54 55 44 00

DGCCRF
Immeuble le Coligny
122, rue du Faubourg-Bannier
BP 94206
45042 ORLÉANS CEDEX 2
Tél. : 02 38 65 41 41

CHAMPAGNE-ARDENNE

BANQUE DE FRANCE
• Succursale
46, rue Aristide-Briand
08013 CHARLEVILLE-MÉZIÈRES CEDEX
Tél. : 03 24 33 69 99

• Succursale
6, boulevard Victor-Hugo
BP 4083
10014 TROYES CEDEX
Tél. : 03 25 42 44 44

• Succursale
1, place de l'Hôtel-de-ville
BP 2728

51057 REIMS CEDEX
Tél. : 03 26 89 52 52

• Succursale
1, place Émile-Goguenheim
BP 2018
52901 CHAUMONT CEDEX 09
Tél. : 03 25 30 31 20

DGCCRF
21, Boulevard Léon-Blum
BP 26
51005 CHÂLONS-EN-CHAMPAGNE CEDEX
Tél. : 03 26 66 29 60

CORSE

BANQUE DE FRANCE
• Direction régionale – Succursale
8, rue Sergent-Casalonga
BP 315
20177 AJACCIO CEDEX 01
Tél. : 04 95 51 72 40

• Succursale
2 bis, cours Henri-Pierangeli
BP 350
20297 BASTIA CEDEX
Tél. : 04 95 32 82 00

DOM-TOM

DGCCRF
• Chemin des Bougainvilliers-Guillard
BP 649
97100 BASSE-TERRE
Tél. : 05 90 99 35 99

• Hôtel des finances
Route de Cluny
BP 7002
97233 SCHŒLCHER
Tél. : 05 96 59 55 14

• Angle des rues
Mme Paye-et-Rouget-de-l'Isle
BP 5020
97305 CAYENNE CEDEX
Tél. : 05 94 25 61 00

• Rue Bois-de-Nèfles
12, lotissement Lemerle
97488 SAINT-DENIS CEDEX
Tél. : 02 62 90 21 41

CLCV
Antenne de Basse-Terre
201, Imm. boulevard de la Soufrière
Petit-Paris
97100 BASSE-TERRE
Tél. : 05 90 95 44 92

FRANCHE-COMTÉ

BANQUE DE FRANCE
• Direction régionale – Succursale
19, rue de la Préfecture
25044 BESANÇON CEDEX
Tél. : 03 81 65 21 21

• Succursale
16, rue Rouget-de-Lisle
BP 457
39006 LONS-LE-SAUNIER CEDEX
Tél. : 03 84 87 21 50

• Succursale
2, rue du Commandant-Girardot
BP 8089
70002 VESOUL CEDEX
Tél. : 03 84 75 97 97

• Succursale
Espace VAUBAN
7, boulevard Richelieu
BP 349

90006 BELFORT CEDEX
Tél. : 03 84 57 54 00

CRESUS Franche-Comté
16, rue Saint-Exupery
BUDGET ET CONSEIL
25200 MONTBÉLIARD

DGCCRF
13, rue Xavier-Marmier
BP 1329
25006 BESANCON CEDEX
Tél. : 03 81 41 97 70

HAUTE NORMANDIE

BANQUE DE FRANCE
• Direction régionale – Succursale
32, rue Jean-Lecanuet
76000 ROUEN
Tél. : 02 35 52 78 78

• Succursale
26, rue Victor-Hugo
BP 384
27003 ÉVREUX CEDEX
Tél. : 02 32 38 85 00

• Antenne économique
22, avenue René-Coty
BP 7017
76081 LE HAVRE CEDEX
Tél. : 02 35 19 50 00

DGCCRF
30, rue Henri-Gadeau-de-Kerville
Les Galées du Roi -BP1072
76173 ROUEN CEDEX 01
Tél. : 02 32 81 88 60

ÎLE-DE-FRANCE

BANQUE DE FRANCE
• Direction régionale – Succursale
48, boulevard Raspail
75006 PARIS-RASPAIL
Tél. : 01 49 54 27 27

• Succursale
24, rue Saint-Ambroise
BP 70
77002 MELUN CEDEX
Tél. : 01 64 87 67 00

• Succursale
50, boulevard de la Reine
BP 483
78004 VERSAILLES CEDEX
Tél. : 01 39 24 55 49

• Succursale
23, rue des Mazières
BP 45
91002 ÉVRY CEDEX
Tél. : 01 69 36 56 00

• Succursale
CA des Hauts-de-Seine,
167-177, avenue Joliot-Curie
92000 NANTERRE
Tél. : 01 41 37 80 03

• Succursale
2, rue Catulienne
BP 88
93203 SAINT-DENIS CEDEX
Tél. : 01 48 13 35 40

• Succursale
4, place Salvador-Allende
94010 CRÉTEIL CEDEX
Tél. : 01 45 13 51 51

• Succursale
« Le Montaigne »
6, boulevard de l'Oise
95034 CERGY-PONTOISE CEDEX
Tél. : 01 34 41 58 00

CRESUS Île-de-France
2, rue des Mésanges
78990 ÉLANCOURT
Tél. : 06 33 09 50 47

CRESUS Paris
15, rue des Abbesses
75018 PARIS

DGCCRF
8, rue Froissart
75153 PARIS CEDEX 03
Tél. : 01 40 27 16 00

CLCV
29, rue Alphonse-Bertillon
75015 PARIS
Tél. : 01 53 02 42 89

LIMOUSIN

BANQUE DE FRANCE
• Direction régionale – Succursale
8, boulevard Carnot
BP 414
87012 LIMOGES CEDEX
Tél. : 05 55 11 53 00

• Succursale
1, place Maschat
BP 1
19001 TULLE CEDEX
Tél. : 05 55 29 92 29

• Succursale
24, boulevard Carnot
BP 13
23001 GUERET CEDEX
Tél. : 05 55 41 80 00

DGCCRF
18, boulevard Victor-Hugo
87031 LIMOGES CEDEX
Tél. : 05 55 45 83 83

LORRAINE

BANQUE DE FRANCE
• Direction régionale – Succursale
12, avenue Robert-Schuman
BP 20450
57017 METZ CEDEX 1
Tél. : 03 87 39 94 00

• Succursale
2, rue Chanzy
CS 31705
54017 NANCY CEDEX
Tél. : 03 83 34 37 00

• Succursale
20, boulevard Raymond-Poincaré
BP 70129
55003 BAR-LE-DUC CEDEX
Tél. : 03 29 45 16 22

• Succursale
20, rue Thiers
88026 ÉPINAL CEDEX
Tél. : 03 29 64 41 00

CRESUS Moselle
Maison des Services Lobau
17, rue du Commandant-Taillant
57370 PHALSBOURG
Tél. : 03 87 24 94 11

CRESUS Vosges
87, rue d'Alsace
88100 ST.-DIE-DES-VOSGES
Tél. : 03 29 55 48 38

DGCCRF
Cité administrative
1, rue du Chanoine-Collin
BP 61011
57036 METZ CEDEX 1
Tél. : 03 87 39 75 00

CLCV
7, rue du Pont
57525 TALANGE
Tél. : 03 87 72 31 55

MIDI-PYRÉNÉES

BANQUE DE FRANCE
• Direction régionale – Succursale
4, rue Deville
BP 90103
31001 TOULOUSE CEDEX 06
Tél. : 05 61 61 35 35

• Succursale
3, rue du Lieutenant-Paul-Delpech
BP 33
09002 FOIX CEDEX
Tél. : 05 61 65 71 20

• Succursale
13, boulevard François-Fabié
BP 3301
12033 RODEZ CEDEX 09
Tél. : 05 65 73 38 00

• Succursale
3, rue de Lorraine
BP 32101
32004 AUCH CEDEX
Tél. : 05 62 61 90 60

• Succursale
318, rue du Président-Wilson
BP 179
46003 CAHORS CEDEX 09
Tél. : 05 65 23 24 25

• Succursale
25, rue Massey
BP 9201
65920 TARBES CEDEX 09
Tél. : 05 62 44 25 50

• Succursale
17, rue Dominique-de-Florence
CS 25024
81028 ALBI CEDEX 09
Tél. : 05 63 49 49 70

• Succursale
39, rue de la Banque
BP 240
82002 MONTAUBAN CEDEX
Tél. : 05 63 21 82 00

DGCCRF
Cité administrative
Boulevard Armand-Duportal
31074 TOULOUSE CEDEX
Tél. : 05 67 69 11 00

CLCV
498, rue Wilson
46000 CAHORS
Tél. : 05 65 35 81 04

NORD-PAS-DE-CALAIS

BANQUE DE FRANCE
• Direction régionale – Succursale
69, rue Royale
BP 587
59023 LILLE CEDEX
Tél. : 03 20 40 47 47

• Centre de traitement du surendettement
90, rue Morel
BP 50539
59505 DOUAI CEDEX
Tél. : 03 27 99 15 99

• Antenne économique
12, place Jean-Bart
BP1504
59382 DUNKERQUE CEDEX 01
Tél. : 03 28 51 89 89

• Centre de traitement du surendettement

2, rue Lazare-Carnot
BP 70549
59605 MAUBEUGE CEDEX
Tél. : 03 27 53 13 93

• Succursale
1-5, rue Ernestale
BP 952
62033 ARRAS CEDEX
Tél. : 03 21 23 90 00

CRESUS Nord-Pas-de-Calais
51, rue d'Inkermann
59100 ROUBAIX
Tél. : 03 20 68 45 50

DGCCRF
95, boulevard Carnot
BP 10219
59029 LILLE CEDEX
Tél. : 03 20 13 62 00

CLCV
108, rue d'Arras
59000 LILLE
Tél. : 03 20 85 16 20

PAYS DE LA LOIRE

BANQUE DE FRANCE
• Direction régionale – Succursale
14, rue La Fayette
BP 20725
44007 NANTES CEDEX 01
Tél. : 02 40 12 53 53

• Succursale
13, place Pierre-Mendès-France
BP 74102
49041 ANGERS CEDEX 01
Tél. : 02 41 24 25 00

• Succursale
46, rue de Bretagne
BP 0225
53002 LAVAL CEDEX
Tél. : 02 43 68 44 88

• Succursale
3, place Lionel-Lecouteux
72055 LE MANS CEDEX 02
Tél. : 02 43 74 74 00

• Succursale
54, boulevard Aristide-Briand
BP 25
85001 LA-ROCHE-SUR-YON CEDEX
Tél. : 02 51 24 24 52

CRESUS Pays de la Loire
3, rue Eugène-Thomas
44300 NANTES
Tél. : 02 40 72 40 05

CRESUS Vendée
2 bis, route des Sables
85190 AIZENAY
Tél. : 06 42 63 65 15

DGCCRF
10, boulevard Gaston-Doumergue
BP 76315
44263 NANTES CEDEX 02
Tél. : 02 40 08 80 40

CLCV
5 bis, place de la Mance
44000 NANTES
Tél. : 02 51 72 00 19

PICARDIE

BANQUE DE FRANCE
• Direction régionale – Succursale
57, rue de la République
BP 09102
80009 AMIENS CEDEX 01
Tél. : 03 22 82 28 00

• Succursale
18, rue JF-Kennedy
BP 551
02001 LAON CEDEX
Tél. : 03 23 27 38 00

• Antenne économique
2, rue du Dahomey
BP 159
60201 COMPIÈGNE CEDEX
Tél. : 03 44 38 31 00

DGCCRF
L'ARCHE – La vallée des vignes
CS 69012
43, avenue d'Italie
80094 AMIENS CEDEX 03
Tél. : 03 22 33 29 60

POITOU-CHARENTES

BANQUE DE FRANCE
• Direction régionale – Succursale
1, rue Henri-Oudin
BP 325
86008 POITIERS CEDEX
Tél. : 05 49 55 88 00

• Succursale
1, rue du Général-Leclerc
16021 ANGOULÊME CEDEX
Tél. : 05 45 97 60 00

• Succursale
22, rue Réaumur
17025 LA ROCHELLE CEDEX 01
Tél. : 05 46 51 48 19

• Succursale
91, rue de la Gare
BP 8427
79024 NIORT CEDEX 09
Tél. : 05 49 06 62 50

CRESUS Poitou-Charentes
Centre associatif des Cordeliers
21, avenue des Cordeliers
17000 LA ROCHELLE
Tél. : 05 46 43 21 74

DGCCRF
3, rue du 19-mars-1962
BP 552
86020 POITIERS CEDEX
Tél. : 05 49 50 33 33

CLCV
Résidence Hildesheim
16000 ANGOULÊME
Tél. : 05 45 61 08 96

PROVENCE-ALPES-CÔTE D'AZUR

BANQUE DE FRANCE
• Direction régionale – Succursale
Place Estrangin-Pastré
BP 91
13254 MARSEILLE CEDEX 06
Tél. : 04 91 04 10 10

• Succursale
16, boulevard Soustre
04001 DIGNE-LES-BAINS CEDEX
Tél. : 04 92 36 70 30

• Succursale
10, cours Frédéric-Mistral
BP 85
05000 GAP CEDEX
Tél. : 04 92 52 50 00

• Succursale
14, avenue Félix-Faure
BP 1339
06006 NICE CEDEX 01
Tél. : 04 93 13 54 00 (à Cannes)

• Succursale
122, avenue Vauban
BP 426
83055 TOULON CEDEX
Tél. : 04 94 09 54 00

• Succursale
Place de l'Horloge
BP 70921
84091 AVIGNON CEDEX 09
Tél. : 04 90 80 43 00

CRESUS Var
736, Chemin de la Verlague
83400 HYÈRES
Tél. : 04 94 57 63 91

DGCCRF
Hôtel des finances du Prado
22, rue Borde
13285 MARSEILLE
CEDEX 08
Tél. : 04 91 17 95 00

CLCV
5, avenue du Président-
Salvador-Allende
13200 ARLES
Tél. : 04 90 96 04 37

RHÔNE-ALPES

BANQUE DE FRANCE
• Direction régionale –
Succursale
14, rue de la République
69002 LYON
Tél. : 04 72 41 25 96

• Succursale
15, avenue Alphonse-Baudin
BP 1
01000 BOURG-EN-BRESSE
CEDEX
Tél. : 04 74 32 77 99

• Succursale
4, boulevard de Vernon
BP 227
07000 PRIVAS CEDEX
Tél. : 04 75 66 15 00

• Succursale
13, boulevard Bancel
BP 1021
26010 VALENCE CEDEX
Tél. : 04 75 79 73 73

• Succursale
9, boulevard Edouard-Rey
BP 197
38019 GRENOBLE CEDEX 01
Tél. : 04 76 86 95 95

• Antenne économique
49, cours Romestang
BP 269
38217 VIENNE CEDEX
Tél. : 04 74 31 11 11

• Succursale
7, rue d'Arcole
BP 501
42007 SAINT-ÉTIENNE
CEDEX
Tél. : 04 77 43 45 45

• Succursale
447, avenue du Covet
73001 CHAMBÉRY CEDEX
Tél. : 04 79 69 92 50

• Succursale
9 bis, avenue de Chambéry
74001 ANNECY CEDEX
Tél. : 04 50 33 00 33

CRESUS Isère
2, chemin des Prés
Famille en Isère
38240 MEYLAN

DGCCRF
Immeuble AUREALYS
192, avenue Thiers
69457 LYON CEDEX 06
Tél. : 04 78 65 55 55

CLCV
31, rue Alfred-de-Musset
38100 GRENOBLE
Tél. : 04 76 22 06 38

Bibliographie

Larousse ménager illustré, Larousse, 1926.

Petit guide de la ménagère, ESF, 1951.

Actuel-Nova Press, *C'est demain la veille*, Seuil, 1973.

Jean Adès, Michel Lejoyeux, *La Fièvre des achats*, Les Empêcheurs de penser en rond, 2002.

Florence Amalou, Philippe Rey, *Consommateurs attention ! Savoir pour mieux acheter*, 2005.

Martine Balandraux Olivet, *Maigrir sans régime avec la méthode MBO*, Flammarion, 2006.

Reverend Billy, *What would Jesus buy ?*, Public Affairs, 2006.

Paul Breton (dir.), *L'Art ménager français*, Flammarion, 1963.

Micheline Dax, *Mes éconotrucs*, L'Archipel, 1997.

Pierre Dukan, *Je ne sais pas maigrir*, Flammarion, 2000.

Les enfants d'Aquarius, *Manuel de la vie pauvre*, Stock, 1974.

Friends of the Earth, *Save Cash and Save The Planet*, Collins, 2005.

Dorothée-Marguerite Koechlin de Bizemont, Martine Grapas, *Guide de l'anti-consommateur*, Livre de Poche, 1981.

Francine Markovits, *C'est gratuit ! À qui profite ce qui ne coûte rien ?*, Albin Michel, 2007.

George Orwell, *Dans la dèche à Paris et à Londres*, 10/18, 2003.

Georges Perec, *Les Choses*, 10/18, 2005.

Remerciements

Martine Bastin, Pascal Brocart, Jacqueline Dousset, Joël Dousset, Marc Ganneau, Gilles Geffroy, Caroline Gilabert, Thierry Heuninck, Rose Lebail, Vincent Montrésor (du 15e bien sûr), Liza Person (alias Miss Bab.), Thierry Plumecocq, Marie-Françoise Rémond, Valérie de Sahb, Pierre Vuong et à toutes celles et ceux qui m'ont fait part de leurs trucs et astuces pour dépenser moins.

FICELAGE D'UN PAQUET

FICELAGE EN CROIX

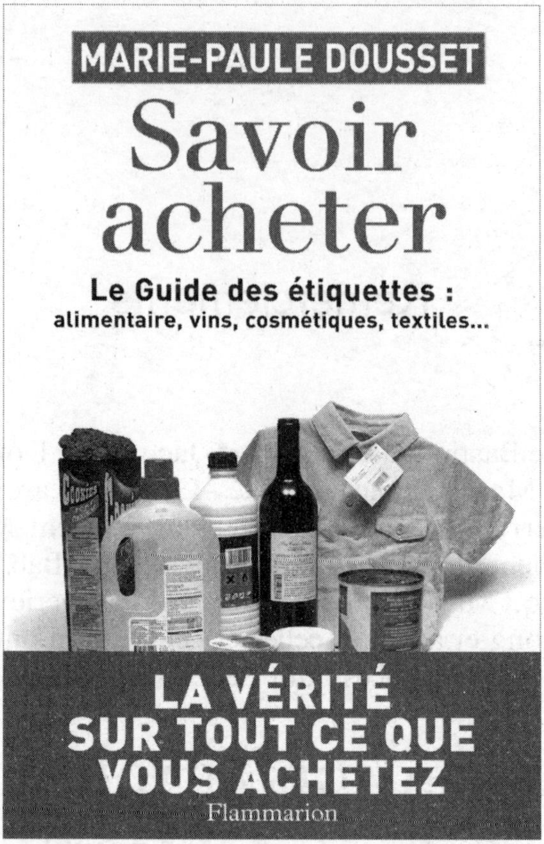

Savoir acheter, le guide incontournable pour comprendre ce qui est écrit sur les étiquettes de tout (ou presque) ce qui fait notre quotidien : alimentaire, alcools, vins, habillement et textile, produits de beauté, de soins et de maquillage, meubles, cuir…

Dans un langage clair, en s'appuyant sur des centaines de produits usuels, *Savoir acheter* vous aidera à dépenser moins en achetant mieux.

Nouveau : le 1er guide complet sur les étiquettes

Grâce à cet outil indispensable, fini la panique, vous saurez :

• décoder toutes les étiquettes puisqu'il explique les ingrédients et les composants des produits,

• traduire en français courant le charabia marketing ou les formules chimiques compliquées,

• décrypter enfin les additifs alimentaires ou les principaux composants de votre parfum préféré,

• trouver une info, sans pub, sur les différents produits,

• apprendre ce que nos parents n'ont pas pu nous transmettre, car cela n'existait tout simplement pas de leur temps,

• identifier les allergènes, les OGM, les substances fabriquées à partir d'animaux (pour les végétariens), les produits biologiques, les composants « à risque »,

• retrouver la confiance dans vos achats parce que vous comprendrez enfin ce que vous achetez,

• avoir une meilleure hygiène de vie en décodant les différentes allégations, style « sans sucres ajoutés »,

• comprendre ce qui fait le prix d'un produit,

• reconnaître les faux labels des vraies garanties.

Si vous voulez mieux acheter, ce guide deviendra vite votre indispensable compagnon de shopping.

« Indispensable. Ce guide devrait figurer au programme des collèges. Alimentaire, vins, textiles, etc. tout est passé en revue pour faire du lecteur un consommateur averti. »

(J.-P. Géné, *Le Monde 2*)

Table des matières

Acheter : mode d'emploi

Où économiser des euros ?

Le régime D : 10 semaines pour améliorer sa situation financière

Annexes

Imprimé en Italie par GRAFICA VENETA S.p.A.